岩波現代文庫／学術 372

ラテンアメリカ五〇〇年

歴史のトルソー

清水 透

岩波書店

目次

II

写真・図版でとくに注記のないものは、著者の撮影・作成による。

図 1　現在のラテンアメリカ諸国(本書で言及する国名のみ示す)

はじめに　歴史は何のため？　誰のため？

「常識」としての「歴史」

皆さんにとって、「歴史」とは一体どのようなものでしょうか？

高校生や大学に入学したばかりの方にとって、「歴史」は暗記ものだというイメージが強いかもしれません。味もそっけもない事項をただ丸暗記する、それが歴史なのだ、と。例えば大学の入試問題で、「フランス革命について二〇〇字以内でまとめなさい」と問われたとしましょう。すると、あたかも「俺は見た」といった感じで、革命は何年何月何日に始まって云々……と書く。でもそうした史実を暗記しそれが書けたからと言って、自分の心も価値観も変わらなかった。「感じることのない知識」、それを集積しただけの学知・教養には、いったいどんな意味があるんだろうか。暗記すれば済む、試験さえ終われば忘れてもいい、そんな「歴史の学習」は、脳細胞の無駄遣いにすぎないと思うのです。でもそれは、皆さんの責任ではありません。

東京外国語大学に勤めていたころ、同僚数人と入試問題の改革に取り組んだことがあります。歴史教育を歪めている原因のひとつは、年代や事項の丸暗記を強要する大学入試問題にあるのでは、との問題意識からです。細かい具体的な史実を知らなくても、解答できる歴史の問題とは何だろう？　それが議論の焦点でした。そこでできた入試問題のひとつが、シモン・ボリバルに関する設問です。教科書では独立の英雄として簡単に紹介されている人物ですが、彼自身が書いた文献の一部を、高校生にも読める文章に翻訳し、それをまず読んでもらう。そしてボリバルに関連する年表を与える。「資料と年表を参考にして、このようなボリバル的思想に現れているラテンアメリカの独立運動の歴史的特質について、あなたの考えを述べなさい」という設問です。歴史は暗記ものだと思っていた受験生には何も答えられない。しかしアジア・アフリカの独立運動の意味については、すでに世界史の授業で学んでいたはずで、そこで歴史を考える、歴史から何かを感じ取る、そんなセンスを少しでも身につけた受験生には何らかの解答が可能です。

毎年議論を重ねながら、こうした「考える歴史」を問う設問を数年間つづけ、一流予備校からも注目され始めたのですが、教授会で「これが世界史の問題か！」と批判が集中し、一時期世界史は入試科目から外されてしまったのです。いわゆる「常識的な歴史」、丸暗記の「歴史」が歴史だと思われている、そのお粗末な感覚は、大学人の間ですら抜けていない。それを嫌というほど痛感させられたものです。

ラテンアメリカの個別の歴史的事象をただ覚えても何の意味もないのです。過去の史実から何を感じとり、何を考えるか。新たな史実と出逢って、ハッとする自分を発見する。これこそが重要なのです。こうして初めて、歴史を知ることの楽しさに出逢うことができると思うのです。そうでない限り、歴史は自分とは無関係な昔の出来事、別世界の話に留まりつづけ、限られた自分の体験や、知らぬ間に自分に巣くってしまっている常識的な知識や価値観を見直す貴重な切っ掛けを見失うこととなる。この先を読んでくださる皆さんに、まずはこの点を押さえておいてほしいと思います。

誰のための歴史?

ラテンアメリカ史に関しては、今ではかなりの数の書籍が出版され、僕の若い頃に比べれば隔世の感があります。緻密な文書分析をベースとする本格的な歴史研究の成果も現れ始め、対象のテーマや時代、地域も多岐にわたりつつある。しかし同時に、テーマの細分化・専門化の進展と裏腹に、「発見」から五〇〇年という長いスパンで歴史を大きく捉えなおす、そのような視線を感じさせる作品はわずかに過ぎません。

特に「メキシコの歴史」「ラテンアメリカ史」といった通史では、事実らしきものは羅列されていても、そこに著者自身の歴史を見る目を感じさせるもの、読む者の価値観や歴史観に変容を迫るものにはなかなか出逢えない。原因はいろいろあると思うのですが、そのひとつは、政治と経済にテーマが偏っていることにあるようです。権力を握った政治集団やそれに対抗しようとした集団の姿はある程度見えてくる。政治や経済を支配した人々や集団が、歴史をどう動かそうとしたかも見えてくる。でも、その時代に生きた普通に生きる人間の姿は、なかなか見えてこない。普通に生きる人々が、日常をどのように生き、歴史にどうかかわったかも見えてきません。これはラテンアメリカ史に限ったことではなく、歴史学一般がつい最近まで抱えていた問題でもあるようです(なお、「ラテンアメリカ」という名称をめぐっては、第2話で詳しく述べます)。

政治や経済中心の歴史にも意味があることは事実ですが、政治家でも権力者でもない僕たちも、日常のなかでつねに政治や経済と深くかかわりながら生きていますよね。無意識のうちに政治や経済に振り回されながら、世界の将来も日本の将来も関係ない、ともかく他人はどうあれ、自分だけは「勝ち組」に残ることしか考えない、そんな人もいるでしょう。でも、五〇年経って日本現代史という本が書かれたとすると、僕たちの姿はどこにも現れない。北朝鮮のミサイル問題や安倍政権がどうとか、総選挙では何党が何票取ったかは残る。結局、為政者やそれに対抗する人々や集団が歴史に残り、彼らだけがあたかも歴史を作っていったかのような誤解が再生産されてゆく。この場にいる僕たちも歴史を作り歴史を動かしています。歴史に対する責任もあるはずです。しかも、そう他人任せでやり過ごした歴史のツケは、いつか必ず自分の身に降りかかってくる。

と気づいたときはすでに遅いのです。歴史とは一体誰のためのものなのか。歴史学者だけのものでも、政治家だけのものでもあってはならないと思うのです。

リアルな歴史

実際に僕が追い求めてきた歴史を一言で表現するなら、「リアルな歴史」ということになります。方法の面からみれば、「フィールド派歴史学」といえるかもしれません。

読者の皆さんは、お年寄りの話を聞いた経験、ありますよね。「実はな、第二次世界大戦のときは」という話が出てくる。戦後の食糧難の時代に「サツマイモばっかり食ってた」とか、「まだ東京の街なかでも牛車、馬車が走っていて、道を歩けば馬の糞を踏みつけたり」といった昔話が飛び出してくる。「大学紛争の時、おじいちゃんはね……」「高度成長期のころは……」「バブルのころは……」。こうしたお年寄りの思い出話に、「またあの話か！」とうんざりすることはあれ、そうした話を念頭に置いて歴史学者が書いた歴史書を読んでみると、ハッと気づくことがあるかもしれません。どちらがリアルか、よく見えてくると思います。どちらが正しい歴史か、という問題ではありません。どちらの話が、過去の実像として迫ってくるか、その過去を生きた人々や時代が、生きとした風景として浮かび上がってくるか。硬い歴史学の書物と、同じ時代を扱った歴史小説とを読み比べても、同じことを感じますよね。

これまで足掛け四〇年近く、僕はメキシコのマヤ系先住民の社会、チャムーラという村に通いつづけ、一家族とつきあいながら、彼らの語りをつうじて歴史を考えてきました。村では一五歳くらいで結婚し子どもを産みますので、世代が日本の倍のスピードで回転していきます。ですから、すでに三世代目の聞き取り作業に入っています。その話から、だいたい一五〇〇年近くにわたる彼らの生活と、彼らが体験し、彼らがかかわったメキシコ現代史が浮かび上がってくる。それは従来描かれてきたメキシコの公的な歴史、そこから浮かび上がってくる歴史像とは大きく異なっていることに気づきます。

それだけではありません。独立後の近代化をどう考え直すべきか、五〇〇年前のスペイン人による征服をどう捉えるべきか、さらに大きく、西欧近代とは、現代文明とは一体何であったのか。これらの問題を考え直すきっかけともなりました。そして、先住民がたどってきた歴史を知れば知るほどに、世界の民族的・社会的マイノリティの問題や、沖縄、アイヌ、在日の問題へと問題意識は広がってゆく。つまり、インディオ(この呼称をめぐっては、第3話をご参照下さい)の語りや彼らが辿ってきた歴史から見えてくるさまざまな問題が、自分の生きている日本社会の歴史や社会問題へと連鎖してゆくのです。

自分の過去を振り返る

ここでひとつ、僕からの提案です。是非一度、皆さんも自分史を書いて、リアルな自分の過去を振り返ってみてはいかがでしょう(自分史の一例として、次の拙文をご参照ください。「手づくりの旅」清水透・横山和加子・大久保教宏編著『ラテンアメリカ　出会いのかたち』慶應義塾大学出版会、二〇一〇年)。これまでにどんな環境で育ち、どんな人と出逢い、どんな事件に遭遇したか。どんな先生と出逢いどんな教育を受け、自分はどう変わっていったか。その時友人や家族はどんな反応をしたか。その時、自分をとりまく日本社会はどうだったのか。

僕の場合は、戦後の食糧難のなかで、食事の度ごとに兄弟で食べ物を奪い合った思い出。戦後民主主義の高揚期にわが家が時々赤旗に囲まれた思い出。その家から入学しての小学校へいってみると、「血のメーデー」から逃げ帰ってきた血だらけの先生と出逢った衝撃。「バタヤ部落」「朝鮮人部落」の同級生とよく遊んだ小学校時代。けれど、親はいい顔をしない。なぜなのか分からなかった。小学五年生のころ、伯父が七三一部隊で生体解剖に手を染めていたと知り、戦争があんないい伯父を悪魔にするものだと身震いし戸惑いを感じたこと。大学三年のとき初めてラテンアメリカに貧乏旅行に出かけ、活字からは想像もできない貧富の格差を目にしたこと。その後もいろいろな体験をしたけれど、僕の研究を支えてくれることとなるインディオ社会との出逢い、生と死の問題を突きつけられた娘の闘病と他界、そして二年ほど前の心臓発作と臨死体験。もちろんさまざまな研究者や書物との出逢いもありました。これらすべてが、今の僕の価値観を形作っているようです。

退職後非常勤として社会人相手に講義を担当した時のことです。毎回提出してもらった講義のコメントのなかに、次のような内容のものがありました。

「先生はヒドイ！　アンデス世界に抱き続けてきた私の夢を、ぶち壊すなんて！」大学院で考古学を学び、長年にわたり幾度もアンデス地域の古代文明の遺跡を訪れてきた方で、専門領域については、当然のことながら僕など及びもつかないほどの豊富な学識の持ち主です。インディオに対する植民地支配の講義についてのコメントですが、彼女が自分史のなかで育んできた貴重な夢、でも、自分史には登場しなかった征服以後のインディオの歴史と接したショック。もう僕の話は聞いてくれないかと思いきや、翌年も同じ講義を聞いてくれた。その後拙宅で続けてきた「清水塾」の中心的なメンバーにもなってくださいました。

自分の過去を整理してみると、人生経験を積んできた僕でも、地球上に存在する無数の社会や文化のほんの一部しか知らない自分、すぐ身近なところに生きている多様な人々の存在にも気づいていない自分にハッとします。皆さんも自分史を書いてみて、何を体験したか、何を体験していないかを整理してみると、無意識のうちに巣くっている歴史の見方や価値観、自分の中に定着してしまっている「常識」の偏りに気づくかもしれません。

これからお話しする「ラテンアメリカ五〇〇年　歴史のトルソー」は、メキシコの大学院大学エル・コレヒオ・デ・メヒコへの留学、その後一九七九年からインディオ部落での聞き取りをつづけながら徐々に練り上げてきた「ラテンアメリカ社会史」の講義録をベースにまとめたものです。常識的なラテンアメリカ史のイメージに留まらず、自分にとっては当たり前だと信じていた価値観や歴史観もひとつの見方に過ぎず、それがいかに偏ったものであるか、この歴史のトルソーを通じて、少しでもハッとする歓びを感じてくだされば、と心から思います。

I

第1話　インディオ世界との出逢い

上から目線・下から目線

まずは本題に入る前に、なぜ「リアルな歴史」にこだわり、インディオの村へ通い続けることになったのか、その話からはじめましょう。僕は東京外国語大学で学んだ、戦中生まれの世代です。一九六八年大学紛争の年から母校の教壇に立ち二五年間勤務しましたが、ちょうど五〇歳を迎える直前に母校の教壇を去ることとなります。そのまま大学に留まり管理職的な役職を引き受けるか、インディオの村通いを優先するか、その選択の結果でした。その後、獨協大学、フェリス女学院大学を転々とし、慶應義塾大学を最後に六五歳で定年を迎えます。

大学院までは言語の研究でしたが、教壇に立ってからは、アメリカに十年ほど遅れて日本で流行りはじめていた「地域研究」という枠組みでラテンアメリカ研究に移ります。しかしすぐに限界を感じたのです。経済学、政治学といった従来のディシプリンだけでは、ひとつの地域を十分把握することはできない。そのためには、インターディシプリナリーな方法論が必要だ。それが「地域研究」だということでしたが、いわば先進国の日本から、つねに低開発国ラテンアメリカを見るという、「上から目線」で下を見る。対象「地域」は、こちらの価値観で分析される分析対象でしかないというのが、当時の「地域研究」に感じた率直な印象でした。現実は政治・経済の動向分析が多く、結局は、対外政策の下請け的研究に終始する。しかもそうした現状分析は、三、四年も経てば意味を失うことがしばしばです。それは少なくとも僕の関心とはズレるものでした。

その結果行き着いたのが、ラテンアメリカの現代を規定している歴史の研究でした。メキシコの大学院大学の歴史学博士課程に入学したのは一九七三年。それから三年間植民地時代のイエズス会を中心とするキリスト教の伝道と先住民社会との関係に照準を定め、文献研究に没頭します。しかし、ここでも壁にぶち当たり行き詰まりを感じる。再び、上から目線の歴史学。植民地時代に文書を書き遺しているのは、当然のことながら、征服者や植民地官僚のスペイン人、そしてインディオへのキリスト教の布教にたずさわった西欧諸国の伝道者が大半です。裁判文書などにインディオの訴えの声が残されているとはいえ、その声もヨーロッパ人が書き取ったものです。そのため、征服者、入植者、伝道者の姿は見えても、先住民の姿はなかなか現れてこないのです。

留学中のある時、ラディカルな歴史家として有名な先生のお宅のパーティに招待された際の出来事です。女中さんがお皿を床に落として割れた音がした。その直後先生の口から漏れたのは、「クソ！　またあのインディータ(インディオ女)は！」。左翼の歴史家の口からとっさにもれた一言。それだけにショックは大きかった。同じ先生が講義のなかで口にする「抑圧されつづけてきたインディオ」は歴史研究の対象でしかなく、それを分析する自分と、自分の日常との乖離の問題に気づいていない。上から目線の問題は、文書を誰が書いたかの問題だけではない。研究者自身の上から目線の問題を象徴する出来事でした。

これでは納得のゆく方法を自分自身で模索してゆく以外にない。それが僕の行き着いた結論でした。そのためには、既存の研究からまずは自由でなければならない。留学を終えるまでに蓄積した「発見」から現代に至るラテンアメリカの歴史の知識をそっと横に置いたまま、一九七九年からスタートしたインディオの村通いは、こうした試行錯誤の結果だったのです。当面の関心対象であったインディオの今を知ることから始めよう。でも、既成のアカデミズムから極力自由であるためには、当面研究論文は読むまい。既存の研究蓄積からまずは学ぶというアカデミズムの常識を無視し、敢えて効率の悪い手づくりの道の選択。そう決意してはみたものの、すでに三六歳。周囲を見渡せば、研究仲間たちは着々と「○○学」の分野で専門的な論文を積み重ね、研究者として着実に地歩を固めている。一体自分は研究者として生きてゆくことができるのか、不安は尽きませんでした。でもそれ以来今日にいたる四〇年近く、途中七年間のブランクはありましたが、一貫してひとつの村へ通い歴史を考えつづけてゆくこととなります。

チャムーラという村

メキシコと日本との時差は一五時間、飛行時間も約一五時間ですので、日本を発った同じ日のほぼ同じ時間にメキシコ市に着きます。そこから一時間半でメキシコ最南端のチアパス州の州都トゥクストラ・グティエレスに、さらにそこから一時間ハイウェイを走ると、征服時代からあたり一帯のマヤ系先住民社会を支配してきたサン・クリストバル・デ・ラス・カサス(以下サン・クリストバル)という昔の州都に着きます。メキシコ市が海抜二二四〇メートルですから、海抜は大体同じぐらい。緯度ではフィリピンのマニラあたりと同じですが、海抜が高いので冬一二月、一月にはセーターが欠かせません。

サン・クリストバルの町は、高層ビルのまったくないコロニアル風の田舎町です。周囲を山に囲まれた盆地の町で、町の広場を中心に碁盤の目状に街路が広がっています。一時間もあれば十分端から端まで歩ける程度の小さな町です。一九九四年、インディオを中心とするサパティスタ(第17話参照)が蜂起した際、一時期彼らに占拠され、征服後五〇〇年の歴史が揺らぎはじめた象徴的な町でもあります。

広場を囲むように九〇度の角度で市政庁と教会が位置していますが、これはスペイン王権が定めた町の作り方の基本です。どんな田舎に行っても同じ光景が見られます。常

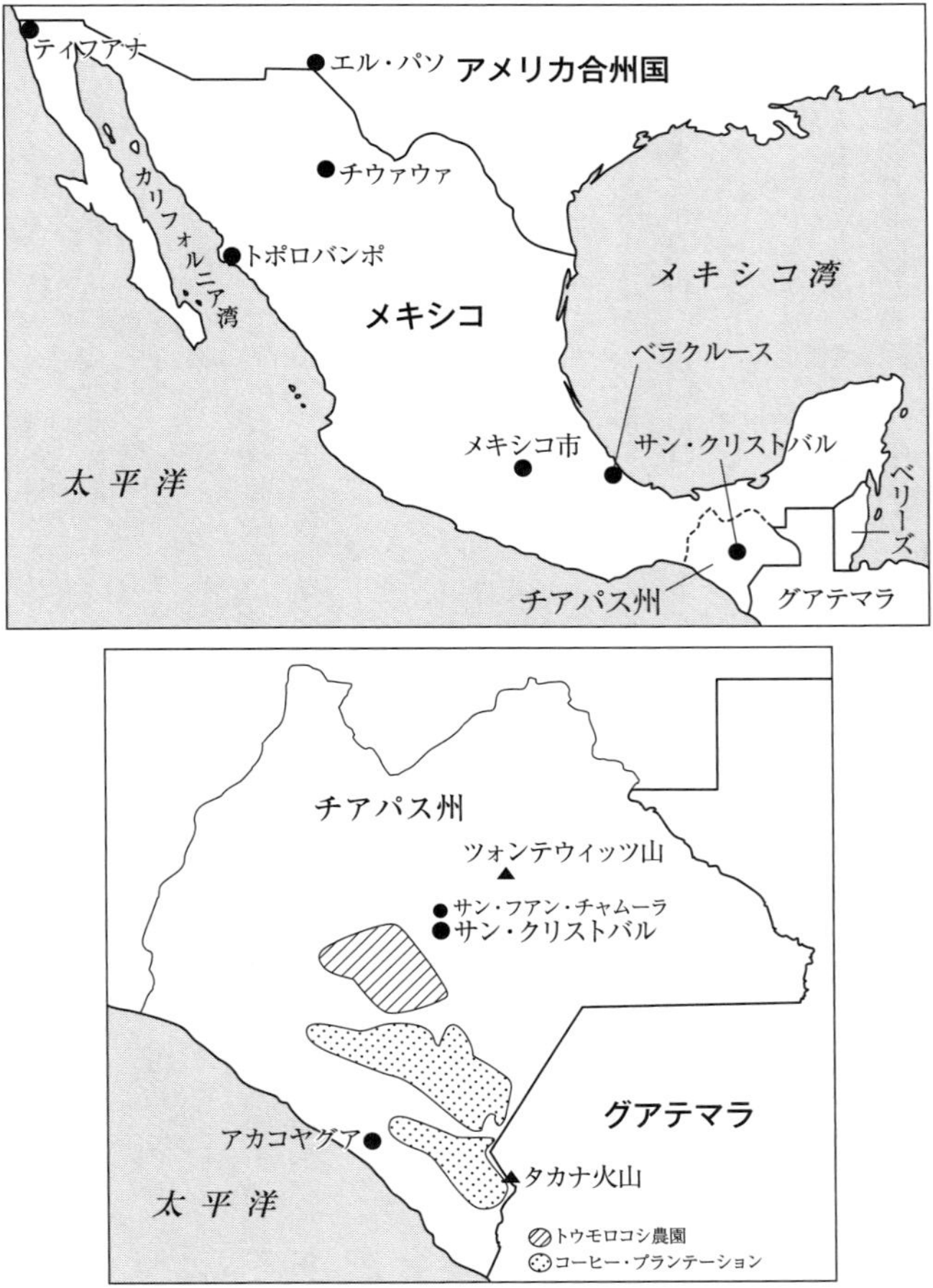

図 2　メキシコ全体(上)と，チアパス州(下)

識的に考えて、教会の正面玄関は広場に面していて当然ですが、司教座が置かれているこの大聖堂は、広場の北側にあって、正面玄関は西向きに建てられている。ここの教会にかぎらず、教会は西向きに正面玄関を置く、これが大原則です。正面入口が西側にあれば、祭壇は東側にある。そこに聖像が安置されていて、背後からステンドグラスをつうじて朝日が射しこみ、聖像は後光に包まれる。日が沈む直前には、入口を通して夕陽が聖像を照らしだします。そんな効果を計算した建て方です。物理的にどうしようもないところはこの原則から外れますが、カトリック教会は西側に正面玄関というのが原則的なパターンです。

このサン・クリストバルの町の北に広がっているのが、僕が通いつづけてきたチャムーラの村です。人口七万人程度の、言語的には今もなおマヤ系の言語ツォツィル語を話す人々が生活しています。町からおよそ七キロに、村の中心(主邑)サン・フアン・チャムーラがありますが、一歩足を踏み入れてみれば、町とは別世界のインディオの村が広がってきます。村の入口には三メートルほどの緑の十字架に松の枝がくくりつけてあり、その反対側、つまり村の中心に面した側にはエッチと呼ばれるラン科の寄生植物が。そこをすり抜け村の広場に通じる坂道を下ると、両側には民芸品の店が軒を連ね、物売りの子どもたちが群がってくる。広場の周辺の三つの丘の上には、一〇メートルもあろうかと思われる同じく緑の十字架が二本一組でそそり立っている。

写真 1　サン・フアン・チャムーラ

写真 2　太陽に祈る

しかし、広場に着いてみると、カトリック教会と村役場が九〇度の角度で広場を取り囲んでいる。教会の正面も西に面している。そうです、この村も征服者が建設した町の構造と同じなのです。つまり、インディオの村の主邑も、植民地時代に征服者の命令にしたがって造られたもので、教会の建物も植民地期一六世紀の典型的な建築様式です。

朝六時、一二時、夕方六時に鐘楼の鐘が鳴り響きます。その鐘の音にあわせ人々は太陽に向かって頭を下げる。「あのお日様はなんと呼ばれていますか」と聞けば、チュルトティック＝「我らが父なる神」と。でも、それがイエス・キリストなのだと言います。さらに「太陽がイエス・キリストですか」と聞けば、「太陽そのものはイエス様の目で、天空全体がイエス・キリストだ」と答えが返ってきます。イエス・キリストは、昼間ずっと僕たちをある面監視し、ある面保護してくれている。夜になると月が現れる。夜の天空全体がマリーア様で、月そのものはマリーア様の目です。丘の上の二本の十字架も、少し背の高い一本は太陽の十字架、もう一本は月の十字架です。そんな話を聞いていると、わくわくしてきます。キリスト教が彼らの宗教的な意識の構造に、複雑に入り混じっていて面白い。どういう経緯でこの村にキリスト教が入って来たのか、そして彼らは征服者から強制された宗教をどう再解釈し、新しい宇宙観を創ってきたのか。彼らの文化の創造力を垣間見る思いがしました。こうした、征服され抑圧され続けてきた人々の文化の創造力の問題は、第８話でお話しすることになります。

ロレンソ一家と僕

初めて村に入った一九七九年から四〇年近く、毎年あるいは一年おきに訪れるその度ごとに新しい発見があり、すべてが新鮮で、見るもの聞くものすべてが感動の連続でした。その間に村の様相は驚くほどの変化を遂げました。村人の住居ひとつとってみても、想像を絶する変化です。屋根はサカテ・パホンと呼ばれるイネ科の植物で葺いた、日本の農村の藁葺きの家屋とよく似ています。壁は日干し煉瓦アドベを積み重ねた土壁。つなぎには、屋根と同じ植物を使います。家は一部屋で床は土間。こういう家が、僕が通いだした頃から徐々に姿を消しはじめ、今ではトタン屋根にブロックの壁。サン・フアン・チャムーラの周辺には、町でも見られないような「近代建築」の住宅も現れはじめています。この間一貫して僕を快く受け容れつづけてくれたのが、主邑から四キロほどのクチュルムティーク部落に住むロレンソ一家でした。

実は、七九年に村に入った背景には、インディオの今を知りたいという動機のほかに、ひとつ具体的な目的がありました。「上から目線」の歴史学に疑問を感じつつ留学を終えて帰国する直前『フアン・ペレス・ホローテ』という一冊の本と出合います。メキシコの文化人類学者リカルド・ポサスがフアンという名のチャムーラのインディオの語りを聞き取って、フアンのライフ・ストーリーとしてまとめた本でした。僕が探し求めて

写真 3　わずかに残る昔の家

写真 4　ロレンソ一家と（後列右から 3 人目が筆者．その左右がロレンソ夫妻，ロレンソの前が孫のフアニート．1984 年）

いた生き生きとしたリアルな歴史がそこにある。その本には初版が一九五二年と記されている。するとひょっとして、彼の家族はまだ生きているはず。そして数カ月かけて捜し当てたのが、ファンの長男ロレンソでした。八三年に集中的にインタビューをさせてもらい、『ファン・ペレス・ホローテ』の翻訳を第一部に、ロレンソの語りを第二部にまとめて出版したのが、『コーラを聖なる水に変えた人々――メキシコ・インディオの証言』(清水透／リカルド・ポサス、現代企画室、一九八四年)です。

当時四四歳だった彼も、今年で八〇歳(一九三七年生)。何年つきあっても遂に最後まで心を開いてくれなかった奥さんはもう亡くなりましたし、逆にいち早く心を開いてくれた末娘も、すでにこの世にいません。あの頃四歳の幼子《おさなご》だったロレンソの孫ファニートは、結婚した奥さんや子ども三人を残して二〇〇五年、北部国境の砂漠地帯を越え米国に密入国し、ニューヨークのスタテン島に落ち着いた後、音信が途絶えていました。留守家族の悲痛な想いや孫の安否を気遣うロレンソの気持ちに押され、スタテン島へでかけたのが二〇一一年一月。ファニートの顔写真を掲げてラテンアメリカ系の不法就労者組織や炊き出しの支援組織をまわって再会に成功。「ああ、生きていたか！」と感動の一瞬でした。翌月に改めて彼に会いに出かけ聞き取りをさせてもらい、それを活字化したのが、「砂漠を越えたマヤの民――揺らぐコロニアル・フロンティア」(増谷英樹・富永智津子・清水透『オルタナティヴの歴史学』(21世紀歴史学の創造　第6巻)有志舎、二〇一三年)

です。その彼も今では四〇歳を越えた。四〇年近くつきあっていると、このように相手社会の家族も大きく変化します。ただ一向に変わらないのは、ロレンソ一家の貧しさ。そしてありがたいことに、彼の家族をはじめ、村の人々と僕との信頼関係です。ロレンソのひ孫をふくめ、今では三人のインディオの子どもの名づけ親になっています。

村に入るということ

経済学や政治学も本来は人間のための学問であるはずですが、研究者が直接あつかう対象は統計数字や政治的・経済的な現象が主で、具体的な人間を相手にしなくても済む。僕の場合はフィールドワークで生身の人間とつきあいながら研究を進めてきたため、話をしてくれる人々との人間関係を無視できません。一九六〇年代、ハーヴァード大学の文化人類学者たちがチャムーラ村に押しかけた時期があり、その影響は初めて僕が村と接触を試みた頃にも根強く残っていました。一五分で五ドル払って話をしてもらう。つまり時間を買いに行く。ですから、その後金を手にしたインディオがアルコール依存症になろうがなるまいがそれは関係ない。非常にドライな金銭関係のもとで文化人類学の調査はスタートしています。

僕がはじめて村にはいった時、すでに金に冒されたインディオがむこうから近づいてきた。多くの文化人類学者のインフォーマントとして働いてきた彼は、音声表記の知識までであるインディオでしたが、金目当てですから話は必ずしも信用できない。彼も例にもれずアルコール依存症でした。僕が翻訳した『ファン・ペレス・ホローテ』の主人公も、文化人類学者の助手を務め、最後はアルコール依存症で死んだと、彼の長男ロレンソが語ってくれました。

僕たち他所者《よそもの》が村へ入る、そのこと自体でどれほど相手も相手社会も変わる危険にさらされるか。ロレンソの父ファンの物語は、書籍のかたちで出版されて以来、映画や漫画としても広くメキシコ社会に知れ渡り、ロレンソは一躍有名になりました。国内外の文化人類学者、社会学者、ジャーナリストがやって来る。僕もその一人だったわけですが、時間を奪い情報だけ持ち去ってゆく他所者に辟易していたロレンソが、初対面の僕に浴びせたのは、次のような言葉でした。

「これまで何人も、文化人類学者やらなんやらがやってきた。根掘り葉掘り親父やワシの話を聞きだしても、その後は無しのつぶてだ。有名らしいメキシコのジャーナリストなんか、たった一枚残っていた親父の写真を借りていって、その後なんの音沙汰もない。どうせあんたも同じだろう、帰れ、帰れ、帰れ！」その後、僕の話に耳を傾け、インタビューに応じてくれるまでに、数カ月を要したことは言うまでもありません。

他所者が入っていけば、こちらがどんな立場・思想をもっていようが、ある面従来の秩序を崩すわけです。その過程に関わらざるをえない。けれど、それを最小限に食い止めるために、どのような行動をとるべきか、とってはいけないか、いろいろな制約が見えてくる。やはり対象を対等な人間として意識し尊重したうえで、同じ目線の上に立つ。その制約のなかで研究を続ける以外にない。それが経験から得た僕の結論です。

「常識」という名の無知

長年のフィールドワークをつうじて、つぎつぎと先入観が崩され、僕に巣くっていた常識的なものの見方、価値観、そして歴史を見る目も大きく変化してきました。ここで最後に二つの基本的な問題に触れて、第1話を締めくくることにしましょう。

チャムーラの女性は、厚手の巻きスカートを穿き、いかにも伝統的な民族衣装かに思われるシャツを着ています。これはチャムーラ独特の衣装で、隣村の女性の服装とは明らかに違う。ところが巻きスカートの素材は羊毛です。羊はスペイン人が征服するまで、アメリカ大陸にはいませんでしたよね。明らかに征服者がもたらしたものです。それを、マヤの人たちが自分たちのものとして今使っている。僕たちの目にはいかにも伝統的な民族衣装に見えるし、事実チャムーラの人々しかこれを着ていなければ、民族衣装であることは確かですが、征服以前からのマヤの伝統などとは到底いえないものなのです。

しかも、シャツはどうか。はじめて僕が村に入った頃は、生地はアメリカ大陸に以前からあった棉綿《そめん》で、首周りに簡単な刺繍がほどこされた単純なものでした。それが今では、生地はテカテカの化繊に変わり、色も黒、紫、真っ白と多様化し、その上に町で買ってきたチロリアン・テープが縫いつけられている。最近ではその上にさらに派手な刺繍が施されている。もちろん、刺繍糸の素材も化繊ですし、染料も化学染料です。「お婆ちゃんじゃあるまいし、木綿のシャツなんて古臭くて着られないわ」って話になる。形も大きく変わりました。チャムーラ村に隣接するシナカンタン村の場合はもっとはっきりしている。男性も女性も、民族衣装の基本的な色はサーモン・ピンク。それがここ四〇年のうちに赤、紫、青へと変化し、今では派手なバラの機械刺繍をあしらった民族衣装に目を奪われる。都会のファッションと同じように、インディオのファッションも時代に応じてどんどん変化していくのです。

すでにお話ししたように、チャムーラ村の広場も、植民地時代に強制的に造られたものでした。でも今では、その広場は彼らにとっての聖域＝「大地のへそ」であり、さまざまな祭りや役職者の交代儀礼が執り行われる村の中心として意識されています。さらに、第5話でお話しするように、そもそもチャムーラという集団それ自体、植民地支配の下で強制的に三つの集団が集合させられた結果なのです。それが今では、チャムーラという一体としての意識が支配している。

植民地支配という外圧の影響や、その後流入してくる外来の文化要素を、時代の変遷とともに巧みに自己のものとしていった結果が、今僕たちが目にする村の現実なのです。

その意味では、古くは中国、朝鮮の文化を、その後、西欧文化を取り入れてきた日本の姿と、基本的に変わることはない。征服を経験しなかった日本と、征服・植民地支配を蒙ったインディオ社会との間に、歴史的経緯に大きな差があることは事実です。でもインディオ社会は、そうした外圧に押しつぶされそうになりながらも、近代以降の歴史を生き抜いてきた近代的存在だといえるのです。征服以前からの伝統を頑なに守っている遅れたインディオといった、ステレオタイプとして見ようとする僕たちの常識がいかに無知に支えられたものか、まさに常識という無知の問題を痛感するのです。

プロクルステスの寝台

メキシコ留学をまじかに控えた一九七三年春、チリのアジェンデ政権下で最初で最後になった総選挙の取材に出かけた帰り道、湖面の海抜が世界一といわれるボリビアのティティカカ湖に立ち寄った時のことです。湖畔近くのインディオの村はカーニバルの祭りの最中で、一〇〇人を越えると思われる村人たちが丘の上で踊っている。薄霧がたちこめた湖上には、ポツリ、ポツリと葦舟が浮かび、なんとも叙情的なあたり一帯に、ラッパや太鼓の音が鳴り響く。望遠レンズを構えて、一〇〇メートルほど先の祭りの様子をカメラに収めていると、踊りの列が丘を下りながらこちらにやってきた。カメラをおろした直後のことでした。突然踊りの列が崩れ、山刀を振りかざしたインディオたちが襲ってきたのです。待っていた車に飛び乗り、危機一髪でその場を逃れることができました。その時は、写真を撮ることとの危険性に気づいても、写真を撮られる側の気持ちを理解するゆとりはなかったのです。

それから数年後、チャムーラ村の現地調査を始めたころ、サン・クリストバルの町に宿をとり毎朝徒歩で村に通っていました。すごい剣幕で僕を追い返したロレンソに、どうにかして信頼してもらいたいと、ともかく毎日村へ通う。そんなある朝、チャムーラの民族衣装を着て歩いていた時のこと。電柱の陰から望遠レンズがこちらを向いていた。「あぁ、また誰かが盗み撮りされている」と思い振り返ってみると、僕の後ろには誰もいない。そう、被写体は僕だったのです。盗み撮りされる自分、盗み撮りされる人の不愉快な気持ちが初めてわかった瞬間です。カメラの男に駆け寄って「おまえ、何やってんだ」と問い詰めてみると、フランス語訛りの下手なスペイン語が返ってくる。「イクラ、オカネ、ホシイデスカ？」これでますます頭にきた。黙ってお金をもらっておけば、フランスのグラビア雑誌かなにかに、僕の姿がメキシコのインディオとして紹介されていたかもしれません。体験としてはその方が面白かったかもしれない。しかし、撮られる側の気持ちがよくわかった貴重な体験でした。

撮った写真をトリミングしたり、拡大したり縮小したり、相手の心の痛みとは関係なく、実像はズタズタに切り刻まれる。このことは写真にかぎらず、実は僕たちがやっている調査や研究とも無縁ではありませんよね。文化人類学なり歴史学なり社会学の枠組みで、対象社会を分析する。これがアカデミズムの常識的な手法ですが、写真のトリミングや拡大・縮小とどう違うのか。研究者自身は、何の心の痛みも感じない。既成の理論・価値観という名のレンズを当然のものとして研究対象という名の被写体に迫る。研究者と研究対象との間には、このような微妙な問題が孕まれているのです。研究対象に対する研究者の倫理のあり方について、自戒をせまられる出来事でした。

ギリシャ神話に「プロクルステスの寝台」という話があります。プロクルステスという名の人喰いの山賊は、旅人を捕らえるとまずは自分の寝台に寝かせ、寝台からはみ出した部分を切り落とす。寝台の長さに足りなければ強引に旅人の身体を引き伸ばす。こうして「おお、わが寝台にぴったりだ」と満足してはじめて、旅人の身体を貪りはじめる。そんな筋書きです。知りたいと思う世界の実像に少しでも近づきたいのなら、既成の理論や価値観というレンズをはずして、自分の目で見てみたい。そして、自分の常識で対象を切り刻むのではなく、常識の方を「寝台」に載せてみる。

インディオ社会の時間感覚や価値観・世界観という「寝台」に、僕の常識を載せてみる。すると、両者のズレもはっきりと見えてくるものです。そのズレを埋めることは、そう簡単なことではありませんが、異文化世界やその歴史に接近しようとするなら、「寝台」にこちらからまずは載ってみる姿勢が、何より大切なことのように思うのです。

第２話　「ラテンアメリカ」、そして三つの「場」

アカデミズムと「ラテンアメリカ」

『エル・チチョンの怒り』(東京大学出版会)という本を一九八八年に出版した時のことです。『週刊読書人』年末号には毎年、日本史・東洋史・西洋史の各分野でその年に出版された注目すべき書物に関し特集が組まれますが、嬉しいことにこの本が紹介されました。しかも東洋史と西洋史の両方で扱ってくれた。東洋史の書き出しは当然のことのように「本来、東洋史の分野で扱うべき本ではないが……」というくだりで始まっている。ところが西洋史のほうも偶然、「本来西洋史で扱うべき本ではないが……」と書いてある。両方で扱ってもらえて嬉しいと思った反面、「いやー、ラテンアメリカ史なんてまだまだこういう扱いなんだ」と苦笑しました。アフリカ史はどこに、オセアニアの歴史はどこに入るのでしょう？　日本のアカデミズム歴史学の発想は、日本史・東洋史・西洋史の三分野に限定されているということが、この一件だけからもよく分かります。

今では当時と比べれば、アカデミズム歴史学の研究対象はかなり多様化されてきました。しかし、日・東・西という枠組みが支配的であることに変わりありません。これは明治維新以来の日本の伝統です。文明の中心は西洋にあり、そこから外れるのが東洋。アメリカ大陸やアフリカは、あくまでも西洋の植民地であった過去からして西洋史の一部として扱えばよい。フランスやイギリスに歴史はあるが、ラテンアメリカ、アフリカに独自の歴史などありえない。まして、先住民社会に歴史などありっこない。それは考古学や文化人類学に任せるべき分野だ。このような見方には、まさに西欧を中心にすえた発想が根底にあり、明治維新期以来日本のアカデミズムは、そうした西欧中心の歴史観をそっくりそのまま受け入れてきた経緯があります。

こうした事実は、西欧を中心とする従来の常識的な歴史が、いかに偏った歴史観に支えられてきたか、また、そこから抜け落ちている、あるいは無視されてきた歴史がまだまだいくらでもあるということを示唆しています。そして僕たち自身、そうした偏った歴史の見方を「常識」として受け取ってきたという問題も改めて浮上してきます。ラテンアメリカの歴史や先住民の歴史に接近することの重要性、またそれらの歴史からこれまでの歴史学を逆照射することの意味が、いかに重要であるかがよく分かると思います。本題に入る前にもうひとつ、触れておくべき問題があります。「ラテンアメリカ」という名称にかかわる問題です。

「我々のアメリカ」

「ラテンアメリカ」という言葉は、僕も普通に使っている、日本ではすでに定着した名称ですよね。ただこの言葉が、単に地理的な空間を意味するかというと、そうでもなさそうです。

ヨーロッパによって「発見」された直後、アメリカ大陸は征服者スペイン人によって、インディアス(Indias)と命名されました。コロンブスがインドに到達したと思い込んだのがきっかけでこう名づけられたわけですが、そこがインドではないと分かると、西インド(Indias Occidentales)と名称を変える。そして日本を含むアジア全域が東インド(Indias Orientales)と総称されることになります。

ラテンアメリカ諸国は一八一〇年あたりから独立を開始しますが、その前後からスペインに対抗して「我々のアメリカ(Nuestras Américas)」という名称が登場します。独立の英雄とされるシモン・ボリバルも、この名称を使っていますね。つまり独立段階でもまだ、「ラテンアメリカ」はこの世に誕生していません。その名称が登場するのは、ようやく一九世紀の中ごろになってのことです。

ところで、この「我々」という言葉、そこに問題のひとつが潜んでいます。「我々」とは誰を指しているのか、実態として誰を想定した「我々」なのか？　そこに先住民や黒人は含まれていたのかという問題です。アメリカの独立宣言は、"We the people" という言葉から始まっていますが、あの We の中にアメリカ先住民は含まれていたでしょうか？　かつての西部劇でお馴染みだった「我々の存在を脅かす先住民」は、当然、含まれていませんよね。では黒人はどうでしょう？　少なくとも一九六四年の公民権法が成立するまで、実態として We には含まれていませんでした。

僕が通っているチャムーラ村の言語ツォツィル語には、インクルーシヴな「私たち」とエクスクルーシヴな「私たち」の二つがあります。動詞の語尾変化自体が違うので、どちらなのかははっきりわかる。前者は、ここにいる私たち全員、つまり話者も聞き手もすべてが含まれる。一方エクスクルーシヴな「私たち」には、聞き手は含まれません。「わしらは毎朝神に祈りを捧げるのだ」とインディオのお年寄りが話してくれる。その時の「わしら」には聞き手の僕は含まれていない。ツォツィル語にはそういう区別があって、誤魔化すことができない。一目瞭然なんですよね、言語的に。でも日本語でも英語でもスペイン語でも、We は We だけですよね。

「我々のアメリカ」には、スペインによる植民地支配から脱却したいという意志が込められている。しかし、その「我々」に誰が含まれ誰が含まれていないのか。誰のためのアメリカなのか、という問題が孕まれているのです。この問題は、次にご紹介する「ラテンアメリカ」という名称で、さらに明確になります。

憧れの「ラテン」

独立を達成しておよそ半世紀、ラテンアメリカの知識人たちは、我々は果たして西洋人なのかあるいは何人なのかと、自分たちのアイデンティティについて自問しはじめます。北のアングロサクソン系のアメリカとは違う。西欧で遅れをとったスペインとも違う。自分たちを取り巻く混血大衆とも、「野蛮な」インディオ大衆や黒人とも完全に違う。彼らがゆきついたのは、当時の西欧文化の中心、フランスでした。その頃、ヨーロッパとりわけフランスに傾倒している知識人が多く、フランスに留学する人も多かった。そこに集まった文人たちの間で、初めて「ラテンアメリカ」(América Latina, Latinoamérica)という言葉が生まれます。我々の憧れであるフランス文化、それは広くラテン系の文化だ。その文化に属すラテン系のアメリカなのだ、と。

しかしスペイン人たちは、この名称に素直にはなれない。あそこはあくまでもイベリア半島の我々が文化を築いたアメリカなのだ、ということで「イベロアメリカ(Iberoamérica)」、あるいは、イベリア半島の古い名称ヒスパニアにならって、「イスパノアメリカ(Hispanoamérica)」と呼びつづけます。スペイン人を中心とするイエズス会が創設した上智大学には、「イベロアメリカ研究所」がありますね。学科の名前も「スペイン語科」ではなく「イスパニア語学科」です。かつての大阪外国語大学も、スペイン人の外国人教員の影響もあって「イスパニア語学科」でした。一方、カリブ海地域を中心に、ラテンアメリカにはアフリカ系の人たちも多数います。彼らの一部が主張するアフロアメリカ（Afroamérica）という名称もある。さらに先住民の一部は、インディオのアメリカ＝インドアメリカ(Indoamérica)という呼称を主張しています。

地名から置き去りにされる人々

このように地域を表す名称にも、その地域にかかわる一部の人々の、その時々の価値観が反映されている。「ラテンアメリカ」という言葉も、どのような価値観をもった人々が発明したのか、また、いかなる時代状況のもとで主張されたのかといった問題が孕まれているのです。「ラテンアメリカ」という名称が登場する一九世紀中ごろの時代状況については、第11話で改めて触れることになりますが、ラテンといったとたんに、そこに生きるラテン系でない人々の、歴史や文化にかかわる主体性は覆い隠されてしまう。彼らは「土人」「原住民」、「元奴隷の黒人」であり、主軸を成すのはラテン系文化を担う人々なのだ。彼ら「土人」や「原住民」「黒人」は、社会の将来を担うべき構成員ではありえない。あたかもラテンアメリカには、ラテン系文化しかないかのような、あるいはラテン系の文化しか認められないような、そういった偏った価値観が実は含まれているのです。

こうした問題を象徴する具体的な身近な例を、ひとつだけ挙げておきましょう。「ラテンアメリカ文学」というジャンルがありますよね。そこには何が含まれ、何が見落とされているかという問題です。一見して明らかなように、その文学の世界が対象としているのは、スペイン語、ポルトガル語、フランス語で書かれた作品に限られています。つまり、かつての植民地宗主国の言語に限定されている。しかしそれ以外の言語で語られた文学は、ラテンアメリカの大地には無数に存在します。その世界はもっともっと豊かなはずです。インカの世界にもマヤの世界にも伝承文学があり、一部は活字化もされている。でもラテンアメリカ文学という範疇からはすべて切り落とされてしまう。このように、「ラテンアメリカ文学」という名称そのものにも、すでに一つの価値観が組み込まれているわけです。

こうした名称をめぐる問題はさらに、日本、日本国民、日本人、日本民族という枠組みとも無関係ではありません。ようやく一九九七年の行政訴訟の判決で、アイヌ民族は先住民族と認定され、日本政府は、日本が単一民族国家とは公的には言えなくなりました。ではアイヌの人々は日本人ですか？　そうであるなら、現在ロシア領に住んでいるアイヌの人々は？　沖縄はどうでしょう。「琉球処分」の結果として日本領土に強引に組み込まれたという歴史的経緯がある。彼らは日本人？　日本民族ですか？　それでは、今や四世、五世の時代にはいった日本育ちの「在日」の人々はどうでしょう？　また彼ら自身は、こうした枠組みをどう考えているのでしょう？

現在地球上に存在するほぼすべての国々には、先住民と呼ばれる人々のほかに、「在日」やアフロ系アメリカ人に代表されるように、そこにしか戻るべき場をもたない多様な人々の集団が無数にいます。そしてそれぞれの国の経済や文化は、そうした集団によって支えられ、あるいはそうした集団との共生によって、現在の豊かさを維持することができた。アメリカは排他的なトランプ大統領に賛同するアメリカ人のみのアメリカで、果たして豊かさを維持できるのか？「ヘイトスピーチ」集団が主張するような日本は、一体どこへ向かってゆくのでしょう？　経済発展のためには、積極的に外国人労働力を導入してきたヨーロッパ諸国も、その多くは今や排他的な姿勢を強めています。為政者が理想とするドイツ人のドイツを目指したヒットラーの時代が、再来しつつある危険を感じます。国の名称、地域の名称ひとつにも、支配的な文化や集団とは異なる存在を排除する危険性が孕まれているということ、肝に銘じておきたいですね。

ラテンアメリカと三つの「場」

さて、このラテンアメリカと名づけられた地域、そこはあまりにも広大で、ひとくくりでは纏め切れない多様性に満ちています。南北の長さにしても、太平洋岸の米墨国境の町ティフアナから南米大陸の先端までは、同じティフアナから東京までの距離を大幅に越えます。独立国だけでも三三カ国あり、歴史も文化も人種構成も多岐にわたっています。

そこでまずは、この地域の現在を知るうえで、歴史的特徴を含め基本的な性格を三つに整理し、それぞれの特徴が支配的な地域を「場」として捉えてみたらどうだろうか。歴史を考える上でも文化や社会の実態に接近する上でも、次にご紹介するように、三つの「場」を設定してみると分かりやすいと考えています。

第一の場――先住民社会への寄生性と差別性

第一の場は、先住民社会の存在を大前提として、植民地社会が成立した空間です。具体的にはメキシコや大半の中米諸国、そしてアンデス地域の国々が含まれます。そこにはかつて定住農耕をベースとする大規模な社会が存在していた。北のほうにはアステカ王国が、南のほうにはインカ帝国が。そして、貢納関係を通じて、諸集団を取り結ぶ広大な組織網が成立していました。征服者たちは、アメリカ大陸に到着して驚いた。当時、アステカ王国の首都だったテノチティトラン、現在のメキシコ市、そこの人口規模に匹敵する都市は、ヨーロッパでもわずかしかなかったのです。

それだけに、この第一の場に成立する植民地社会は、先住民社会への高い寄生性に特徴づけられることになります。つまりインディオの存在なくしては、植民地社会の成立はありえなかった。一五一九年に始まる大陸部の征服戦自体、すでに征服されていたインディオの兵力が利用されています。征服者の大半は男性でしたから、性欲を満たすためにもインディオ女性に依存する。植民地都市の建設にも、大量のインディオの労働力が動員される。潤沢な労働力もそこにある。食糧の生産も、金銀の開発といった経済活動の労働力も彼らに依存する。

こうした先住民社会への寄生性の強さは、第二の場、第三の場とは明らかに異なります。また、先住民をゴミとして掃き清めていった、「クリアランス」の名で知られる北米の植民地化の過程とも決定的に異なる特徴です。さらにこの寄生性の強さは、第一の場に特徴的な現代につながるさまざまな結果をもたらします。混血人口の急増という社会問題が植民地時代初期から浮上し、その後徐々に混血＝メスティソの、社会における主体性が高まってゆく。その一方で、数の上でマイノリティである支配者の白人系の人々は、膨大な数の先住民に対し、徹底的な差別化を維持しなければ支配を貫徹できない。そのため、先住民社会に対する人種的差別が延々と固定化・強化されてゆく場でもあります。現代のグアテマラの状況はその典型的な例だといえます。

しかし同時に先住民たちは、社会的・文化的に差別化されたため、そこに自己再生の場を確保できたのも事実です。征服以来五〇〇年を経た現在、第一の場では無数のエスニック集団がそれぞれのアイデンティティを維持できているのも、こうした経緯によるものだといえます。この歴史的経緯はまた、現代の社会変革の様相にも特徴を与えています。歴史のなかで、先住民集団の反乱が幾度となく繰り返され、現代ではボリビアの例のように、粘り強い先住民運動の成果が、インディオの大統領選出につながり、それまで白人系による支配が当たり前だった五〇〇年にわたる植民地的秩序が、大きく揺れ動きはじめた例も現れる(第17話参照)。このように第一の場は、大量の被征服者の存在によって、植民地社会、ひいては今日の社会のあり方が逆規定されている場だといえます。

第二の場――「野蛮」への恐怖

第二の場は、一九世紀後半に南イタリアやドイツといったヨーロッパから大量の移民を導入することにより、社会の再編が達成された場です。具体的には南米大陸の南端アルゼンチン、ウルグアイ、チリなどがふくまれます。そこでは、第一の場と異なり、大規模な先住民社会が存在せず、大銀山も発見されなかった。そのため、植民地宗主国にとっても入植者にとっても、長年にわたり魅力に欠けた地域で、宗主国の保護からもっとも隔絶された辺境の空間でした。この周辺一帯の中心的な都市ブエノス・アイレスも、一応安定した植民地都市として成立するのは一五八〇年。入植者も数百人にすぎず、都市をとりまく広大な「野蛮」への恐怖が、独立後も都市住民の意識をつねに支配していた。つまり、大半の空間が一九世紀後半まで未征服のまま放置されていた場だといえます。

もうひとつの特徴は、スペインの支配力の弱さの隙をついて、イギリス人を中心に活発化する密貿易を通じて、スペイン以外のヨーロッパとのつながりがいち早く成立していたことです。この地域に到達するためには、カリブ海側からパナマ地峡を渡り太平洋側へ出て、そこからペルーのカジャオへ、さらにペルー副王領の首都リマを経由してアンデス山脈を越える必要がありました。それが一八世紀中ごろまで王権が認可していた正規の貿易ルートでしたが、それではあまりにも効率が悪い。奴隷一人の値段も、ブエノス・アイレスではキューバ島での値段の数倍に膨れ上がっていました。それくらいなら、密貿易者と手を組んだほうがずっと安く済む。こうして、スペイン王の認可とは無関係に安価な黒人奴隷が供給され、その見返りに現在のボリビア、アルト・ペルーの大銀山から、大量の銀が直接イギリスへ流出してゆく結果となります。

第二の場の最後の特徴は、「野蛮」の抹消と大量のヨーロッパ移民の導入です。独立を達成しても、大半の領土は空白のままで、ただ延々と草原地帯(パンパ)が広がっている。入植者を導入しなければ国土を守ることもむずかしい。しかし未征服のままに放置されていた空間には、「野蛮」なインディオが徘徊している。そこで一九世紀後半採られた手段がインディオの絶滅作戦でした。インディオが抹殺された安全な空間に、イタリア・スペイン・ドイツ・東欧系の移民が大量に導入され、徹底的な白人化が実現される。なおインディオの絶滅作戦は、同じ時期、メキシコ北部でも展開されます。植民地時代からはじまる非スペイン系のヨーロッパ諸国とのつながり、インディオの絶滅作戦につづき一九世紀後半にはじまる大量のヨーロッパ移民の到来という要因は、この地域の近代化や今日の政治・思想状況を考える上で無視できない側面です。

第三の場——世界的な人種混交の場

最後に第三の場は、征服以前にそこに住んでいた人々が一掃され、ほぼ完全に外来の人々を中心に社会が成立する、人類史のなかでもきわめて特異な空間です。具体的にはカリブ海地域がその典型です。コロンブス一行がはじめて到来した一四九二年からおよそ半世紀、砂金開発の重労働、ヨーロッパからもたらされた疫病の蔓延、そこに征服者による食糧の収奪も加わって、先住民は絶滅の危機に瀕します。その危機を逃れて、島づたいに逃亡する先住民も相ついだ。大陸部の環カリブ海地域へと逃げ延びた先住民たちもいました。いずれにせよ、征服者たちは利用できる先住民を短期間のうちに失うことになります。

ちょうど同じ頃、砂金開発が底をつき、かといって大銀山も発見されない。そこで主として西アフリカから、はじめはポルトガル人、ついでオランダ、フランス、そして最後にイギリス人の奴隷商をつうじて、大量の黒人奴隷が導入されます。こうして「発見」直後は大陸部の征服の拠点として、ついで大陸部の植民地に奴隷を供給する中継基地として栄え、そして最後に黒人奴隷を基礎とするプランテーション経済が支配します。その結果、第三の場には支配者としてのヨーロッパ人と、主体性を奪われた黒人奴隷という基本的二重構造が出現します。

この場のもうひとつの特徴は、一七世紀以降、スペイン、ポルトガルに遅れをとった後発ヨーロッパ諸国による争奪の場と化した点にあります。オランダはキュラソーを、イギリスはジャマイカを、フランスはハイチをスペインから奪い、「新大陸」におけるスペイン、ポルトガルの独占権を脅かす。一五六〇年あたりから一六〇〇年代にかけて相次いで建設された拠点を足がかりに、ブラジル、ベネズエラ、そして一九八一年まで英領ホンジュラスだった現在のベリーズ、さらにメキシコ湾岸のカンペチェあたりへ進出してゆきます。このヨーロッパ諸国の進出は、結果としてもうひとつの特徴を産み出します。世界的な人種混交の場の出現です。

一八世紀末から奴隷貿易が衰退し始めるのを機に、ヨーロッパ諸国はすでに支配下においていたアジアの植民地から、黒人奴隷に代わる労働力を投入します。イギリスはインド人を、オランダはインドネシア人を、そして大量の中国人もクーリーとして流入してくる。さらに一九世紀後半には、アメリカ合衆国の解放奴隷の一部も導入されます。

こうして第三の場には、世界各地のさまざまな人種が合流し、複雑な混血が生まれていきます。

そして最後の特徴は、ラテンアメリカで最初に独立を達成したハイチを除き、第三の場では独立がもっとも遅れたことにあります。スペインもその他のヨーロッパ列強も最後まで植民地支配にこだわった結果、第一の場、第二の場がともに一九世紀初頭に独立を達成したのに対し、この第三の場では一九六〇年代、アジア・アフリカ諸国の独立の時代を待たねばならなかったのです。

以上、ラテンアメリカを三つの場に分類してみました。現在のそれぞれの国のありよう、人種構成や文化、そして政治を考えるうえでも、何らかの参考になるのではないかと思います。ただこの分類のどれかひとつに、すべての国々が当てはまるとはかぎらない。例えばブラジル。ポルトガルの征服者がやってくると、先住民たちはどんどんアマゾンのジャングル地帯に逃げ込んでしまう。そのため、最初から労働力不足に悩まされる。当時世界の奴隷貿易を担っていたポルトガルは北部のサルヴァドール・ダ・バイーアに拠点を築き、みずから奴隷を導入します。白人と黒人から構成される植民地社会。その面では、ブラジルは第三の場の側面をもっている。しかしアマゾンという膨大な未征服空間を抱えつづけ、一九世紀後半に大量のイタリア移民・ポルトガル移民を導入しています。その面では第二の場の特徴も備えている。第一の場としてご紹介したメキシコも、アステカの支配領域に組み込まれていなかった北部は第二の場の特徴が強い。つまり、ここでご紹介した「場」とは、必ずしも具体的な場所をさすとは限らないということです。一国のなかでも地域により「場」の特徴に強弱があり、また同じ地域の中でも、三つの「場」の要素が混在している場合もあるのです。

第3話　「自然空間」としての「新大陸」

一体化の契機「発見」

メキシコの東の玄関ともいえる港町ベラクルース、そこからメキシコ湾岸にそって北西におよそ二〇キロ進むと、ラ・アンティグアというひなびた漁村が見えてきます。一九七八年「今、メキシコで――コルテスの道」と名づけたNHKのテレビ・スペイン語講座の現地ロケにでかけた際、最初に訪れた村です。

海辺に突きでたセイバの巨木の幹を背に、熱帯の太陽を避けて、昼間から缶ビールを片手に男たちがたむろしている。浜辺から村の方向に目をやると、廃墟と化した建物の上に熱帯特有の大木が覆うようにしげり、何本もの太い根が垂れ下がっている。建物全体が亡霊の姿をさらけだしている。一五一九年征服者エルナン・コルテス(Hernán Cortés)がはじめて上陸した際、船をつなぎとめたのが、このセイバの巨木。そして廃墟と化した建物は、「新大陸」の大陸部で最初に建てられた「参事会」の跡だといいます。貧しく、すべての気力を奪われたかに見える物憂げな男たちの姿、そして亡霊のごとく歴史を規定しつづけることとなる植民地支配の原点＝「参事会」の建物、そのいずれもが、「征服」後五〇〇年の今を象徴しているかに思われました。

一四九二年のコロンブスによる「発見」以後、さまざまな探検家たちがカリブ海地域の島々をつぎつぎと制圧しながら、アメリカ大陸沿岸部の探索をつづけます。そして一

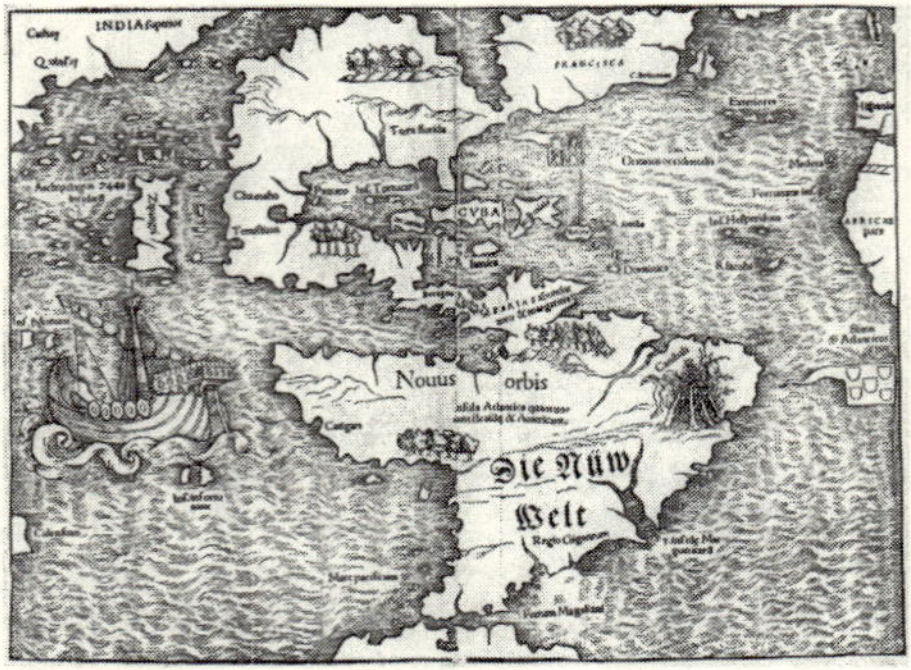

図 3　1540 年の Sebastian Münster による新世界図(Electra L. Mompradé y Tonatiúh Gutiérrez, *Imagen de México*, 1976, SALVAT)

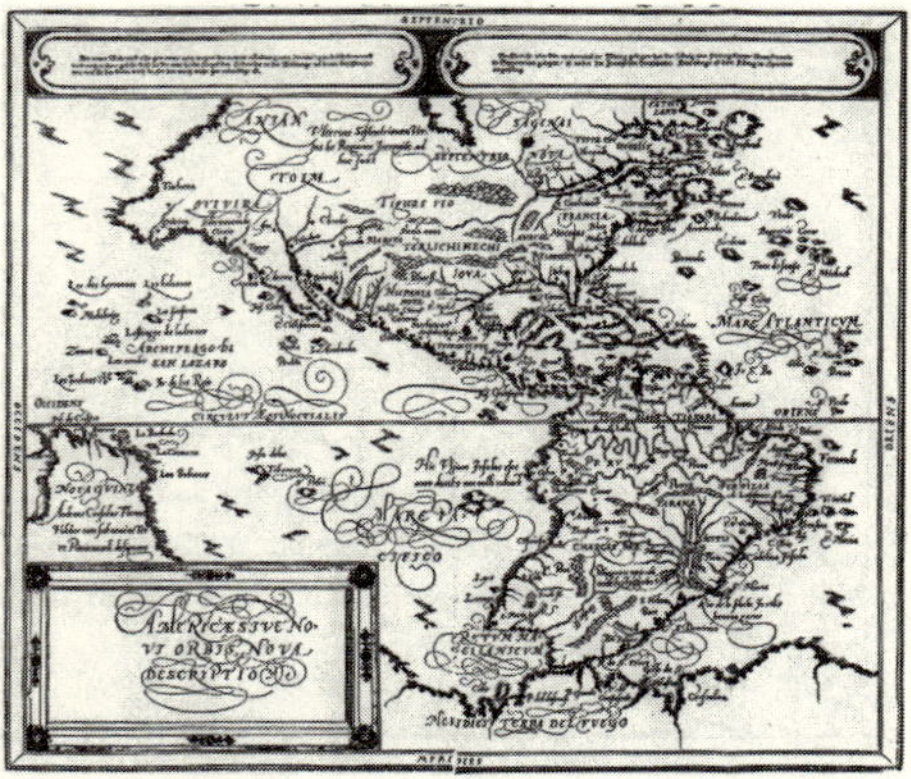

図 4　1578 年の Sebastian Münster によるアメリカ大陸図(出典は**図 3** に同じ)

五一九年、コルテスがこのラ・アンティグアの浜辺に上陸し、ようやくアステカ帝国に対する征服が開始されます。つまり、一四九二年から一五一九年までのおよそ三〇年間はカリブ海の時代で、大陸部はまだほとんど知られていなかったのです。コロンブスの航海にしても、大陸の沿岸部の探索にとどまり、内陸部までは入っていませんでした。

しかし一五四〇年にヨーロッパで描かれた地図(図3)からは、カリブ海沿岸部から南米にかけて、アメリカ大陸全体のおおまかな形が知られていたことが分かります。フロリダ半島もしっかり描かれている。ただ面白いことに、メキシコ北部の海岸からわずかに沖合の太平洋上に、「ジパング」と記された島が描かれています。ポルトガル人が種子島《たねがしま》に到来したのは三年後の一五四三年ですから、「発見」からおよそ半世紀経っても、日本の正確な位置については、まだほとんど知られていなかったんですね。地球の一体化にとり、コロンブスの「発見」はその契機だったとはいえ、実質的な一体化は、「発見」から半世紀経っても実現していなかったのです。

太平洋航路の発見と地球の一体化

ところが一五七八年の古地図(図4)になると、メキシコの地形もだいたい完成されてきて、ジパングの位置も太平洋の西側に移っている。つまり、ようやくこの時代に入り地球全体が一体化しつつあることが想像できます。その背景として強調されるべきは、

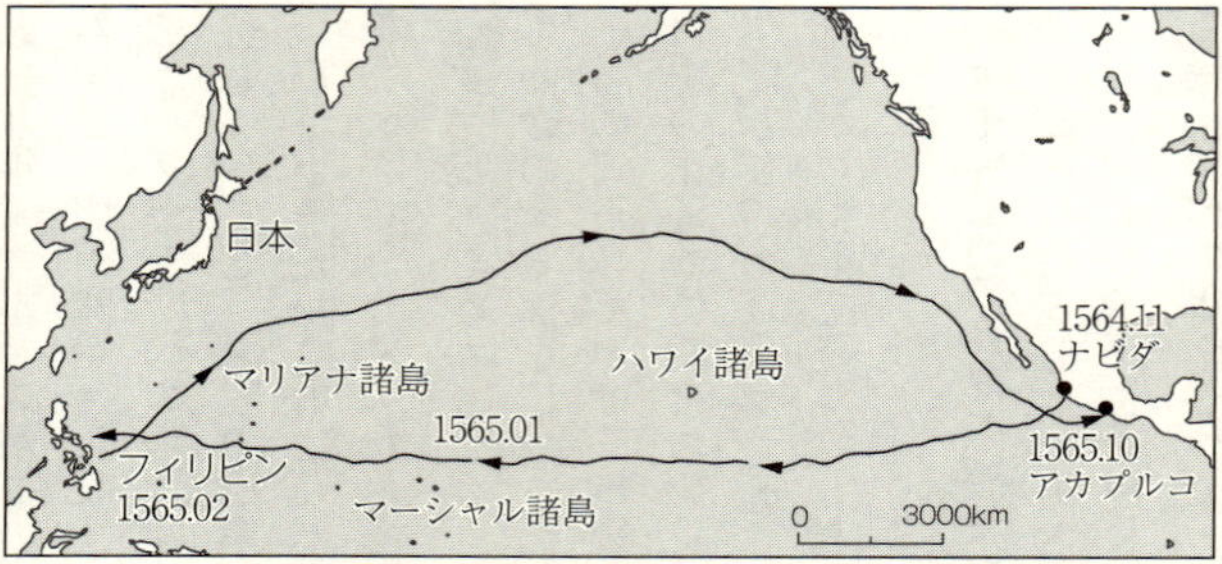

図5　レガスピ，ウルダネータによる太平洋往復航路の発見，1564–65年(Cathryn L. Lombardi et al., *Latin American History. A Teaching Atlas*, University of Wisconsin Press, 1983, p. 35を参考に作成)

太平洋の往復航路の発見です。一五六四年一一月アウグスティヌス会の修道士ウルダネータ(Andrés de Urdaneta)を水先案内人として、レガスピ(Miguel López de Legazpi)率いる遠征隊がメキシコ太平洋岸のナビダ港を出帆し、約三カ月の航海のすえ一五六五年二月にフィリピンに到達します。そして同じ年ウルダネータがおよそ四カ月かけてメキシコへの帰還に成功するのです。

メキシコのアカプルコを二月末から三月中旬に出帆すれば、うまく風と海流に乗って約百日でマニラに到達できる。帰路は七月から一月の間にマニラを出帆すれば順調にアカプルコに帰還できる。以後一八一五年までおよそ二五〇年間にわたり、三〇〇トンほどの大型帆船ガレオンによるこの太平洋航路をつうじて、定期的に人と物の往来が続きます。往路の船は「銀船」

あるいは「修道士船」と呼ばれ、メキシコ銀や染料のコチニール、チョコレート、ワイン、そしてアジアへのキリスト教の伝道を目的とする修道士たちが運ばれていく。「絹船」と呼ばれた帰路の船では、アジアの絹織物、陶器、胡椒、シナモン、そして、マニラの奴隷市場で売られた東洋人女奴隷が「新大陸」へと運ばれていきます。

メキシコ市からおよそ一〇〇キロのプエブラの町の公園には、「チーナ・ポブラーナ」(プエブラの「中国人」)と呼ばれる女性の立像が目に映ります。「チーナ・ポブラーナ」とは、立像の名称であるだけでなく、この地方の民族衣装の名前でもあり、プエブラ地方の代名詞ともいえる象徴的な名称です。ムガール帝国の王家の血筋をひくミラ(Mirrha)という名の女性。彼女は現在のインドのデリーでポルトガル人の奴隷商につかまりマニラの奴隷市場に運ばれます。当時メキシコを支配していたスペインの副王の要請を受けたマニラの総督はミラを買い請け、ガレオン船でアカプルコへ送ります。一六二四年アカプルコへ着いたミラのその後の軌跡についてはいくつかの説に分かれますが、最終的に彼女はプエブラの修道院へ落ち着き、死を迎えるまでインド刺繡の技術を現地の人々に伝え、そのおかげで、この地方独特の衣装が誕生したという。このような話が、「チーナ・ポブラーナ」をめぐる逸話として現在に伝えられています。

なお、インド人がなぜ「チーナ」なのか、疑問に思いますよね。あの時代のスペイン人にとって、すでに第2話でご紹介したように、日本もインドも含めアジア地域は「インディアス・オリエンタレス」(東インド)と一括され、そこに住む人々は日本人もインド人もなく、「チーナ」と総称されることが多かったのです。

世界史へ組み込まれる日本

この太平洋航路の開設によって、東回りでも西回りでも地球を一周することが可能となり、はじめて地球の一体化の基礎が築かれます。一五二一年のマゼランによる世界周航はあまりにも有名ですが、極論すればあれは単発的な事件にすぎません。彼のたどった航路を、その後、人や物が恒常的に移動した例はないのです。地球の一体化、世界史の成立という面では、レガスピ、ウルダネータによる太平洋航路の発見こそが決定的な意味を持っているのです。

日本も、東回り・西回り航路の合流点フィリピンと接合することにより、世界史に徐々に組み込まれることとなります。一六世紀末にはすでに、マニラには奴隷同然に売り払われた日本人の娼婦の存在が知られ、なかには「東洋人女奴隷」としてメキシコへ送られた人々もいたのです。恐らくは、日本史上はじめての「からゆきさん」ならぬ「あめゆきさん」たちです。ロンドンの国立文書館には、この点に関連する興味深い文書が残されています。イギリス王室と契約を結んだ海賊の船=私掠船(コルサリオ)が、カリフォルニア半島沖で、マニラから帰還するガレオン船を待ちうけ、東洋の物資を略奪します。その戦利品の一部をイギリス王室に上納するわけですが、戦利品一覧の報告文書の一部に、「中国人女奴隷」だけでなく、特に「日本人女奴隷」と記された項目もあるのです。海賊の餌食とならずうまくアカプルコに上陸できた「日本人女奴隷」もいたはずですが、この問題についての本格的な研究はまだ現れていません。

ところで、マニラからの帰路は台風シーズンにあたるため、日本へガレオン船が漂着することもしばしばでした。その数は一五八七年から一六一六年の間だけで九隻に上ります。なかでも、一六〇九年千葉の岩和田村(現在の千葉県御宿町)に漂着したサン・フランシスコ号の話は有名ですよね。ロドリーゴ・デ・ビベーロ(Rodrigo de Vivero)率いるガレオン船が、マニラからアカプルコへ向かう途中難破、岩和田村の漁民が三一七名のスペイン人の命を救います。御宿の海岸にそそり立つ山の頂に、日墨友好の記念碑が、その足元には飢えと寒さに震える船員を素肌で抱きしめる海女の姿の彫像が目に留まります。

この漂着したスペイン人たちのために、徳川家康はウィリアム・アダムスに船の建造を命じ、その船で翌一〇年にビベーロ一行は無事アカプルコに帰還します。そして翌年には、答礼使節が日本を訪問しますが、その使節がメキシコへ帰国する際に同行したのが、支倉常長一行の遣欧使節団でした。

支倉は太平洋ルートでメキシコへ渡り、陸路アカプルコからメキシコ湾の港町ベラクルースへ、さらにキューバを経て大西洋を渡りヨーロッパへたどり着く。そして帰路もほぼ同じルートを逆にたどり、日本に銃器、印刷機、楽器、海図、医学といったヨーロッパの近代技術を持ち帰ります。使節団の一部はメキシコやスペインにそのまま残留し、日本人の血を残してゆく。こうして日本も、アメリカ大陸の「発見」そして太平洋の征服を介して、西回りだけでなく東回りでも、ヨーロッパとのつながりを拡大してゆくこととなります。

世界は二人の王のもの

アメリカ大陸の「発見」を契機に、「近代」の原点ともいえる地球の一体化が急速に進展するわけですが、スペイン、ポルトガルがアメリカ大陸全体を植民地として支配したことが象徴しているように、一体化とはあくまでも、世界各地の対等な結合とは程遠く、西欧諸国を中心とする世界的システムの成立を意味しました。

そもそも、つぎつぎと「発見」されてゆく「新しい」空間を、ヨーロッパの人々はどのような空間だとみなしていたのか。それはまず、ローマ法王によってイベリア半島の二人の国王に委託された空間、つまり「発見」の翌年一四九三年の「贈与大教書」によって地球に線引きがされ、全世界は二分されました。そこに高度に発達した社会があろうがなかろうが全く関係なく、無条件にイベリア半島の二人の王に委託された空間だ、とそういう発想ですね。一四九四年には、両国の王の間で締結された「トルデシリャス条約」をつうじて一部修正されますが、いずれにせよ、「発見」直後の段階ですでに、ほとんど知られていなかったアメリカ大陸も、後に東インディアスと総称されることとなる日本を含むアジア全域も、基本的にヨーロッパに任された空間といった認識で、それにローマ法王がお墨付きを与えたわけです。

「幻想領域」としてのアメリカ大陸

実際に未だ支配できていない空間を自己の領域だと思い込む。そう信じ込まれた空間を僕は「幻想領域」と名づけています。すでに「発見」に先立って、イベリア半島ではキリスト教徒によるイスラム勢力に対するレコンキスタ(再征服運動)が長年にわたり展開され、「発見」と同じ年にグラナーダの陥落をもって、イスラム勢力による七八一年にわたるイベリア半島の支配が終焉を迎えます。このレコンキスタを「国土回復運動」という、歴史の実態を無視した訳語がまだ一部にはびこっていますが、当時回復すべき国土を主張できる国家など、イベリア半島のどこにあったでしょうか？　レコンキスタとは、はるか昔に先祖が住んでいたとされる空間を、キリスト教徒たちが自分たちの領域だとの信念(幻想)のもとに、長い年月をかけて勢力を南へと拡大していった経緯にすぎません。

イスラム教徒が、残存していたキリスト教徒たちとの共存を基礎に社会を築いていたイベリア半島の空間は、まさにキリスト教徒にとっての「幻想領域」だったわけですが、このグラナーダの陥落につづいて起きた事態は、その後のヨーロッパ列強による世界への拡張過程とも関連して、重要な意味をもっています。すなわち、ユダヤ教徒(一四九二年)、イスラム教徒(一五〇二年)に対するスペイン王国からの追放です。ここでイスラム勢力による異教徒との共存の時代から、キリスト教勢力による共存の拒否・排除の時代へと大きく歴史は転換します。

「発見」以降ヨーロッパ世界は、キリスト教文明を基礎に勢力を拡大してゆきますが、それは、レコンキスタの延長線上にあったと見ることができます。すなわち、アメリカ大陸の征服と植民地化は、幻想領域を現実的な植民地として領有してゆく過程だったと言えるのです。時代は飛びますが、日本にとってのかつての琉球王国の領土やアイヌが生活していた蝦夷地(北海道)、一九世紀末、ヨーロッパ列強が分割の対象としたアフリカ、日本をふくむ列強によって翻弄された南洋諸島……。ここでご紹介した「幻想領域」という概念は、レコンキスタや植民地建設の時代に限定されたものではなく、実はその後現代にいたる近現代史にも通低する、キーワードのひとつではないかと考えています。

「文明」か「自然」か

こうして当初ローマ法王から任され、「幻想領域」をつぎつぎと現実の植民地として領有していったスペインとポルトガルの拡張主義は、その後ヨーロッパ列強によって受け継がれてゆきますが、そのヨーロッパ諸国は、自らの勢力圏に包摂していった非ヨーロッパ世界を、具体的にどのような空間として、またそこに住んでいる人々をどのような存在として認識していたのでしょうか。

その認識の基盤となったのは、彼らが依拠していた当時のキリスト教文明の独善性だと僕は考えています。神が唯一であるなら、キリスト教以外の神々はありえない。それらの神々を信じている人々はキリスト教へ改宗しないかぎり、文明を担う一員としての資格はありえない。つまり、キリスト教文明の恩恵を受けていない非ヨーロッパ世界は「他者」世界であり、しかもその「他者」はすべて非文明であり、時には「文明」を脅かす野蛮でさえある。だからこそ、そうした空間を制圧し領有することは、「文明」を守るために不可欠な行動であり、当然の権利でもある。さらに、自分たちは彼らに「文明」の恩恵をさずける義務すらある。

こうした問題に関連して、人類学者のデボラ・B・ローズは名著『生命の大地――アボリジニ文化とエコロジー』(保苅実訳、平凡社、二〇〇三年)のなかで、ヨーロッパに今も根づいている「原生自然」(wilderness)という概念を分かりやすく紹介しています。ヨーロッパの「文明社会」と自然との関係、その自然のなかに一括された人々と「文明人」との関係を象徴的に表す概念です。

「ユダヤ教とキリスト教の考えでは、荒野は神が劇的に姿を現わす場でもあるのです。」(前掲書四五頁)

原生自然にはこのように、キリスト教徒にとってもポジティヴな意味が本来隠されているわけですが、多くの西洋人にとっては、別の価値があるといいます。

「「多くの西洋人は、原生自然に価値を見出す。なぜなら、そこに行けば、近代的農場や街や郊外といった、変容してしまった景観から逃げ出して心をリフレッシュすることができるからだ。」こうした主張をする人々は、そこに人間のいない景観を求めていることが分かります。」(前掲書二二六頁。傍点は引用者)

つまり、その空間に人間がいても、その現実を無視し否定する。その概念にもとづいて、先住民の生活と土地への権利は奪われてしまう、と述べています。(前掲書第2章「原生自然と荒地」参照)

この本は、オーストラリアの先住民アボリジニーが置かれてきた状況を扱った研究書ですが、この「原生自然」の概念に孕まれている問題は、一六世紀キリスト教文明における「他者」概念が、さらに深刻な問題を孕んでいたことを示唆しています。自然を人間と対置されたものとみなす。そして、その自然のなかに独自の文化をはぐくむ人々が彼らなりの社会を営んでいても、その人々を樹々や動物、山々や天然資源の一部だと見なす。そして、彼らの土地を占有し、土地とそこに住む人間を利用することは「文明社会」に天から授けられた特権なのだ、といった考え方です。

自然の一部＝インディオ

征服者たちがアメリカ大陸を基本的に「自然空間」と見なしたであろうことは、以上でご理解いただけたと思います。そこに何千万人にものぼる先住民が住んでいても、アステカやインカといった高度に発達した社会をはじめ、きわめて多様な社会がそれぞれ文化を育んでいても、すべての人々を被征服者＝インディオという範疇に一括します。その人々は、「自然」の一部であり、その「自然」を征服し利用することは、ヨーロッパ人に与えられた当然の権利だと信じられていたのです。こうした思想をあらわす言葉として、植民地時代から現代にいたるまで時折登場する、「理性ある人間《ヘンテ・コン・ラソン》」＝スペイン人・白人系の人々、「理性なき人間《ヘンテ・シン・ラソン》」＝インディオという表現が思い浮かびます。本来は中世の神学に端を発する人間の序列化の基準ですが、インディオはキリスト教へ改宗した後も「理性なき人間」であることに変わりなく、限りなく「自然」に近い「永遠なる幼子」でありつづけることとなる。

　ところで、こうした話の流れのなかで、僕がインディオということばを使っていることことに疑問を抱く方がおられるかもしれません。確かにこの言葉には、その成立の経緯からしても、今も時に侮蔑的な意味合いで使われている現実からしても、避けるべきだとの意見があることは十分承知しています。「インディオ」ではなく「インディヘナ」を使うべきだと。でも僕はあえて「インディオ」という名称を使う。その理由はきわめて単純です。「インディヘナ」とは、現代のラテンアメリカ諸国の為政者や文化人が、植民地時代以来の差別の構造には手をつけず、差別用語を別の言葉に置き換えたにすぎないのです。そしてもうひとつ、インディオのさまざまな復権運動のなかで、「我々インディオは」といった彼ら自身の叫びが聞こえてくるからです。「ブラック！」と蔑まれてきたアメリカ合州国のアフリカ系の人々が、その言葉を逆手にとって"Black is beautiful!"との叫びを上げたことと重なります。

人口の激減とインディオの「保護」

一四九二年段階、あるいは大陸部の征服が始まる一五一九年段階で、この「自然空間」としてのアメリカ大陸にどれほどの数のインディオ社会が存在したか、人口は全体でどれほどの規模だったか、それを正確に把握することは史料的に不可能です。いずれも推定値にすぎませんが、人頭税をはじめとする植民地時代初期の文書の発掘と分析が進展するにしたがって、人口の推定値は徐々に上がる傾向にあります。しかし、アメリカ大陸全体でおよそ六〇〇〇万人、現在のメキシコの領域だけでも、二〇〇〇万人を下らないとのイメージで、さしあたり間違いはなさそうです。アステカ王国の首都テノチティトランの人口だけでも、八万人から二三万人と推定値の幅は大きいのですが、いずれにせよ当時のパリが一八万人程度であったことを考えるなら、ヨーロッパの大都市に決して劣らない規模の大都市であったことは否定できません。

しかし一般的にどの地域でも、征服者がやって来て五〇年経つと、先住民人口はおよそ一〇分の一に激減する。コロンブスがやってきたカリブ海地域では、五〇年経つと限りなくゼロに近づく。すでにご紹介したように、征服者の圧制を逃れて逃亡するインディオもいて、一〇分の九が全て死滅したわけではありません。しかし、インディオ社会が全体として甚大な人口被害に見舞われ、危機的な状況に陥ったことは事実です。

ラス・カサスの『インディアス破壊を弾劾する簡略なる陳述』(石原保徳訳、現代企画室、一九八七年。初訳は染田秀藤訳、岩波文庫、一九七六年)をご存知でしょうか？　かつて入植者としてアメリカ大陸にわたったスペイン人の彼は、インディオに対する過酷な植民地支配の現状を目の当たりにしてドミニコ会士に転じ、インディオの保護活動に邁進した、当時としては極めて稀有な人物です。僕が通ってきたチャムーラ村を含むチアパス地域一帯の司教に一五四五年に着任し、繰り返し王権に植民地支配の現状を告発し、さまざまなユートピア的実験も行う。その活動は、その後一定のインディオ保護政策が採用されるきっかけともなりました。

彼が告発した植民地の過酷な現状については、「史実とずれる」、「彼自身インディオの労働を緩和するために黒人奴隷の導入を主張していた」等の批判が巻き起こり、スペイン人は野蛮なる民の文明化に寄与していると主張する「白い伝説《レイエンダ・ブランカ》」派に対し、植民地支配の暗い側面のみを強調する「黒い伝説《レイエンダ・ネグラ》」の創始者とされます。いずれにせよ、植民地支配の生々しい過酷な状況に接近するうえで、ラス・カサスの作品は必読の書といえます。なお黒人奴隷制については、後に彼自身あの主張は誤りであったと告白しています。

サン・クリストバルの中央広場から北へ五〇〇メートルほど進むと、ラス・カサスが居を構えていたサント・ドミンゴ教会があります。一九七九年に初めてこの教会を訪れたとき、教会の敷地の一角に立つ銅像に目を奪われた。この地方の制圧を実現した征服者ディエゴ・デ・マサリエゴスの銅像だったのです。インディオの保護に奔走したラス・カサスと征服者との奇妙な組み合わせ。そういえば、この町の正式名称も、征服者クリストバル・コロン(コロンブス)とラス・カサスを組み合わせたサン・クリストバル・デ・ラス・カサスでした。征服者を英雄として否定しえないこの町の支配層の人々の微妙な心情が、こんなところに滲み出ているといえるのかもしれません。なお、「発見五〇〇年」を迎えた一九九二年十月十二日のいわゆる「コロンブス・デイ」に、マサリエゴスの銅像はインディオのデモ隊の手で打ち倒され、その後再建されることはないままです。

二つの社会への分離

インディオ人口の激減は、植民者の社会にとっても深刻な問題となります。特に第2話でご紹介した先住民社会への寄生性の強い「第一の場」では、征服者社会が成り立たなくなる危険性すら生まれます。食糧の確保、労働力の調達も危うくなる。国王の税収入も教会の十分の一税も激減する。インディオ人口の激減の結果、黒人奴隷を導入せざるを得なくなったカリブ海での苦い経験を繰り返してはならない。それが、王権とカトリック教会がたどりついた共通した認識となります。

こうした王権、教会双方の危機感、そしてラス・カサスの提言等によって、「発見」以後およそ半世紀にわたる実験段階を経て、ようやく一六世紀中ごろに入り植民地社会の秩序形成の時代へと移ります。一五四二年には、「インディアス新法」の制定により、それまでいわば場当たり的に出されていた王の命令が一つの法体系に纏め上げられる。そのもとで植民地社会は、法的にスペイン人社会とインディオ社会の二つに分離され、それぞれの社会に土地や内部統治組織など、一定の自律性が認められます。双方の居住空間も分離され、相互の婚姻関係も禁止される。

インディオ社会に対しては、絹製品を身に着けてはならない、馬に乗ってはならない、武器の携行は許されないなど、一部特権を与えられたインディオを除き、詳細な制限が法制化されます。またそれまでは、征服に功労のあったスペイン人に、キリスト教の伝道の義務と見返りに、インディオ住民の管理が委託されていましたが、エンコミエンダ制と呼ばれたその制度も、インディオに対する虐待のひとつの原因とみなされ、禁止される方向が打ちだされる。入植者によるインディオの強制労働にも一定の制約が課せられました。

こうして入植者による野放図なインディオに対する搾取には法的に大幅な制約が課せられ、教会の「保護」のもと、インディオ人口も一七世紀初頭あたりからわずかながら増大する傾向に転じます。しかし、「文明」の主体たるスペイン人社会の優位性は一向に揺らぐことはありません。「自然空間」としての本質も変化することなく、むしろ植民地的秩序のもとに固定化され、社会的差別の構造は独立期からさらに現代にいたるまで継承されてゆくのが現実だと言えます。なお、インディオ「保護」の実態については、第5話で改めてご紹介することとなります。

放置される「自然」

ところで、この「自然空間」について、最後にひとつ強調しておきたい点があります。

確かにインディオは食糧調達や金・銀開発に労働力として酷使され、人口は激減した。それまでの文化の多くも破壊された。「白い伝説」に依拠する歴史家はともかく、これまでの歴史叙述のなかでは、インディオ社会に対する破壊的側面、徹底的に酷使され搾取されたインディオが強調される傾向が見られます。ではなぜ、それほどの辛酸をなめたインディオが、五〇〇年たった今も無数のエスニック集団として存続しているのでしょうか？

メキシコには征服段階で二四〇の相互に意思疎通が不可能な言語集団がいたと言われています。確かに今では六〇近い言語集団に減少していますが、それがいくつものエスニック集団に分かれ、インディオだとされる人口は総人口の二割に達しています。中米のグアテマラ、そしてアンデス諸国のなかには、インディオ人口が総人口の六割に達する国もあるのです。植民地支配の破壊的側面のみを強調するだけでは、この疑問は解けません。

ここで強調しておくべき問題は、支配的社会の人々にとって「自然」とは、徹底的に利用する対象であると同時に、必要でなくなれば放置するという側面です。たとえば鉱山が見つかった。すると、インディオを強制的に鉱山労働に駆りたてる。ところが鉱山が枯渇すれば彼らは見捨てられる。バタバタと死んでいっても、「自然」の一部だから、と放置する。でもそこで生き永らえるインディオたちもいる。彼らはスペイン人たちが去った後で独自の文化の再生を開始する。村を再建する。放置されて初めて独自の文化の再生が可能になるのです。

こうした極端な例だけでなく、征服者が入ってきても支配し得ない「自然空間」は点々と残るという問題もあります。別の講義で改めて触れますが、スペイン人によって都市が建設されても、都市と都市の間には未征服の空間が残ります。また、放置されつづけた空間は、広大なアマゾンの例を待つまでもなく、アメリカ大陸の各地に見られます。メキシコ北部のカリフォルニア半島がイエズス会の所領としてスペイン人の支配下に入るのは一七〇〇年代になってから。しかも一七八六年にイエズス会が追放された後は、再び「野生の空間」へと逆戻りします。圧制を逃れ、こうした未征服空間で新たな共同体を再生する、そのような例は跡を絶たないのです。

支配的社会から差別され放置されることによって、インディオ社会には自己再生の道が確保される。そのインディオ社会は、支配的社会の拡大にともなってまた徹底的に利用され差別され、ある段階で再度放置される。その繰り返しが、「発見」を契機にはじまり現代に至る、双方のせめぎあいの歴史の実態だろうと僕は基本的に見ています。この問題については第8話の中の「共生という名の抵抗」の項で改めてまとめてお話しします。

第4話　「野蛮」の捏造と「野蛮」への恐怖

豊かな「楽園」

コロンブスは第一回目の航海で、はじめて目にしたカリブ海世界の景観を「素晴らしい楽園」として描いています。「新大陸」のこの最初のイメージは、まさに「文明人」が目にした「原生自然」だったのかもしれない。はじめてエスパニョラ島に到達したコロンブスは、次のように報告しています。

「この島をはじめこの地方のすべての島々は、地味まことに肥沃ですが、特にこの島は著しく豊かで、しかもその海岸には、私の知っているキリスト教国の他の島々とは比較にならないほど多くの入り江があり、その上大きな、しかも良い水をたたえた川がいくつも流れていて、それはまことにすばらしい眺めであります。……そこには鶯や、千もの種類の小鳥がなきさえずっておりました。……蜜もとれれば、いろいろな種類の鳥禽もおり、また幾種類もの果実がとれ……まことにエスパニョーラ島はすばらしい島であります。」(コロン「第一次航海の記録」コロンブス、アメリゴ、

ガマ、バルボア、マゼラン『航海の記録』(大航海時代叢書 I)岩波書店、一九六五年、六一頁)

その後、征服地域の拡大にともなって、ヨーロッパでは知られていなかったさまざまな動植物が発見され、大西洋をわたり直接ヨーロッパへ、あるいは太平洋航路を通じてマニラからアジア各地へと運ばれます。こうしてヨーロッパはもとより全世界の文化は、「楽園」のおかげで大いに豊かさを増してゆく。

南米アンデス原産のジャガイモは、ヨーロッパ各地を飢饉から救います。トマト、カカオ、トウモロコシ、サツマイモ、赤唐辛子、インゲン豆、カボチャなど、いまでは全世界の食文化に欠かせない食材も、元はといえば「新大陸」から運ばれたものが多いのです。赤唐辛子はアカプルコ＝マニラ航路を経由してメキシコから日本へ、さらに日本から朝鮮半島へと伝播したといわれます。それ以前、キムチはどんな味だったのでしょう？ トマトのないイタリア料理はありうるのか？ 想像しただけでも楽しいですね。キャッサバは、奴隷貿易の流れを逆行してアフリカの食文化に取り込まれます。その他にも、ゴムの木、ヒマワリ、キニーネ、コカなど、アメリカ大陸原産の植物には、現代世界の文化の一部と化したものも数多いのです。

今では「魔女狩り」の対象と化した煙草を例にとれば、ヨーロッパへ導入されてからは、薬草としての本来の機能は忘れ去られますが、つい近年にいたるまで世界の多くの人々の嗜好品として近代文化の一部を構成していました。かつて日本でも、大正から昭和初期までは、一般家庭でもきざみ煙草は女性をふくむお年寄りの嗜みのひとつでさえあった。煙管《キセル》掃除の屋台が蒸気とともに時折放つ「コォーーー！」という金属音は、戦後間もない頃まで、日本の朝を告げる音ですらあったのです。

生贄を捧げるインディオ社会

ところでヨーロッパの人々は、こうして新たに発見された多様な植物を故郷へ持ち帰っただけでなく、葉脈や毛根にいたるまで正確に描かれた、非常に精緻なペン画としても伝えています。それを発明されて間もない印刷術を駆使して、ヨーロッパ各地に広めていく。それらの細密画は、当時のヨーロッパ人に、すでに正確な絵が描ける技術があったことを物語っています。しかし食材ではなく、アメリカ大陸の人間については、どのようなイメージが伝えられたか。

「新大陸」の探索で彼らがまず出逢ったのは、カリブ海の島々に住む、ほぼ裸体に近い人々でした。着衣が当然とされた当時のヨーロッパ世界からみれば、彼らは人間ではあれ、大規模な社会組織を欠く、文明から大幅に遅れた人々でした。ヨーロッパ人の野蛮観を、「ソヴァージュ」つまり森の民＝社会の組織化に遅れた人々と、「バルバロイ」つまり、わけの分からぬ言語をあやつる人々、でも、それなりの社会組織を形成している人々、この二つに分けることができるなら、カリブ海の島々の住民はソヴァージュであり、一五一九年以降「新大陸」の大陸部で出逢ったアステカ王国やインカ帝国はバルバロイの世界でした。

図6は一五一九年に描かれたアステカ王国の様子です。ピラミッドの頂上の形状から想像画だということが分かります。祭壇の最上部では、両手両足を押さえ込まれた生贄《いけにえ》の男性が胸を切り裂かれ、取り出された心臓が太陽に捧げられている。階段にはすでに心臓を奪われ息絶えた男が転がり落ちていく。**図7**はアステカの神殿内部の想像図です。いかにもおどろおどろしい世界として描かれています。

確かに当時のアステカ王国に生贄の習慣があったことは知られています。明日もまた太陽が東から昇ってきてくれるためには、人間の心臓を太陽にささげる必要がある。そのための生贄を確保する目的で「花戦争」という名の戦争までしかけ、捕虜を生贄として確保した。でも考えてみるまでもなく、日本でもかつて、河に橋をかける際に特に若い女性を生贄として神にささげる、いわゆる人柱《ひとばしら》や人身御供《ひとみごくう》の慣習がありましたよね。自然の脅威や恵み、命や時の移ろいなどを、神との関係で理解しようとする社会では、人間の命を神にささげるという行為は、どの文化にもあり得たことです。いずれにせよ、ヨーロッパでは当時、このような習慣はなかったわけですから、「生きている人間の心臓をえぐり出すとは、何たる野蛮!」との印象が広まったとしても不思議ではありません。しかしインディオ社会の「野蛮」な部分のみが、こうした絵としてヨーロッパへ伝わる時、ソヴァージュであれバルバロイであれ、アメリカ大陸のインディオ社会すべてがいかに野蛮か、といったイメージが拡大し、征服を正当化する役割を果たすこととなる。また、ヨーロッパ「文明」によるインディオに対する文明化がいかに必要であるか

図 6　アステカの人身御供(Theodor de Bry, 1591. Electra L. Mompradé y Tonatiúh Gutiérrez, *Imagen de México*, 1976, SALVAT)

図 7　テノチティトランの神殿内部(1670 年の版画．出典は**図 6** に同じ)

も強調されることとなります。

カニバリズム

「生贄のインディオ社会」という野蛮イメージをさらに強化したのが、「人肉を食するインディオ」のイメージ、つまりカニバリズムの問題です。コロンブスは第一回目の航海記録のなかで、「人間の肉を喰う人種」について触れています。

「……インディアスに入って二番目にあるクアリス島にはとても獰猛な、人間の肉を喰う人種が住みついております。……彼らは多数のカヌーを持っていて、インディアスの島々を渡り歩き、手当り次第に盗みを働いております。彼らは他の島々の者より格好が悪いというわけではなく、ただ女のように髪を長くしております。……彼らは、とても臆病な他の人種と比べるとたしかに狂暴ですが、私は他の人種と特に変っているとは思いません。」(コロン、前掲書、七〇頁)

図8では、左に立っている男がアメリゴ・ヴェスプッチ(Amerigo Vespucci: 1454-1512)で、ヨーロッパを象徴する男性として描かれている。着物を着ている「文明」の姿。それに対しハンモックに乗った右側の女性は裸体で、インディオを象徴している。文明と非文明が男と女、着衣と裸体というかたちで対照的に描かれています。ただ僕がこの絵で注目したいのは、二人の間の後方の部分。炎がちらっと見えますよね。その部分を拡

図 8　アメリゴ・ヴェスプッチとアメリカ大陸(Joannes Stredan 作, 16 世紀．出典は**図 6** に同じ)

大したのが左側の図です。人間の下半身を串刺しにしてバーベキューをやっています。ここでご紹介できないのは残念ですが、このほかにも、肋骨を切りとった人間のスペアリブ。それに噛りつく男性や足に噛りつく女性の姿。また、臓物の煮込みを作ろうとしている絵も残されています。本多勝一さんの『マゼランが来た』(朝日新聞社、一九八九年)にはその一部が紹介されています。これらの絵は伝聞をもとにフランス人やドイツ人が描いたものですが、面白いことに、人肉に噛りついている人々は皆、インディオの顔ではなくヨーロッパ人の顔つきです。これらの絵は、「非文明」社会を貪ることとなるヨーロッパ世界のその後の歴史を、図らずも象徴しているかのようです。

コロンブス自身、人肉食の現場に立ち会った確証はありません。恐らくは伝聞によるものと考えられますが、こうした情報がヨーロッパへ伝わると、

「新大陸」に普遍的な揺るぎない現実であるかのごとく信じられてゆく。そして重要なのは、一七、一八世紀になっても延々と、このような野蛮イメージが振りまかれていた点です。

ヨーロッパに広まった野蛮イメージは、アメリカ大陸だけでなく、世界の「非文明社会」に関しても同様でした。頭はなく目が背中についているといったアジア人の絵も残されています。こうしてヨーロッパは、野蛮イメージの捏造に支えられて、非ヨーロッパ世界への勢力の拡大を正当化しますが、この問題はさらに深刻な側面を孕んでいたようです。野蛮イメージは、拡張主義を主導したエリートにとどまらず、ヨーロッパの一般庶民の間にも浸透していった可能性があるからです。たとえヨーロッパ社会のなかで差別され抑圧されている人々であっても、いやおれたちは「文明社会の人間だ」、「文明国家の一員だ」という優越意識を抱きはじめる。外部世界に関する野蛮観が広まれば広まるほど、抑圧されている人々も優越意識・侮蔑意識を持ってしまう。そして、自分自身が置かれている身近な抑圧構造には気づかなくなる、気づかなくさせられてゆく。他者を野蛮視することがどのような効果をもつか。単に「野蛮」に対する征服・植民地化が正当化されるだけでなく、為政者のそうした行動を民衆が補強する。さらに民衆自身が置かれている状況は見えにくくなってしまう、そのような構図が浮かんできます。野蛮の捏造には、現代社会にもつうじる、そんな問題が孕まれているのです。

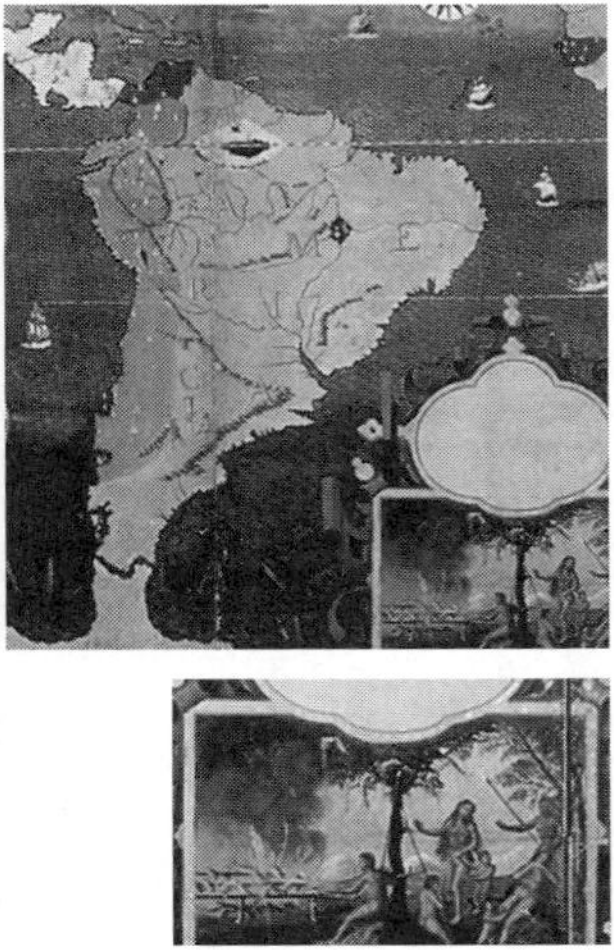

図 9　「二十八都市万国絵図屏風」のうち左隻(部分)(宮内庁三の丸尚蔵館所蔵，17 世紀)

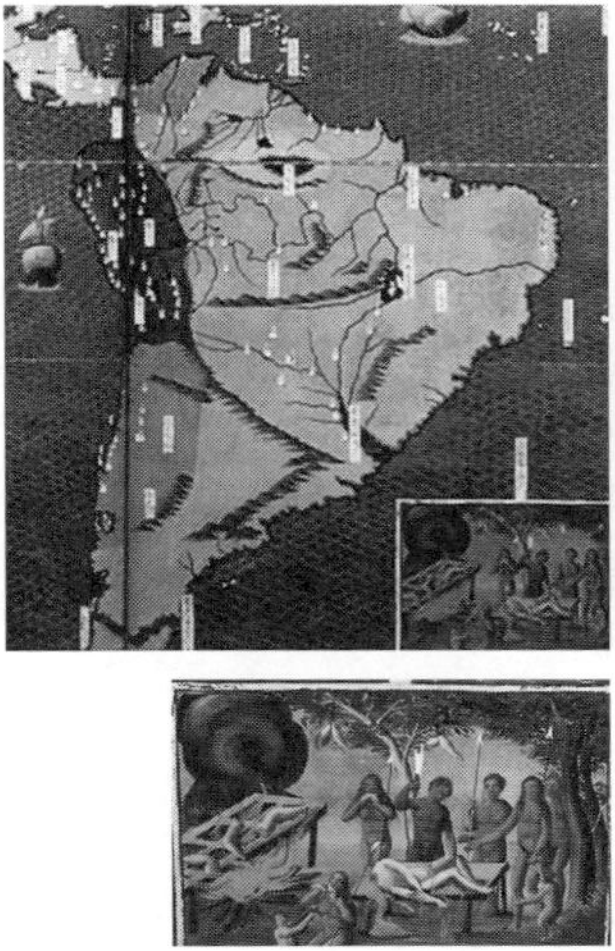

図 10　「レパント戦闘図・世界地図屏風」のうち左隻(部分)(香雪美術館所蔵，17 世紀)

日本に到来した野蛮イメージ

意外なことに、アメリカ大陸に関する野蛮イメージは、早くも一七世紀に日本まで伝わっています。**図9**は宮内庁が所蔵する世界地図の屏風絵です。その右下に枠に囲まれた絵がありますね。人間のバーベキューの絵です。**図10**は別の美術館に所蔵されている屏風絵ですが、これもやはり右下に絵があり、「ブラジルの人」との説明書きとともに人肉のバーベキューの様子が描かれている。木の枝には干し肉もぶら下がっています。

一五四三年、ポルトガル人が初めて種子島に漂着して以降、日本にとってはアメリカ大陸もヨーロッパも区別なく「南蛮」と一括されていました。最初は討つべき「南蛮」、それが「南蛮渡来の」といった表現に象徴されるように、「文明」の進んだ「南蛮」というイメージに変わってゆく。ところが、野蛮イメージの到来とともに、徐々にアメリカ大陸とヨーロッパは切り離され、「野蛮のアメリカ大陸」、「文明のヨーロッパ」という形で区別されていったと想像することができます。その後日本人が書き遺した江戸末期の古地図にも、墨で地名とともに「人肉を食する大陸」という説明が入る。明らかにヨーロッパから伝わった、カニバリズムのアメリカというイメージが定着していったものと考えられます(この問題については大平秀一「日本における南アメリカ認識の原初形態」『出光美術館研究紀要』二号、一九九六年に詳しい)。

この種の屏風絵や地図が、どれほどの人々の目にとまったか。当時の為政者たちはたぶん目にしたでしょう。一般庶民の目に触れる機会はあったのか、それは分からない。けれど、少なくとも日本社会のエリートたちの間に、こうした絵をつうじて、アメリカ大陸に関する野蛮観が植えつけられていった可能性は否定できません。ですから明治期を迎え日本が近代化へと一歩踏み出すときのエリートたちの世界観のなかで、ヨーロッパ人が捏造した野蛮観が深く影響を与えたであろうことは、容易に想像できるところです。

その頃ヨーロッパでは

ところで、こういった野蛮観が広まりつつあった当のヨーロッパ社会の内部では、その頃何が起きていたでしょうか。アメリカ大陸が「発見」されて間もなく、ドイツ、フランスを中心にはじまる宗教改革の荒波、さらに一六世紀中ごろからは、およそ一世紀間にわたり「魔女狩り旋風」と呼ばれる時代が到来します。魔女裁判はすでに一二、一三世紀からカトリックの宗教裁判所を軸に実施され、聖書の教えに反し悪魔と結託したとみなされた人々が、告発され処刑されていました。しかし「魔女狩り旋風」の時代に入ると、宗教的な判断基準とは関係なく、「あの人は魔女かもしれない」と思われたとたんに魔女にされてしまう。僕が、「いや、彼女は魔女なんかじゃない」と言えば、「魔女をかばうなら、お前も魔女だ」と決めつけられ、拷問ののち火あぶりで処刑されてしまう。魔女は女性だけでなく、男性も魔女とされる。宗教裁判所の判事が魔女だとされた例もあり、宗教改革を経たプロテスタントの間でも、魔女狩りが蔓延します。

ところで僕は、第8話でご紹介するチャムーラの治療儀礼を観察する過程で、治療法の少なくとも一部は、東洋医学の「気」や「ツボ」と無関係ではないのでは、と思い始めました。それを確かめるため、日本に帰国後気功の勉強をやり、今でも時折実践しています。とりわけ「気」には、西欧医学でも物理学でも解明できないパワーを感じます。こんなことを口にする僕は、いちはやく魔女だと決めつけられたことでしょう。つまり常識的に正常とされる一定の基準から外れるなんらかのパワーの持ち主も、悪魔との結託を疑われ魔女にされる。おそらくそれ以前のヨーロッパ社会にも、気功のような民俗医療の世界があったのではないか。それに携わっていた人々は、この魔女狩り旋風のなかで、ことごとく抹殺されていったのではないかと、僕は想像しています。

どの時代にも、権力者にとって危険な存在は弾圧の対象となる。でもこの時代は、教会権力だけでなく、一般住民の魔女への恐怖心も魔女狩りを推し進めてゆく。まさに、社会的、集合的ヒステリー症状が蔓延した時代だといえます。この一世紀にどれほどの「魔女」が処刑されたか。六万人、いや三〇〇万人と説により大幅な開きがあり、正確な数字は把握できませんが、その数値よりも僕が注目したいのは、「異なる者」への恐怖心が一世紀にわたり蔓延したこと、そして、拷問の残虐性と処刑のあり方です。

魔女狩りについては、日本でもかなりの数の書籍が出版されていますが、なかでもヒルデ・シュメルツァーの『魔女現象』(進藤美智訳、白水社、一九九三年、一五七―一七四頁)には、二〇頁近くにわたり、身の毛もよだつ拷問の方法や、公開の火あぶり刑、首吊り刑などについて詳細な紹介があります。

図11は四つ裂きの刑です。広場の真ん中に処刑される男が寝かされて、四肢につなが

図 11　四つ裂きの刑(森島恒雄『魔女狩り』岩波新書，1970 年)

れたロープの先にはそれぞれ馬一頭が待ち構えている。一斉に鞭を打たれた馬は、広場の四方に向かってドドーッと走ってゆく。こうして死刑囚は四つ裂きにされます。その後の広場の光景を考えると何ともおぞましい。「新大陸」でも一五七〇年代の初期、まずメキシコ市に、ついでペルーのリマ市に宗教裁判所が開設され、同様の処刑が行われます。これがあの「野蛮」イメージを捏造したヨーロッパ人が主張する、「文明」のひとつの実態でもあったのです。

なぜ一六世紀の中ごろから、「魔女狩り旋風」が吹き荒れることになったのか、魔女に対する恐怖が集合的なヒステリー状況をもたらしたのか。その原因についてはなかなか説明がつかないようです。中世の末期症状だといっても、それは説明したことにならない。むしろ僕は、アメリカ大陸の「発見」にひとつのヒントが隠されているように思うのです。中世以来のヨーロッパの空間認識と秩序意識が、「発見」を機にガラガラと崩れ去る、そんな時代状況のもとであらわれた、社会現象のひとつだったのではないでしようか。

「野蛮」への恐怖

一六世紀のはじめころまで、ヨーロッパでは怪物や妖怪がどこかにいると信じられていた形跡があります。現代に生きる僕たちには想像もできないことですが、コロンブスや初期の航海者たちが、その存在に恐怖を抱いていたことが記録からもわかる。コロンブスは「第一次航海日誌」で「私は今日まで、多くの人が考えているような怪物には会ったことがありません。」(コロン、前掲書、六一頁)と述べている。確かに、「発見」以前のヨーロッパの他者世界に関する知識は、せいぜい十字軍がもたらしたイスラム世界の情報に限られている。アフリカについての知識も北部に限定されており、黒いアフリカはまだまだ未知の世界でした。ジパングをはじめそれ以外の世界については、噂でしか聞いたことがない。基本的には、狭いヨーロッパ世界しか知られていなかったといえます。すでに大地は、実は球体ではないかと考えられ始めていたとはいえ、ヨーロッパを中心とする大地も海も延々と広がり、どこまで続いているか分からない。その未知の世界には妖怪がいるかもしれない。

しかし、コロンブスに始まる地球の探索を通じて、空間認識は一変します。大地は球体であることが証明される。アメリカ大陸の「発見」も、ヨーロッパ世界にとり感動的な事件であったとともに、大規模な「野蛮」の世界の存在を知る一大契機でもありました。魔女狩り旋風の時代を迎える直前までの、いわゆる大航海時代とは、香料と黄金郷＝エル・ドラードの発見という動機とともに、「文明」のヨーロッパを取り囲む「野蛮」がどこにいるか、どの程度の野蛮かを、一刻も早く確認する必要に迫られた時代だったとはいえないでしょうか。この、ヨーロッパから外側に向かって「野蛮」という他者を発見し確定してゆく過程を、僕は「外延的他者化」と名づけています。

他者に取り囲まれた「文明」

これまで、そして今もなお、アメリカ大陸の「発見」によって、ヨーロッパ人の視野は一気に拡大したといわれています。物理的には確かにそうだとしても、心理的にはどのような影響をもたらしたか？　延々とした広がりをもっていたはずのヨーロッパを中心とする空間は、球体という閉じられた空間へと劇的に変化する。突然ヨーロッパの人々は、閉じられた空間の中の自己を意識しはじめる。しかも「野蛮」に取り囲まれたわれわれ。その意味で、ヨーロッパ人の視界は閉じられ、「野蛮」に対する恐怖が、現実のものとして自覚され始める、と考えるべきではないか。大航海時代のあのエネルギー、そしてアステカ王国の制圧直前、一五一九年に生じたチョルーラの人々に対する大虐殺をはじめ、ラス・カサスが詳述しているような、征服戦でくり返される常軌を逸した殺戮行為も、「野蛮」にたいする恐怖心という要素を考慮してはじめて、理解することができるのではないか、と思うのです。

「魔女狩り旋風」は、外部世界にたいする「野蛮」捜しが一段落した直後から始まる現象です。今度は、ヨーロッパ社会の内側へ向かって、「文明」を脅かす「野蛮」の探索が始まった。キリスト教文明を脅かす一番身近な他者、それが「魔女」という名の「野蛮」であった。外部へ向かっていた「他者」捜しが一転して内部へと向かう。こうした現象を、僕は「内延的他者化」と名づけています。「発見」を契機に、地球的規模で外へ、同時に内へと向かう他者化、これがヨーロッパ近代の基本的な特徴ではないかと考えています。そうであるなら、「魔女狩り旋風」も、中世の末期症状ではなく、近代の始まりを予感させる事件だといえるように思うのです。

第5話　植民地の秩序形成

征服戦とインディオ

一五一九年にメキシコ湾岸のベラクルース近郊ラ・アンティグアに初めて上陸したエルナン・コルテスは、一五二一年アステカ王国の征服に成功しますが、なぜ少数のスペイン人があの大規模な王国を制圧できたのでしょうか。

征服者たちは甲冑《かっちゅう》、兜《かぶと》姿で、武器の面でも圧倒的にすぐれていたうえ、インディオが目にしたことのない馬や、獰猛《どうもう》な大型犬も引き連れていた。それに加えインディオの側には、神話に起因する精神的な動揺が蔓延していました。予言によれば、かつて東の海に消えていった神ケツァルコアトルが「一の葦の年」に再来し、天変地異が起こる。一五一九年はちょうどその年にあたり、事実アステカ王国の首都からおよそ一〇〇キロの距離にあるポポカテペトル火山が大噴火を起こす。スペイン人が姿を現す直前から、それまで全く知られていなかった疫病も蔓延する。こうした出来事が引き起こした精神的な動揺も、敗北の原因であったと言われてきました。しかし注目すべきは、アステカ

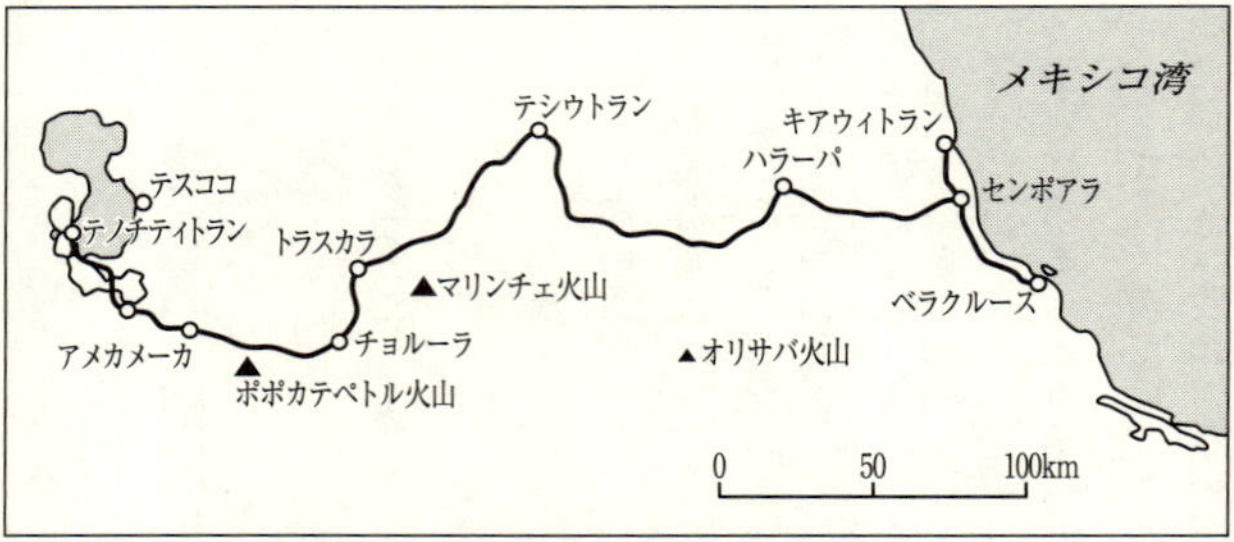

図12　アステカ王国への進軍

王国の攻略に参加したスペイン人が九〇〇人だったのに対し、彼らに協力したインディオが膨大な数に達していたという驚くべき事実です。

インディオが征服者側の兵力として動員された点については、すでに第2話で簡単に触れましたが、ここでもう少し具体的にその経緯をたどってみましょう。コルテスはまず、ベラクルース周辺に住んでいたトトナコというインディオ集団を征圧します。トトナコを征圧すると、約四カ月間かれらの中心的な町センポアラに滞在し、アステカ王国攻略の戦術を練る。その間にトトナコを説得し、上位社会の征圧に兵力として動員することに成功します。征服したインディオを兵力として活用するこの方法は、その後の征服戦に幾度となく繰り返されることとなります。

スペイン人はトトナコの兵力の助けを借りて、アステカ王国と対立関係にあったトラスカラ王国を攻め陥す。征圧されたトラスカラの人々は一転して、アステカ王国の支配下にあったチョルーラの征圧に、数千人規模でスペイン人に協力する。そしてアステカ王国の首都テノチティトランとの第一回の攻防戦には六〇〇〇人のトラスカラ人が、最終攻略の戦いには二万人が参戦したといわれています。アステカ王国の征服戦は、確かにスペイン人によるインディオに対する戦いであったとはいえ、現象としてはインディオとインディオの戦いの色合いが極めて濃いのです。インディオの戦列の背後にスペイン人の歩兵が、さらにその背後に馬に乗ったスペイン人たちが控えている、そのような構図です。こうして、征服以前のインディオ社会相互の支配＝被支配関係、対立関係を逆手にとって、下から上へ攻めのぼり、ついにアステカ王国を征服するにいたります。

激変する先住民集団間の関係

いったんアステカ王国の征服が完了すると、今度は、王国がそれまで維持してきた上下関係、それを上から下へ、アステカ人たちをも兵士として使いながら、順次攻め陥してゆく。南部のオアハーカ地方もアステカから貢納を課せられていました。メキシコ最南端のチアパス地域も、一四八八年以降、現在のチャムーラ村の隣村シナカンタンを拠点に、アステカ王国の支配が及んでいました。そのため、オアハーカの征圧には、トラスカラとアステカの人々が、チアパスの征圧には、トラスカラ、アステカ、オアハーカのインディオが兵力として動員されることとなります。

この過程でひとつ特徴的なことは、チョルーラの征圧、それにつづくテノチティトランの攻略以後、トラスカラ人は一貫してスペイン人に協力している点です。アステカ王国征圧の一年後、一五二二年には、コルテスとともにパヌコ地方の征圧に、二四年にはペドロ・デ・アルバラード(Pedro de Alvarado y Contreras: 1485–1541)とともにグアテマラへ、三〇年にはヌニョ・デ・グスマン(Nuño Beltrán de Guzmán: 1490–1544)とともにメキシコ西部の征圧に参加し、その後も、チチメカと総称されていた北部の狩猟遊牧民の地域で、定住農耕のモデル・コロニーの建設に活躍します。

この征服戦の過程で見落としてならないのは、次の点です。それまでアステカ王国の傘下に取り込まれていたさまざまなインディオ集団は、基本的に貢納を軸とするゆるやかな上下関係で結ばれていました。すでに第4話で触れたように、確かにアステカ王国はしばしば周辺の集団に対し「花戦争」を仕掛けました。しかしその目的は生贄を確保するという限定的なもので、全面的な征圧をともなう戦争ではありませんでした。しかし、スペイン人による征服を機に突然、それまでインディオ社会相互を取り結んでいた緩やかな関係は、片や征服者と一体となって大虐殺をも辞さない集団と、他方、全面的に征圧される集団という決定的な敵対関係に変化する。このインディオ集団相互の関係性の激変が、征服地域の拡大とともに網の目のごとく連鎖してゆきます。

こうして、外来の敵スペイン人に対し一団となって対抗するゆとりもないままに、インディオ集団は相互に分断され、スペイン人征服者の直接的な支配のもとに再編、固定化されてゆく。しかも征服者はその後も引きつづき、旧来のインディオ社会の上下関係を植民地統治の手段としても活用してゆきます。一五三〇年代までの征服戦のなかで、トラスカラ人をある面、優先的に登用した背景にも、征服以前のアステカ王国との対抗関係を維持し利用しようとする、スペイン人の意図が働いていたと考えられます。このように、分断し統治するという植民地支配の基本的なあり方は、征服戦の過程そのものの中に、すでに埋め込まれていたといえます。征服戦の過程でインディオ集団相互に産み出される新たな不信感と対立感情、それはその後の先住民集団の相互関係を規定する植民地性の問題のひとつとして、長く尾をひくこととなるのです。

植民地都市の形成

すでにお分かりのとおり、アメリカ大陸の征服はアステカ王国の征服で完了したわけではありません。南米大陸のインカ帝国の征服は一〇年以上後のことですし、メキシコに限定してみても、バハ・カリフォルニア半島をはじめ北部の征服は一八世紀にずれ込みます。イギリス人やフランス人による北アメリカの征服が開始するのは一〇〇年以上後ですし、南米ブラジルのアマゾン地域の征服は、なんと一九七〇年代に入り本格化します。

征服者たちは、ある地域の征服に成功すると、まずはさらなる征服の拠点としての都市の建設に着手します。ここでは、ひとつのモデル的なケースとして、僕がチャムーラ村の調査の際に拠点としてきた、チアパス州のかつての州都サン・クリストバルの町についてご紹介しましょう。一五四五年にラス・カサスが初代の司教として着任したあの町です。

ここは周囲を山に囲まれた盆地で、後にチャムーラという名の集団を構成することとなるマヤ系の先住民集団が住んでいました。そこにスペイン人の征服者ディエゴ・デ・マサリエゴス(Diego de Mazariegos: ?–1536)がトラスカラ、アステカ、オアハーカのインディオを戦力として攻め入ってくる。同時にグアテマラからも、別のスペイン人の一隊がすでに征服したグアテマラのインディオを引き連れて到着し、北と南から挟み撃ちの形になる。その盆地に住んでいたインディオを追い出し、征服が完了するのが一五二八年です。メキシコ市からおよそ一二〇〇キロ。この距離を征圧するのに、七年を要した計算になります。

最初に街の広場を中心に、碁盤の目状に道路を作る。その広場を行政の建物と大聖堂とが取り囲む。つまり征服者のなかでも、特権的な地位にある人々から成る市参議会＝カビルドの建物とカトリック教会の司教座が、街の中心を構成します。精神的に、また行政的に、征服を象徴する場です。さらにその広場を取り囲むように、カビルドの成員たちを中心に、特権階層の居住区が設定され、その外縁にペオンと呼ばれる白人の歩兵たちの居住区が広がる。ここまでの空間が白人の空間、いわば「文明の領域」を構成することとなります。

兵力から都市の防衛へ

ところで、兵士として連れてこられたインディオたちは、どうなるか。攻略が一段落しても、かれらの任務は終わりません。征服されたばかりのマヤ系インディオから「文明」を防衛する防壁として活用されていきます。町の歴史を知らないままに、はじめてサン・クリストバルに着いて以来、長年にわたり僕が定宿としていたホテルは、町の広場から五ブロックほどのメヒカノスという名の地区にありました。なぜマヤ系地域のこの町に「メヒカノス」という名の地区名がついているか、素朴な疑問を感じたのです。メヒカノスは現在のスペイン語ではメキシコ人を指しますが、征服当初、アステカの人々はメシーカと呼ばれていた。その音が変化してメヒーカ、メヒカノスとなる。つまり、アステカ王国の人々の名称が地区＝バリオの名前として残っている。そのバリオに隣接するように、北側に「バリオ・トラスカラ」があります。なぜこのような地区名が残っているのか、その疑問は、征服と都市建設の経緯の歴史をひもといて納得することができました。

兵士としてスペイン人に同行したインディオは、「インディオス・アミーゴス」＝友好的なインディオと呼ばれましたが、彼らにはそれぞれの集団ごとに独自の居住区＝バリオが順次あてがわれていったのです。「バリオ・メヒカノス」「バリオ・トラスカラ」のほかに、オアハーカから連れてこられたインディオには「バリオ・サン・アントニオ」、グアテマラのインディオには、「バリオ・クシュティターリ」「バリオ・サン・ディエゴ」、この二つに分かれて居住地が指定されます。後に、解放されたインディオ奴隷の居住区として「バリオ・エル・セリジョ」が、初期の混血たちの居住区としては、「バリオ・ラ・メルセー」が順次設定されていきます。これらすべてのバリオの名称は、今日もそのまま残っています。地名に歴史が染みわたっている、典型的な例だといえます。

最新の研究によれば、これらバリオの成立経緯の詳細については議論の余地があるようですが、いずれにせよ、バリオが全体として、白人の領域を包囲するように、征服されて間もないマヤ系のインディオから「文明の領域」を防衛する空間であったことは否定できません。

植民地都市の排他性と寄生性

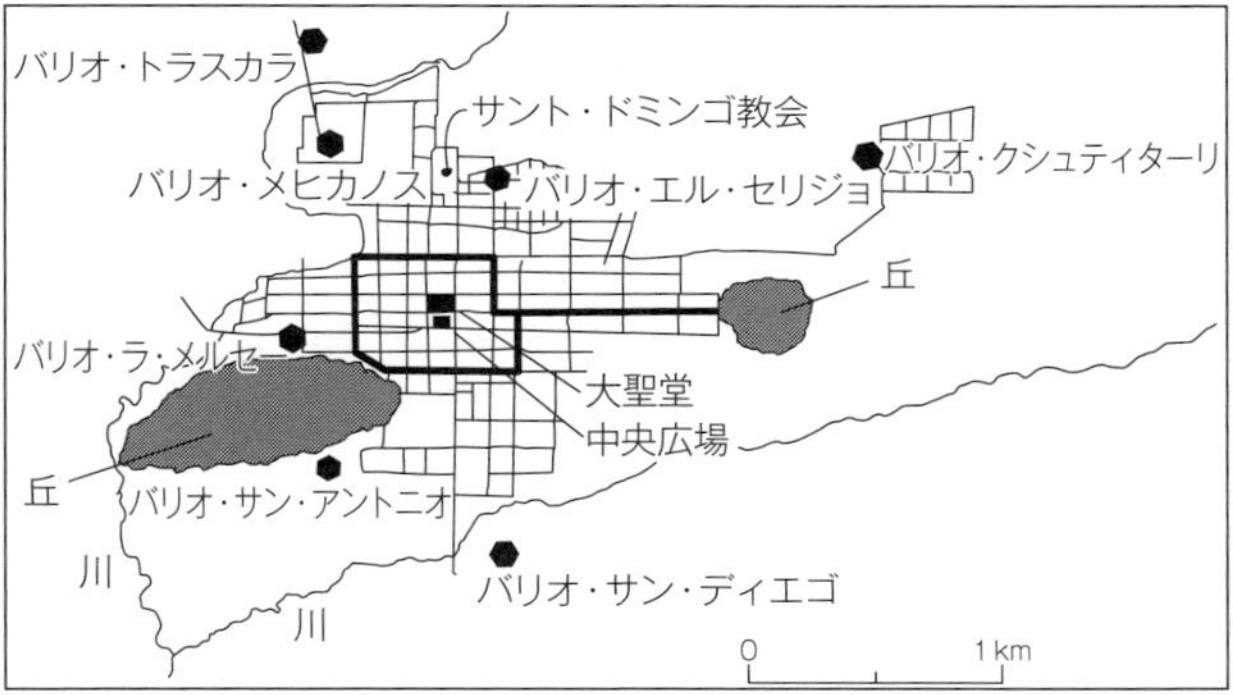

図 13　植民地都市サン・クリストバル（16 世紀末．Juan B. Artigas, *La arquitectura de San Cristóbal de Las Casas*, Gobierno del Estado de Chiapas, UNAM, 1991, p. 29 より作成）．太枠内が白人居住区．

単純化すれば、町の中心部を白人の居住空間が占める。その周囲にインディオス・アミーゴスの空間が広がる。ここまでが植民地都市の空間です。盆地の街のサン・クリストバルの場合は、二本の川が、さらにその外延に牧草地が広がり、さらにその外延の山並みが城壁の役割を果たす。都市によっては、白人の空間の周囲を城壁が取り囲み、インディオの攻撃から身を守ります。そして、この都市空間のさらに外側に、次にご紹介する再編インディオ社会空間が広がります。こうした植民地都市の空間構造は、サン・クリストバルだけの特別な事例ではありません。都市を取り囲む自然環境や周辺のインディオ社会のありようによって多少の違いはあれ、基本的にラテンアメリカの植民地都市は、白人のみの空間、友好的なインディオの空間を基礎に成り立っていたといえます。

植民地都市の空間が、「文明の領域」を防衛する極めて排他的な性格をその当初からもっていたことは、以上でご理解いただけたと思います。またこの都市空間が、租税収入の確保にくわえ、労働力、食糧生産の面で、再編されたインディオ社会にほぼ全面的に依存していた点についてはすでに第2話でご紹介したとおりです。インディオ社会に対するこの寄生性と空間としての排他性という、一見矛盾する植民地都市の性格は、その後現代にいたるまで、少なくともラテンアメリカの「第一の場」を規定し続けてゆくこととなる。サン・クリストバルの町では、日暮れ時以降インディオは町にいてはならない。そのようなことが、独立以後一九三七年まで条例として定められていました。昼間町にやってきたインディオは、歩道を歩いてはならない、牛馬とともに車道を歩かねばならなかったのです。

造り変えられる村

都市空間の外側には、征服されたばかりのインディオ社会空間が延々と広がりますが、すでに第3話で簡単にご紹介したとおり、一五四〇年代を境に、都市とインディオ社会との関係が法的に整備され始めます。いわばそれまでの時代は植民地支配の実験段階で、

「発見」から半世紀たってようやく、法的にスペイン人社会とインディオ社会からなる、二元的植民地社会の秩序形成がスタートします。

この新たな秩序形成の基礎となったのが、レドゥクシオン(reducción)あるいはコングレガシオン(congregación)と呼ばれる、インディオ社会の再編政策でした。すでにこの頃、インディオ集団によっては、人口が大幅に激減してしまい、単独では都市が彼らを利用するには効率が悪い。そうした集団を複数、強制的に一つにまとめ、都市にとって利用しやすい土地に移住させる。一方、都市を脅かす危険性を孕む大規模な集団はそれを分断し、別々の集団として再編し、それぞれに新たな居住空間を指定する。現在のチャムーラ村は、サン・クリストバルの盆地から追われた集団に、二つの異集団を強制的に一体化させて形成された集団です。いずれにせよ、都市が利用し支配しやすいように、本来のインディオの共同体は分断、あるいは統合をせまられ、居住空間も移動を余儀なくされる。これが、再編インディオ社会空間の基本的なイメージです。

再編されたそれぞれの集団には、スペインの村落組織を模した役職者制度が導入され、一定の自律的な内部統治の権利を認められます。しかし、「永遠なる幼子」としての地位に変わりはなく、司教座を中心とするカトリック教会の管理下に置かれ、教区司祭が村の管理にあたるのです。さらに、各集団にはそれぞれ、従来の守護神に代わり別々の守護聖人が与えられます。三つの異集団が集合させられたチャムーラの場合はサン・フアンが、シナカンタンにはサント・ドミンゴ(後にサン・ロレンソ)が、チェナローにはサン・ペドロが、といった具合です。新たな村には、聖人を中心とする教会と広場が建設され、植民地都市の場合と同様に、村役の集会所と教会とが、九〇度の角度で広場を囲みます。

僕たちが今インディオの村を訪れれば、その村は征服以前からそこにあったものと勘違いしてしまう。そこに何千年とつづく伝統を守っている村の姿を見ようとする。しかし、以上でお分かりのとおり、僕たちが目にするインディオの村は、征服の過程で強制的に再編された村の、今の姿だということなのです。

インディオ社会の近代性

チャムーラのお年寄りが、とくとくと次のような村の創世神話を語ってくれました。

「大昔のことだ。サン・フアン様は住む場所を探しておられた。どこへ行っても羊たちが気に入ってくれない。ところが今のイチントン部落にさしかかると、家を建てるのにもってこいの大きな岩とでくわした。その岩を砕こうとしたとたん、フクロウの鳴き声のような声で、嫌だ、嫌だと岩が叫んだ。そういうなら仕方がないと立ち去ろうとすると、突然岩がいくつにも割れて、サン・フアン様を先導する。行き着いたのがここ、サン・チャムーラで、サン・フアン様はその岩で教会をお建てになり、羊の飼い方をわしらにお教えくださったのだ。」

こうした話に、自分たち独自の物語を作り上げてゆく、インディオのたくましい創造力を感じます。しかし同時に、少なくともこのお年寄りが語る村の創生の物語には、征服以前の世界との連続性は見えません。マヤの創生神話といえば、『ポポル・ヴフ』（A・レシーノス、林屋永吉訳、中公文庫、一九七七年）が有名です。チャムーラの知り合いの絵描きさんは、その創生神話を一〇〇枚近い水彩画に描き、ニューヨークにも招かれて展覧会を開催しました。でも、彼がその神話を知ったのは口頭伝承からではなく、文化人類学者に紹介された活字化された『ポポル・ヴフ』からでした。

このように、植民地支配のもとで、インディオの村はほぼ完全ともいえるかたちで造り変えられた。その意味で、現在僕たちが目にするエスニック集団とは、伝統を死守する前近代的共同体などではなく、征服を基点とする近代それ自体によって産みだされた、きわめて近代的な共同体だといえるのです。こうした問題も含め、インディオ社会の再編の過程で、いかなる植民地性が村のあり方それ自体に浸透し定着していったか。またそれがどのような形で引き継がれてゆくのか。今、さまざまなインディオ集団の内部で、「伝統派」のあり方が問題となっています。この「伝統派」の主張する「伝統」そのもののなかに、五〇〇年前のこうした歴史に規定された植民地性の問題はないのか。今僕は、この問題に大いに関心をもっています。

秩序の揺らぎ

排他性と寄生性が、植民地社会の矛盾した秩序の根幹をなしていたとするなら、その秩序にはさらに、当初からもうひとつの矛盾が孕まれていました。征服者集団の大半が男性であったという事実です。インディオス・アミーゴスも兵士として動員された男性が基本です。つまり、植民地都市はその成立からしてきわめて男性性に偏った、不完全な社会だったといえるのです。

当然都市の建設直後から、女性が求められます。そのターゲットとなるのが、征服されたばかりのインディオ社会の女性でした。インディオス・アミーゴスのインディオたちも同様に、彼女たちに接近する。こうして性の問題を軸に、白人社会とインディオ社会から成る植民地社会の二元構想も、インディオに対する植民地都市の排他性も、急速に揺らぎはじめる。この点は、アングロサクソン系の人々により、約一世紀後からスタートする北アメリカの植民過程と決定的に異なる側面です。そこでは排他性が一貫して維持され、混血の誕生は例外的な事例に過ぎません。しかし、南では混血が一気にあふれかえり、白人入植者、インディオス・アミーゴスの人口を上回ってゆく。今でもインディオ社会では、世代交代が日本の倍のスピードで進みます。ですから、征服されてから三〇年もたてば、混血の数は統制しきれないほどに増えてしまう。

その混血たちはどうなるか。征服されたばかりのインディオ社会からすれば、混血は征服者に犯された女から生まれた子どもで、村に留めおくわけにはいかない。そこで彼ら混血の一部は、再編インディオ社会の外延に広がる未征服空間に逃れてゆく。都市と都市の間の街道沿いで、商人や旅人を狙う山賊として生活を維持する。金儲けができると分かれば、馬に食わせる馬草を提供したり、宿場＝ポサーダを経営する。旅人を泊めれば病人もでる。宿泊施設を兼ねた施療院ができる。こうして時代が進むにつれて、都市と都市の間に混血を中核とする都市も出現してゆく。また混血の一部は、一六世紀後半から活発化する銀山開発の現場へと流れてゆく。こうしてアメリカ大陸で初めて、白人社会からもインディオ社会からも排除された混血のなかから、賃労働者も誕生してゆくこととなります。

インディオス・アミーゴスの二面性

混血集団のもうひとつの流れは、都市空間の周縁部に滞留します。再編インディオ社会にとってインディオス・アミーゴスは言語も完全に異なる、つい昨日までの敵であり征服者の一部。白人のための食糧生産、教会建設や町の道路建設の現場でも、征服されて間もないインディオを監視するのは、インディオス・アミーゴスでした。しかし白人からすれば、どちらのインディオであろうがインディオはインディオとして差別する。

被征服者であり征服者でもあるというこのインディオス・アミーゴスのアイデンティティの二面性は、奇しくも被征服者を母とし、征服者を父として生まれた混血＝メスティソのアイデンティティと重なります。インディオス・アミーゴスの空間が、増えつづける混血を受け容れる場となっていった背景には、そのような秘密が隠されていたと、僕は考えています。

いずれにせよ、混血はインディオス・アミーゴスの空間を埋め尽くしてゆく。サン・クリストバルのように、混血のみのバリオが設定される例もあった。しかしそれだけでは追いつかない。すべてのバリオが混血化の道を辿り、結果として、アステカ人やトラスカラ人といった各バリオの当初の独自性は失われ、混血化するバリオ全体が白人の空間を包囲する形となる。さらに徐々に白い空間を蚕食し、最終的には、都市全体が混血化の道を辿ることとなるのです。

ところで、すでに述べたように、植民地社会は法的に、スペイン人社会とインディオ社会という二元的社会として設定されていました。そのため、都市に集中した混血は、白人の習慣と支配者意識を身につけ、一部は都市の下層民を構成する。都市住民となった彼らは、インディオに対する排他性を再生産し、都市住民として自己の特権的立場を維持しようと努める。一部の特権的な混血や都市インディオは、稀ではあれ白人の地位を買うことも可能でした。反対に、一部の混血は、都市を離れインディオ社会に逆戻りし、インディオとしての法的権利を確保しようとする。それを契機に、法的にはインディオであれ、血のうえでは混血がインディオ社会にも拡大してゆく。それでも増えつづける混血は、インディオとしてもスペイン人としても法的な保護を受けることもかなわず、その後も植民地時代を一貫して、未征服のインディオとともに、「文明」を脅かすバゴス(vagos)＝放浪者として不安定な社会的地位に押しとどめられることとなります。

「境界領域」としてのインディオス・アミーゴス

混血が国民の間に普遍性をもつにいたったメキシコに限定してみた場合、このインディオス・アミーゴスの空間が歴史的に果たした役割は、きわめて重要だと考えています。彼らは当初、白人にとっては征服戦の協力者ではあれ、あくまでも征服直後のインディオと同様に、基本的には「野蛮」なるインディオに過ぎません。ところが一方、再編されたばかりのインディオにとっては、インディオス・アミーゴスは征服者の一部であり仲間ではありえない。つまり、双方からお前は仲間じゃないと差異化、差別化されるのが、まさにこのインディオス・アミーゴスです。このような人々の存在、そして彼らの空間を、僕は「境界領域」と呼んでいます。

ところで、テネハパ村へ通じる街道の入口、サン・クリストバルの東端の山並みの頂上近く一帯に、バリオ・クシュシターリに隣接するラ・ガリータ(La Garita)という名の地区があります。長年にわたる調査の後半は、そこに豪邸を構えていた元イエズス会士の著名な歴史家ジャン・デ・ボスのお宅に毎回居候《いそうろう》をさせてもらいました。朝目覚めてみれば、サン・クリストバルの町がすっぽりと朝もやに埋もれ、いくつもの教会の尖塔だけがもやを突き抜けて見えている。鐘楼の鐘の音とともに、徐々に朝もやが空にのぼりはじめ、町の全景が浮かび上がってくるあの光景は、今も目に焼きついています。

植民地時代初期、ちょうどそのあたりに、再編インディオ社会空間と都市空間とを隔てる関所＝ガリータが設けられ、人や物の出入りが監視されていたのです。ここを通って、「野蛮」なインディオが生産した野蛮性を帯びた食糧が選別され、インディオス・アミーゴスの空間に持ちこまれる。その空間には市場があり、屠場もある。市場も屠場も「文明」の空間ではなく、インディオス・アミーゴスの空間に設定されていました。そこで野蛮性は洗い流され、浄化された食糧が「文明」の空間に入ってゆく。これはひとつの解釈の問題ですが、境界領域という空間は、このような意味で、野蛮を浄化する場でもあったのではないかと考えています。

歴史を規定する「境界領域」

境界領域について最後に強調しておくべきは、白人社会も再編インディオ社会もともに、歴史の進展とともに、この空間によってある面、規定されたという側面です。すでにご紹介したとおり、この領域は植民地権力の圧力によって、いわば人工的に設定された不条理な空間でした。兵士として連れてこられたアステカ人もトラスカラ人も郷里へ帰ることは許されず、白人社会の防衛に当たらされる。しかしその後の都市空間の混血化、インディオ社会の混血化からも明らかなように、境界領域としてのインディオス・アミーゴスの空間は、支配的社会のありようも被征服者の社会のありようをも変化させていきました。このように考えるなら、境界領域とは双方を規定してゆく主体的空間だといえるのではないでしょうか。

ここでご紹介した都市形成についての議論の大半は、「歴史認識における〈境界〉」を統一テーマとした歴史学研究会一九九〇年大会における報告「〈内なる荒野〉と都市の〈インディオ化〉」が基礎になっていますが、「境界領域」という概念化を試みたはじめての機会でもありました。

その報告では、境界領域の主体性について、明確に打ち出したわけではありませんが、今では、主体的な意味合いを帯びた概念として、現代社会とも無関係ではないとの確信をもっています。米国の大統領選を左右するまでに成長したヒスパニックス、ドイツにおけるトルコ移民、フランス文学の世界で活躍するアフリカの旧植民地出自の作家たち、そして、日本における「日系」や「在日」。これらの人々は時として、祖先が属していた社会からも、今生活の場として生きている社会からも「他者」とみなされる。その意味で彼らは、境界領域的存在だといえます。彼らがそれぞれのヘゲモニー社会集団に対し、あるいは出自社会に対し、経済的、社会的、文化的に果たしてきた役割、果たしつつある役割を再考するうえで、このキーワードは多くの示唆を与えてくれるように思うのです。

第６話　精神的征服

カトリック世界の救世主＝「新大陸」

　アメリカ大陸でアステカ王国が征服されたのとほぼ時を同じくして、ヨーロッパではプロテスタント化の運動が野火のごとくに広がり、各地でカトリック教会の権威は地に落ちていきました。アメリカ大陸はこの危機に瀕したカトリック世界に、再建のための広大な場を提供することとなるのです。スペイン王、ポルトガル王にとってもローマ法王庁にとっても、新しい大地で新たに「発見」された人間を基礎に、カトリック・キリスト教王国の再建を計る道がひらかれた。いわばアメリカ大陸の「発見」は、危機的な状況に陥りつつあったカトリック世界に救いの手を差し伸べてくれる、救世主だったといえるのです。奇しくもそのことを象徴するかのように、コロンブスはアメリカ大陸で最初に「発見」した島に、サン・サルバドール＝救世主と命名したのでした。

　法王を頂点とするローマ・カトリック教会は、法王・枢機卿・大司教・司教・教区司祭からなるピラミッド型の位階制を基本とし、信者はその位階制の末端、教区司祭に従う地位に置かれています。この教会組織全体が、スペイン語ではイグレシア・セクラル(iglesia secular)と呼ばれますが、よく知られているように、この教会は中世ヨーロッパ諸国で王権をはじめとする世俗権力と癒着し、王権自体をも脅かすほどの財を蓄積していました。信者は罪の許しを請うにも、まずは免罪符を教会から購入し、神との仲介を司祭にお願いしなければならない。世俗化した、いわば因襲派とも呼びうるこのカトリック教会の体質に真正面から立ち向かい、位階制という教会組織そのものに疑問を呈したのが、一五一七年に始まるルターによる宗教改革であり、一連のプロテスタント集団の誕生でした。

しかし、ヨーロッパには宗教改革に先立って、カトリック教会内部から生まれた改革運動もありました。位階制から一定の距離を保ちつつ、修道院に籠もって独自の宗教活動を展開していった集団です。その先陣をきったのがフランシスコ修道会で、世俗社会との日常的な接触を避け、修道院に籠もり精神の純化(depuración)と原始キリスト教会の復活を追求する。こうした修道会を中心とする教会は、イグレシア・セクラルに対し、イグレシア・レグラル(iglesia regular)と呼ばれます。

「死者の手」とカトリック内改革派

レコンキスタを完了し、スペイン王国が成立して間もないスペインでしたが、既に肥沃な土地の多くはカトリック教会が支配し、しかも高利貸しとして王権をも脅かす勢力に成長しつつありました。つまり資本の大半はカトリック教会に集中し、いったん教会に集中した財はなかなか外へ出てくることはない。カトリック教会は別名「マノス・ムエルタス(manos muertas)」＝「死者の手」と呼ばれますが、死後硬直した手からは、握られた財が自由になることはない。敬虔なカトリック信者の富裕層の一部は、遺言状によって教会に多額の財産を寄進する。それが教会財産の肥大化をもたらしたひとつの契機だったといわれますが、その財は神に寄進されたものであるかぎり、教会が勝手に売却したり個人に譲渡するわけにはゆかない。それがカトリック教会の論理だったのです。

王権としては、こうした教会勢力が「新大陸」でも拡大すること、それにはどうにか歯止めをかけたい。そこで布教の仕事を、因襲派ではなくカトリック内改革派、すなわち修道会に一任するという基本方針を採ることとなります。

最初の一二人と精神主義

アステカ王国の征服からわずか二年、一五二三年にフランシスコ修道会の修道士一二人がベラクルースへ上陸し、アメリカ大陸における組織的な布教がスタートします(八四頁図**12**参照)。二六年にはドミニコ修道会が、三六年にはアウグスティヌス修道会が、それぞれ一二名の一団として到着し、そのあとを追うように、順次伝道に携わる修道士たちの数が増えてゆく。フランシスコ修道会はメキシコ市から太平洋に至る西方面、そして軍事的な征服が未完成の北部一帯を担当し、ドミニコ修道会は、チアパスを含む南東部一帯を伝道地域とする。アウグスティヌス修道会は北東方面、すなわちメキシコ湾岸地域一帯を担当する。

こうして征服間もないメキシコ＝ヌエバ・エスパニャの領域は、三つの修道会によって分割され、伝道活動が開始されます。彼ら初期の修道士たちは、王権が期待したとおり俗世間とは一線を画し、インディオ貴族層の子弟の教育や、征服地域のキリスト教化の活動に、さらにフランシスコ修道会の場合は、未征服の空間へと命をかけた伝道の旅に赴いてゆきます。

メキシコの北部、大銀山の開発で知られたサカテカスの町から北へ伸びる国道四九号線、今では立派な高速道路が走っていますが、かつての旧道を何回も車で通過した経験があります。後に第9話でお話しするメノニータスというプロテスタント系集団の調査が目的でしたが、何度通っても広漠たる風景にその都度圧倒された覚えがあります。海抜一五〇〇メートルから二〇〇〇メートル程度の、緩やかに波打つ高原と化した半砂漠地帯です。その荒野を、五キロ、一〇キロ、一五キロと直線道路が突き抜ける。西部劇でお馴染みの、砂漠に林立するカクタスすら生えていない広漠たる荒野には小さなサソリが潜んでいる。刺されたら二〇分以内に血清を打たなければ、心臓が止まってしまう。ちょっとした藪の根の周辺には、ボコボコと穴が開いている。ガラガラヘビの巣です。強風が吹けば、小学校の運動会で目にする大玉転がしの玉のようなものが、いくつも競いあうように砂塵とともに駆け抜ける。枯れたトゲだらけの藪が風に飛ばされ、そのうちにいくつもの藪が合体し球状になったものです。せめてウチワサボテンでも生えていれば、トゥナと呼ばれるその実で乾ききった喉を潤すこともできる。でもそれすら生えていない。

この荒野を、フランシスコ修道会の伝道者たちはたった一人で、多くて二人一組で、しかも裸足で歩いてゆく。食糧と戸板を担いで一日五〇キロ。寝る前には必ず鉄の鎖の束で背中を打つ。それが彼らの修行のひとつでした。背中を血だらけにしたままで、荒野の冷気に包まれて戸板の上で一人寝る。勇猛なインディオがいつ襲ってくるかもしれない。その光景を想像しただけでも、一体なぜ、なぜそこまで？　という思いを禁じえないのは、僕一人だけではないでしょう。彼らの強靭な精神力とそれを支える信仰の篤さ、それは、精神の純化に徹した人間にして、はじめて可能だったのではないかと思うのです。

何人もの殉教者を生み出しながら、ついにインディオが彼らを受け容れ、村に教会が建設されると、修道士たちが手をつけたのは、邪教的なるものの一掃です。祭壇を破壊する。神とあがめる土偶も打ち壊す。先植民地期の歴史を語る絵文書も徹底的に焼いた。その結果、今僕たちが征服以前の先住民社会の歴史を知るには、わずかに難を逃れたコディセ(códice)と呼ばれる絵文書や、征服直後に入植者や聖職者がインディオから聞き取った記録、そして一六世紀にインディオの知識人が書き遺した文書に頼るしかないのです。こうした文化破壊的な行為も、精神主義のなせる業だったといえるのです。

鉱山開発の尖兵

ところで図14は、文書の記録を読みながら、何年何月にフランシスコ修道会の修道士がどの地点に教会を建設し伝道の拠点を築いたか、修道士たちが遺した厖大な文書を基礎に、彼らの足跡を年代を追って単純化してまとめたものです。これは、メキシコ留学時代にかなりの時間を費やした成果のひとつです。フランシスコ会士はまずメキシコ市から西へ向かい、グアダラハラに到達するのが一五四二年。そこからさらに太平洋岸のクリアカンあたりまで北上していったことが分かります。ところが彼らの足跡はピタリとそこで止まり、それ以北へ進出していった形跡はない。それ以後は、銀山開発が始まったサカテカス方面へと集中していることがはっきりと分かります。

サカテカスでは一五四八年に最初の大銀山が発見され開発が始まる。その後サカテカスからフレスニージョ、ソンブレレテ、ノンブレ・デ・ディオス、ドゥランゴへと銀開

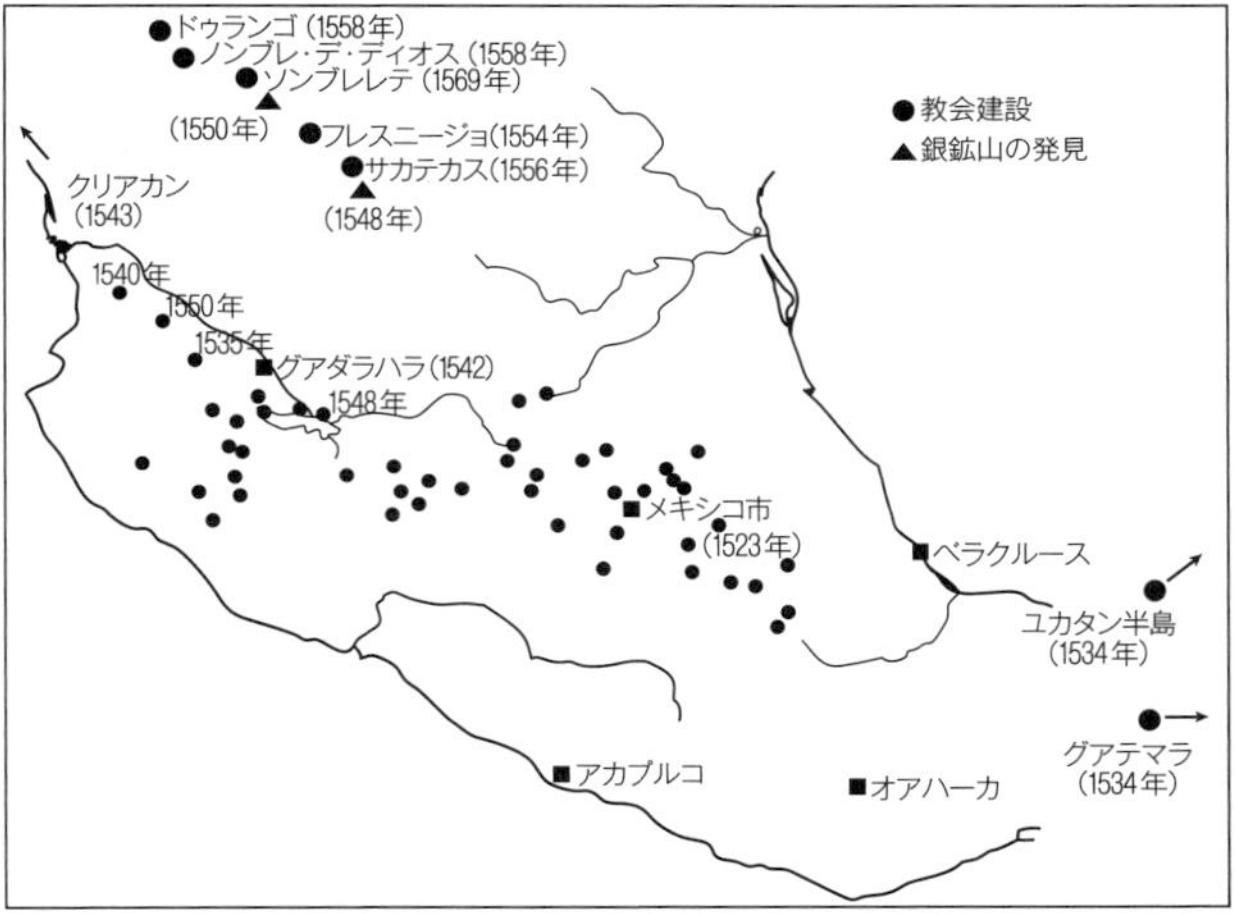

図 14　フランシスコ修道会，伝道の足跡（1523-1570 年）

発の地域は北上してゆく。フランシスコ修道会の伝道の拠点は、この銀開発の拡大とともに、あるいはそれに先んじるかたちで築かれていくのです。あの精神主義に支えられた修道士個々人の活躍も、こうした植民地開発と決して無縁ではなかったことが分かります。彼らの活動を歴史のなかに位置づけるなら、個々の修道士たちが抱いた純粋に宗教的な目的とは関係なく、鉱山開発の順調な発展のためにその周辺のインディオの心を平定する地ならし的な役割、すなわち、いわゆる精神的征服の尖兵としての姿が浮かび上がってきます。

潤滑油としての教会

「野蛮」なるインディオの救済よりは、征服者社会のために奉仕する教会。こうした傾向は、その後王権がイグレシア・セクラルに司祭の派遣を依頼することにより、いっそう拍車がかかります。征服地域の拡大にともなって、何百万というインディオたちを前に、修道会だけでは何としても手が足りない。結局ローマ法王を頂点とするイグレシア・セクラルに司祭の派遣を依頼せざるを得なくなる。つまり世俗権力と癒着した因襲派的な流れがアメリカ大陸に渡ってくるのです。同時に、精神主義に貫かれた初期の修道会も、すでに一五三〇年代あたりより、大所領を抱えこみスペイン人入植者としばしば抗争を起こすこととなります。

もちろん、ローマから派遣された司祭のなかにも、修道会の修道士のなかにも、その後も精神の純化を求め、先住民の布教と現世における救済に没頭する人々もいた。インディオの保護に活躍した、かのラス・カサスはその典型的な一人だといえます。ところが、ラス・カサスが属していた同じドミニコ修道会が担当したオアハーカ地方を訪ねてみれば、どんな片田舎の教会でも、その荘厳さに目を見張ります。外見は貧しい教会でも、中に入れば金の内装で満ちている。金箔の壁ではなく金の板が張りめぐらされている。精神主義や清貧とは程遠い雰囲気が全体に漂っています。

すでに第5話で触れたとおり、再編されたインディオ社会の管理は教会に委託されていました。主な村には司祭が常駐する教会＝レシデンシアが建設され、付近一帯の村々を統括する。しかしビシータスと呼ばれた付近の村々には、教会が建設されても、司祭は滅多にやって来ない。多くの聖職者たちは、司教座のある大都市、あるいはレシデンシアにとどまり、祭りなど必要に応じてビシータスの村々を訪問するに過ぎない。日常の教会の運営も村の管理も、教会が認知した村の役職者に任せるというのが現実だったのです。こうして、初期の伝道の精神は大幅に後退し、委託されたはずのインディオ社会の空間は、実質上教会の所領と化してゆく。

こうして教会によって管理、「保護」されたインディオは、聖職者に従う「永遠なる幼子」として、鉱山開発をはじめ白人社会に食糧や労働力を安定的に提供する一団を構成することとなります。後に触れるイエズス会の場合は、白人社会の要請に応じて、インディオ一人いくらという単位で労働力を提供する。インディオが絶滅したかつてのカリブ海の島々での苦い経験は、こうした教会による「保護」によって克服されることとなるのです。

「兄弟たちよ、もし私たちがインディオを保護しなかったなら、今頃あなた方に仕えてくれる人物はいなかったでありましょう。私たちがインディオを庇護し、彼らの生命を維持すべく働いているのは、まさにあなた方兄弟に仕えてくれる人間を確保するためなのです。つまりインディオを庇護し教育することによって、私たちはあなた方に奉仕し、あなた方の良心の重荷を軽くしているのです。あなた方がインディオの身をひき請けた裏には、彼らにキリスト教の教理とキリスト教徒としての生き方を教える義務があったはずです。しかしながらあなた方は、インディオが死に絶えつつあるにもかかわらず、なおも奉仕を求め、彼らがもっているすべてのもの、またもっていないものまでも提供させること、それ以外、なんら関心を払ってはいないのです。しかもこのままインディオが死に絶えたなら、誰があなた方に仕えてくれるのでしょうか。……」(Fr. Gerónimo de Mendieta, *Historia eclesiástica indiana*, México, Editorial Porrúa, 1971, p. 316.)

これは、一五五四年フランシスコ会の修道士としてヌエバ・エスパニャにわたり、それまでのキリスト教の布教史全般について貴重な文書を書き遺したヘロニモ・デ・メンディエタ(1525–1604)が、その文書のなかで伝えている、ある修道士のことばです。教会にたいする入植者の批判に反論した教会側の立場を象徴する一節だといえます。植民地社会の成立、発展にとって、修道会は精神的征服の尖兵として、そしてその後の植民地社会においては、修道会をふくむカトリック教会は全体として、いわば潤滑油としての機能を果たしたと言えるのです。

企業王国イエズス会

ところで、四番目に修道会としてヌエバ・エスパニャに到着したイエズス会は、先行の三修道会とはまったく異なる特殊な活動を展開します。彼らが活動を開始したのは、フランシスコ修道会が到着してから約半世紀後の一五七二年。すでにヌエバ・エスパニャの領域は、先行の三修道会によって分割された後のことでした。

メキシコ市に最初の拠点を構えた彼らは、フランシスコ修道会の土地の一部を借りて伝道活動とは関係なく牧畜経営を開始し、着実に資金を蓄えはじめます。ある程度貯まるとメキシコ市から西方向、すでに植民地社会の中心的な商業都市に成長しつつあったグアダラハラの町へ向かって、肥沃な農地をつぎつぎと買い取ってゆく。つまり行政の中心地メキシコ市と商業の中心地のグアダラハラ、それを結ぶ街道に沿って西へ西へと所領を増やしていく。この二都市を底辺とする三角地帯の頂点に位置するのが、ますます拡大しつつあったサカテカスをはじめとする銀山地帯です（一〇九頁図14参照）。

メキシコ市からグアダラハラまでは、だいたい距離にして東京から大阪の距離に匹敵します。その間には、現在もメキシコでもっとも肥沃なバヒーオと呼ばれる大穀倉地帯が広がっている。その肥沃な農園をすべて買い占めるのに、二〇年近くを費やします。それらの農園をひとつの経営体サンタ・ルシーア農園として、農業生産、牧畜生産に力を注ぐだけでなく、製糖技術の開発など、当時としては最先端の技術開発にも手を染める。しかしその間、組織的な伝道活動にはまったく手をつけることはないのです。

銀山開発は、さまざまな分野へ波及効果をもたらします。まずは労働力への需要、そして労働者の食糧確保が不可欠です。坑道を掘れば照明のため豚の脂で作る大量のロウソクが必要になる。湧きでる地下水をくみ出すには、革の袋が欠かせない。砕いた鉱石を担ぎ出す、そのためのサイザル麻でできた袋も必要だ。運びだされた鉱石は、レンガを敷き詰めたパティオと呼ばれる円形の広場に並べられ、牛馬に引かれた石臼で細かく砕かれてゆく。その後、銀を抽出するためには水銀と塩が不可欠です。

このなかで労働力と水銀、塩を除けば、鉱山開発には大量の農牧産品が必要とされていたことが分かります。その需要に全面的に応えたのがバヒーオ地帯のイエズス会の所領だったのです。そして精製された銀をメキシコ市へ、さらにスペインへ搬出するために、港町ベラクルースまで運ぶ運輸網まで、イエズス会が支配することとなる。同会は鉱山経営そのものには手を出していません。しかし、植民地経営の基幹産業であった銀開発を支えつつ、自らの経済力を急速に蓄えていったのです。

イエズス会王国と王権

一五九二年、それまで蓄積した資金を基礎に、かつてフランシスコ修道会が手をつけたクリアカンを中心とする現在のシナロア州一帯に、イエズス会独自の伝道区を建設し、初めて組織的な伝道を開始します。精神的征服を推し進めつつ、そこでも鉱山地帯を対象とする農牧生産と塩田開発を行い、そこから生まれた資金を基礎にさらにシナロアの北、現在のソノラ州一帯に伝道区を拡大し、さらに今日のアメリカ合州国との国境地帯へと進出する。一八世紀に入ると、ついにカリフォルニア半島全域がイエズス会の支配下に納まってしまいます。

こうしてイエズス会は、穀倉地帯バヒーオからさらに太平洋岸の北部一帯にわたる広大な領域を支配するにいたりますが、その領域にも徐々に白人の町が建設されていく。しかしそうした町の市長の任命権も、本来スペイン王に帰属するにもかかわらず、実態はイエズス会に握られてしまいます。カリフォルニア半島の突先にあるガレオン船の寄港地サン・ホセ・デル・カボ、そこは水と食糧の補給基地として、以前からスペイン人兵士たちが植民地官僚とともに駐屯していた。その町の市長の任命権をめぐって王権と対立すると、イエズス会は補給基地への水の供給を止めてしまう。新たに白人入植者が伝道区に入ろうとすれば、時にはインディオに武器を持たせてそれを阻止する。

イエズス会は、メキシコにかぎらず、パラグアイからブラジル、アルゼンチンにかけての広大な空間に、同様の所領を建設します。そこでもメキシコ同様に王権と対立する。時にはインディオに武器を持たせて白人に対して闘いを挑ませる。こうしたイエズス会の勢力の巨大化に危機感を募らせた王権は、ついに一七六七年、全アメリカ大陸からイエズス会を追放することとなります。ちなみに、追放される三年前の時点で、イエズス会はヌエバ・エスパニャだけで、五二の大農園（アシエンダ）、一五の小農園（ランチョ）、五つの砂糖工場を経営し、主たる四五のアシエンダの総面積は一一〇万ヘクタールに及んでいました。最大のアシエンダ、サンタ・ルシーアは一五万ヘクタールに達しています。

イエズス会を除けば、一般に当時の教会の経営は、俗世間への寄生性、すなわち、富裕層からの寄進や教会税、そして高利貸しを基盤とし、独自の経営基盤を築くことはありませんでした。それに対しイエズス会は、農園単位の独立採算制、鉱山開発を中心とする市場と密着した各アシエンダの生産物の特化、製糖技術に代表される技術開発、そして周到な経営管理に特徴づけられていました。こうした近代的ともいえる合理性をそなえていた反面、イエズス会はクリアデーロと呼ばれる「奴隷飼育施設」まで運営していたことで知られています。経営的に採算が合わなかったため、長続きはしませんでしたが、閉じ込められた女奴隷に子どもを産ませる、そのような施設です。近代性と前近代性の両側面をあわせもち、世俗権力の介入に抵抗するイエズス会。最終的に彼らが目指していたものは、イエズス会の神父たちと、永遠なる幼子としてのインディオたちのみからなる、イエズス会王国の建設であったといえるのです。

情報の玉手箱

教会について最後にひとつだけ触れておくべき問題があります。スペイン王権は植民地時代を一貫して、アメリカ大陸への渡航に厳しい制限を設け、植民地に上陸できるのはスペイン生まれのキリスト教徒と、王が契約に基づいて渡航を認可した黒人奴隷のみでした。しかし修道会については特例が許され、伝道者の三分の一まではスペイン人以外でも渡航することができました。その中にはイギリス人のトマス・ゲイジ(Thomas Gage: 1603?-1656)のように、修道士としてメキシコに渡り、その直後から姿をくらまして「新大陸」の情報収集にあたる人物も現れます。彼は、ベラクルースの港は防御が甘く襲撃しやすい、港に入る場合の喫水線の深さはどれくらいか、銀鉱山の現状、インディオ部落の人口規模など、スペイン領にたいする攻略にとり貴重な情報を携えて母国に帰国します。そして、一六五五年、イギリスがカリブ海初の拠点ジャマイカ島を攻略した際には、水先案内人として活躍します。

一六五四年を境に、スペイン人以外の聖職者の植民地における活動は禁止されますが、イエズス会のみは最後までその特権を維持します。このイエズス会をはじめ伝道者たちの情報は、アメリカ大陸の情報に飢えていた後発のヨーロッパ諸国にとり、きわめて貴重でした。なによりも伝道者たちは、植民地官僚以上に現地の情報に詳しい。しかも、トマス・ゲイジのようなケースは例外的とはいえ、そうした情報は、現地報告のかたちで、本部のローマへと吸い上げられてゆく。イグレシア・セクラルはもとより、各修道会の本部もすべてローマにありました。こうして情報の独占に努めていたスペインやポルトガルの王権を飛び越えて、かなり詳細な情報が教会組織をつうじて流出していった可能性は否定できないのです。

日本に進出したフランシスコ会もイエズス会も、それぞれのローマの本部へ日本の情報を送っています。アジアからもアフリカからも情報が届く。つまり世界各地での経験と詳細な情報がローマの本部に集中し、そこで、あらたな世界戦略が練り直される。その情報の一部は、後発のヨーロッパ諸国へと流出し、それぞれの国家の戦略に組み込まれてゆく。

教会とは、単なる宗教上の組織ではありません。「発見」を機にいち早く地球的規模での情報網を確立したのが教会組織でした。そこに集中した世界の情報が、どのような具体的なかたちで、教会のみならず、近代ヨーロッパ諸国による世界支配の戦略に生かされてゆくのか。こうした枠組みで、ヨーロッパ近代のありかたを見直す作業も、避けて通ることはできないのではないかと考えています。

同時に、一五八七年の豊臣秀吉による禁教令から一六一三年の江戸幕府による全国を対象とする禁教令にいたる宗教政策、その背景に、アメリカ大陸におけるカトリック教会についての情報が何らかの影響を与えたのか否か、そして、世界戦略の情報組織としての教会の脅威が認識されていたのか否か、興味ある問題ではありませんか？

第7話　抵抗の二つのかたち

抵抗のさまざまなかたち

もう三〇年以上前のことですが、一九八二年五月に開催された日本西洋史学会のシンポジウム『近代ヨーロッパとカリブ海地域』に招かれ、「ヨーロッパ植民地主義と抵抗の形態」というタイトルで報告する機会がありました。キューバ革命から約二〇年、ようやくその影響が日本のラテンアメリカ研究者の一部にも浸透しはじめた頃で、そのシンポジウムを組織されたのも、アメリカ帝国主義研究からカリブ海域史の分野に乗り出していた加茂雄三氏でした。

その報告で僕が提起したのが、武力、逃亡、共生という抵抗の三類型です。留学時代のイエズス会史研究を中心とする植民地史研究が基礎となっていましたが、さらにその背景には、大学闘争時代の先鋭たちによる武装闘争と、そことは一線を画しつづけた僕自身、そして、ノンポリ集団と一括された若者たちとの間で悩み続けた僕の過去がありました。理論では整理しきれない生々しい現実。国家権力やヘゲモニー集団に対する民衆の抵抗を、武力抵抗に限定してよいのか？　民衆の抵抗にはもっとさまざまな形態があるはずだ。歴史学もその多様性に正面から取り組むべきでは、という素朴な問題意識。そして行き着いたあの三類型の考え方は、基本的に今もかわりません。

武力による制圧、教会による精神的征服に対し、インディオもさまざまなかたちの抵抗を試みます。ここでは武力的抵抗に加え、「逃亡」という問題を抵抗の重要なかたちとして捉え、さらに第8話では、抑圧を受け容れたかのように装いながら、実はしたたかに独自の自己再編の道を確保するインディオのあり方、それを「共生」という名の抵抗としてご紹介したいと思います。

武力による抵抗

武力抵抗は、一五、一六世紀だけの問題ではありません。すでに触れたとおり、カリフォルニア半島の征服は一八世紀に入ってから、南米のアルゼンチン・パンパは一九世紀後半から、そしてブラジル・アマゾンの本格的な制圧が始まるのは実に、アマゾン横断道路の建設がはじまる一九七〇年代以降です。つまりアメリカ大陸の征服には膨大な時間を要し、その間、武力による抵抗は延々とつづいてきたといえます。

植民地支配以降、一般に「インディオの反乱」と呼ばれる武力抵抗がアメリカ大陸各地でうねりのごとく頻発するのは、大きく三つの時代に分かれます。その第一期は、一六一〇年代の銀開発の衰退にともなって、資本が鉱山から土地へと移行しはじめ、いわゆるアシエンダとよばれる大所領の形成が進む。その過程と平行するように、各地でインディオが反乱を起こす。第二期は、一八世紀初頭に成立したブルボン王朝が、弛緩していた植民地支配体制の引き締めにかかる。その一環として、インディオ集落に対する徴税も強化される。こうした圧力に抵抗するかのように、各地で反乱が頻発する。第三期は、独立によって植民地秩序が大きく揺らぎ、さらに一九世紀後半には、近代化過程のなかで粗放的なアシエンダに代わり近代的大土地所有制が一気に拡大します。それと平行して大規模な、時には長期にわたるインディオの反乱が起きることとなります。

甦るつながり、隠れた情報網

インディオの武力による抵抗の原因は、実は右にまとめたような単純なものではなく、地域により、時代によりさまざまな要因がからんでいるはずです。しかし、征服以来およそ百年の間隔でアメリカ大陸に見られたインディオの抵抗のうねりのなかで、特に注目したいのは次の二点です。そのひとつは、**図15**からも明らかなように、ある村を基点に始まる反乱が、分断支配されていたはずの集落の範囲を越えて拡大してゆく姿です。言語を共有する近隣の集団と連合する。言語にずれはあれ、征服以前のつながりが復活したかのように、広範な地域が一体となって反乱に立ち上がる。武力による反乱は、征

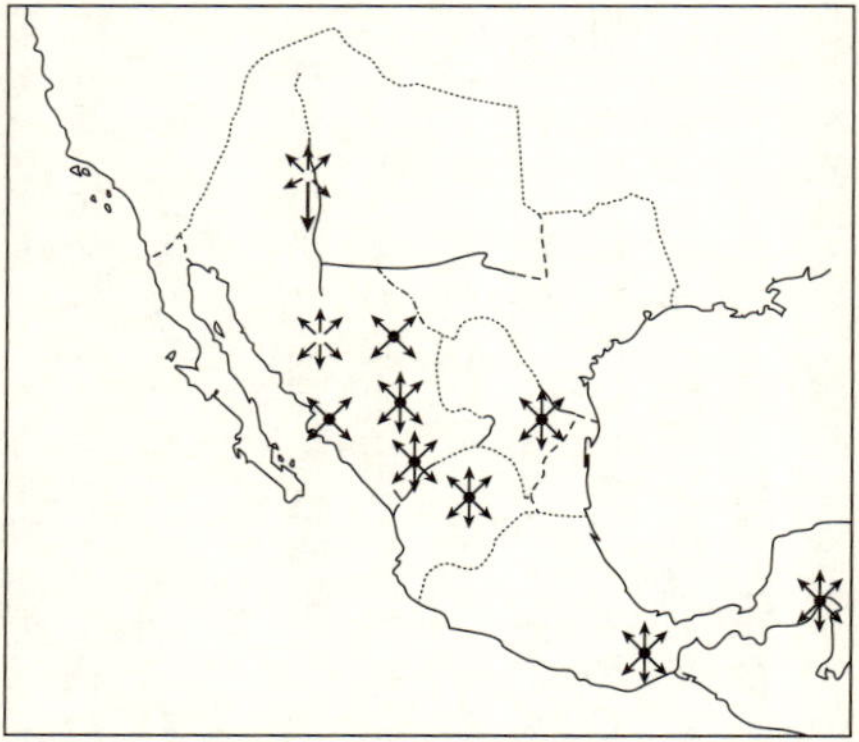

図 15　反乱の広がり，17 世紀（María Teresa Huerta & Patricia Palacios (recop.), *Rebeliones indígenas de la época colonial*, México, SepInah, 1980, p. 359 より作成）

服の過程で生まれた村相互の対立感情や植民地当局による分断支配を乗り越え、横のつながりを復活させる契機ともなったといえるのです。

この点とも関連して、もうひとつ注目したい問題は、分断支配をかいくぐった広範囲にわたる情報ネットワークが存続していた可能性です。カスタ戦争の名で知られるユカタン・マヤの反乱は、一八四七年から一九〇四年まで、実に半世紀にわたり展開され、一時期は中心的な都市メリダもが陥落の危機に瀕するほどでした。この過程で、反乱への参加を呼びかけるマヤの伝令が、オアハーカ地域で捕えられていることが、ある研究で紹介されています(Leticia Reina, *Las rebeliones campesinas en México*, México, Siglo XXI, 1980, pp. 238–239)。直線距離にしておよそ九〇〇キロ、言語の上でも完全に異なる二つの地域です。ユカタン半島からチアパスを経由する陸路なら、ゆうに一五〇〇キロは超えるのです。

チャムーラも、カスタ戦争がつづいている間、一八六七年から六九年にかけ、征服以来はじめて不穏な動きを示します。言語的にも距離的にも、オアハーカよりもずっと近い。そう考えれば、チャムーラがユカタン・マヤの動きを知らなかったともいえないのです。

文献のうえでこうしたネットワークの存在を論証することはかなり難しいのですが、植民地時代にかぎらず独立以後もつづいた分断統治の現実の裏に、地下水脈的な情報のネットワークが延々と存続していた可能性も、決して否定できないと思うのです。日本でも、年に一回富山を基点に関東から東海地方のお得意さんを訪れていた「富山の薬売り」、同じように新潟を基点に諸国を渡り歩き、三味線にのせて各地の事情を伝え歩いた瞽女《ごぜ》の世界がありましたよね。言うまでもなく、このような日本の例は植民地支配とは関係ありませんが、文字資料には残りにくい民衆や被抑圧者たちのしたたかな情報ネットワークによって、「貧民」「農民」という共通意識、「インディオ」という共通認識が、時代に応じて再生産されてゆく、そんな情景が思い浮かぶのです。

「逃亡」という名の抵抗

ところで、インディオの抵抗を武力的抵抗に限定するかぎり、結局は権力によって負けつづける民衆像を描く結果となる。民衆を「敗者の歴史」に押しとどめることとなります。確かに、蜂起した民衆の姿から、「正史」では見えにくい支配的社会の暴力や抑圧の構造が見えてくる。歴史における主体としての民衆の姿も一部浮き彫りにされる。しかし、では戦闘に参加しなかった民衆は本当に抵抗しなかったのか？　抑圧という枠組みの中で生存の道を主体的に確保する、そうした被抑圧者、民衆のあり方にも、もっと目を向ける必要があると思うのです。その意味で、逃亡も抵抗のひとつのかたちとして、注目する必要があるのです。

逃げるということが果たして抵抗を意味するのか、素朴な疑問を抱かれるかもしれません。僕は冗談交じりで学生にこんなことを語ったことがあります。僕を大学から追放したいと思うなら、暴力的に授業妨害を延々とする。でも手はそれだけではありませんよね。今君たち全員が無言のまま席を立ち、この場からいなくなる。教室からの逃亡です。来週も再来週も、全員が欠席し教室には僕一人。黒板には毎週、「私たちはあなたを必要としていません。」と一言。実はこれ、学生時代の経験にもとづく実話です。講義中に今で言うセクハラ行為を繰り返す非常勤の外国人教師を、クラス全員で示し合わせ、結局学期途中で辞めていただいたことがあったのです。

ラテンアメリカの歴史の中で、逃亡という問題がどれほど白人社会を圧迫したか、あるいはその発展に歯止めをかけたか。すでに部分的にはご紹介したことですが、カリブ海のインディオの「絶滅」にしても、逃亡がもう一つの要因としてありました。征服されていない島へとインディオが逃げのびてゆく。最終的に彼らの一部はコロンビア、ベネズエラそして中米のカリブ海沿岸地域に落ち着きます。その結果、スペイン人が利用できる先住民はいなくなり、結局、ポルトガル人の奴隷商から高価な黒人奴隷を買わざるを得なくなるのです。

大陸部でも、すでにお話ししたとおり、広大な未征服空間が延々と残される。また都市の支配下に組みこまれた再編インディオ社会空間のその先にも、未征服空間が残された。つまり、都市と都市の間には、ほぼ例外なく未征服空間が存続したのです。その空間へ、再編を強要されたインディオたちが逃げこんでゆく。この典型的な例であるブラジルの場合、ポルトガル人が入植できたのは帯状の海岸地帯だけでした。インディオたちはアマゾンという広大な空間に逃げこんでゆく。使えるインディオがいなくなる。そこでカリブ海地域の例と同様に、アフリカから直接奴隷を導入することとなるのです。

逃亡していった人々自身が、抵抗という意識をもっていたか否かは問題ではありません。逃亡により労働力が不足し、王室の租税収入も教会の税収入も減少する。そして、「文明」の空間としての都市は、延々と「野蛮」なる未征服空間によって包囲されつづけます。つまり逃亡という名の抵抗によって、白人社会の自由な発展が阻止されたことは否定できません。地域によっては高価な奴隷の輸入に依存せざるを得なくなる。輸入すれば奴隷もまた集団で逃亡し、つぎに具体的な例で見るように、白人社会はあらためてその脅威にさらされるという悪循環に陥るのです。

逃亡奴隷の脅威

アメリカ大陸に導入されたアフリカの黒人奴隷の数、その正確な人数は分かりません。奴隷貿易はまずポルトガル、ついでオランダ、フランス、そして最後にイギリスが主導権を握り、その貿易で大々的な資本の蓄積に成功したことはよく知られていますが、スペイン王は、奴隷貿易商から税金を取り立て、植民地への搬入を許可していました。その税額からある程度人数は推測されますが、イギリスがカリブ海のジャマイカに拠点を構えて以降、環カリブ海地域や、ラプラタ河の河口地帯を経由した密貿易による奴隷はかなりの数に達していたはずです。

もうひとつの問題は、王が徴収していた税額は奴隷の人数ではなく一単位あたりという数え方でした。スペイン語ではピエサ(pieza)、英語ではピースで、完全にモノとして扱われていたことがわかります。第二次世界大戦のさなか、生体解剖で悪名高い日本軍の七三一部隊では、その目的で捕らえられた中国人、朝鮮人、ロシア人の捕虜を、「丸太」一本、「白衣」一着といった単位で呼んでいた。そんなことを思い出させる、モノとしての奴隷の単位です。成人男性は一単位、子供を産めそうな女性は一単位以上、老人は一単位以下といった具合で、実際の人数は税金から推定してもなかなか分からない。最近の研究によれば、アフリカ各地から積み出された奴隷は一二五〇万人で、アメリカ大陸に上陸できた奴隷の総数は、およそ一〇七〇万人程度と推定されています(鈴木茂「「黒い積荷」の往還」、歴史学研究会編『史料から考える 世界史二〇講』岩波書店、二〇一四年、七七頁)。

奴隷反乱は植民地時代の全期間をつうじて頻発しますが、集団で逃亡し未征服空間で逃亡奴隷社会を形成する例も、ラテンアメリカのほぼすべての地域で見られた現象です。逃亡奴隷社会は、スペイン語ではパレンケ(palenque)、ポルトガル語ではキロンボ(quilombo)と呼ばれ、逃亡奴隷はスペイン語では、野生化した家畜を意味するシマロン(cimarrón)、ブラジルではシマラウ(chimarrão)、英語圏ではシマロンがなまってマルーン(maroon)と呼ばれます。

輸入された奴隷の三分の二は男性が占めたといわれ、逃亡するのも圧倒的に男性が多数を占める。つまり逃亡奴隷社会は女性不足の問題を最初から抱えています。生活に不可欠な塩も不足する。岩塩が産出する地域は征服者が押さえていたからです。食糧生産には鉄の農機具も不可欠だ。それらを確保するために、定期的に都市やプランテーションを襲撃する。それに対し植民地当局は、アキレス腱切断、四肢切断、断種、死刑といった非人道的なさまざまな処罰で対抗しようとする。しかし逃亡奴隷社会の脅威は一向に収まりません。イギリス領ジャマイカのように、サトウキビ・プランテーションの拡大と並行して奴隷の逃亡や叛乱が頻発し、「マルーン戦争」と呼ばれる二次にわたる大規模な戦争へと発展した例もあります。

西出敬一さんは、ジャマイカ当局が一七三四年にイギリス国王に宛てた以下の陳情書を紹介しています。

「叛逆奴隷鎮圧のために厖大な、ほとんど耐え難いほどの出費を致してまいりました。……しかるに、この鎮圧努力も徒労に帰しております。彼らへの恐怖は島内のいたるところに及んでおり、彼らの破壊と蛮行のために、すでに何人かのプランターが開拓地を放棄するに至っております。彼らのもたらす悪害は日増に拡大し、そればかりか、彼らの成功が奴隷たちにも影響を及ぼし、多くの奴隷が続々と逃亡しつつあります。……陛下の慈悲深いご支援、ご助勢がなければ、私どもは彼らの餌《え》食《じき》になってしまいましょう。」(西出敬一「From Invisible Men to Visible Men(完)――ジャマイカにおけるプランテーション奴隷の労働と生活」『札幌学院大学人文学会紀要』第四八号、一九九〇年、一七頁)

こうした逃亡奴隷社会の脅威に対し、一七三九年ついに和平協定が結ばれ、「恒久自由権」と計二五〇〇エーカーの領地所有が逃亡奴隷社会に認められます。同時に指導者クジョーには、英国王の家臣として終身指揮官としての地位が与えられる(西出、前掲論文、二八―二九頁)。しかし、一七九五年には、あらたに第二次マルーン戦争が起きています。

各国の植民地当局はいかにして問題を解決しようとしたか。もうひとつが、植民地当局が奴隷王国に貢納するという、信じがたい方法だったのです。

逃亡奴隷社会に貢納を

植民地時代の中心的な港町ベラクルースからメキシコ市へ向かう途中に、ベラクルース州の州都ハラーパという町があります。そこにはかつて、ベラクルースで荷揚げされた奴隷の集積所と奴隷市場があり、ヌエバ・エスパニャ各地から奴隷を求めて人々が集まりました。その町からおよそ一九〇キロの旧道沿いに、ヤンガというスペイン語でも先住民言語でもない名前の寒村がある。その村はかつての逃亡奴隷王国の名残なのです。

ポルトガルの奴隷商たちは、西アフリカの各地に奴隷貿易の拠点を建設し、その周辺のアフリカ人たちに武器を与え、内陸の奴隷狩りを依頼する。依頼されたアフリカ人たちは、場合により、王様もろとも小王国全体を奴隷としてポルトガル人に引き渡す。ヤンガはまさにその例で、西アフリカの象牙海岸から全員が船に載せられベラクルースで荷揚げされ、ハラーパの奴隷集積所へと運ばれた。そして王様ともども逃亡を図る。急な谷底を流れる川に沿って山の奥へ奥へと逃げのびて、電柱のような丸太でびっちり囲まれた王国の領域を確保した。そこを拠点にハラーパの町や近隣の植民地都市をくり返し襲撃する。時は一五七〇年、ちょうど精神的征服も一段落し、植民地社会の秩序が固まる頃のことです。

植民地当局は軍隊を派遣して掃討作戦をくり返しますが、頑強に抵抗するヤンガ王国を打ち破ることはできない。この経緯については、アレグレ(Francisco Javier Alegre: 1729–1788)というイエズス会士が書き遺した文書(Francisco Javier Alegre S. J. *Historia de la provincia de la Compañía de Jesús de Nueva España*, 4 tomos, Roma, Institututum Historicum S. J. 1956–1960, tomo 2, pp. 175–183)に詳しいのですが、ヤンガ王国成立からおよそ四〇年、一六〇九年についに植民地当局はヤンガに対し和平協定を申し出ます。その主な内容を列記するなら、

1、スペイン王国はヤンガを自由な王国として王の世襲を認める。
2、スペイン王国はヤンガに対し、三年ごとに塩と農機具を貢納として納める。
3、以後ヤンガは、白人社会を襲撃しない。
4、以後新たに逃亡してきた奴隷は、持ち主に返還する。

一六三〇年には、アメリカ大陸初の解放奴隷の集団として公的に認知されますが、前述の和平協定にはもう一点、その後のヤンガの運命を決定づける重要な項目が含まれていた。フランシスコ修道会の修道士の受け入れです。協定どおり、植民地当局はヤンガに貢納しつづけますが、精神的征服をつうじて、徐々にキリスト教への改宗が進み、最

終的には黒人奴隷王国の枠組みは完全に解体され、混血化も進み普通のメキシコの一村落に変貌していきます。

結末はどうあれ、植民地宗主国が逃亡奴隷社会に貢納せざるを得なかった。こうした例は、スペイン系の植民地に限られたことではありません。次にご紹介するように、現在のスリナムに拠点をかまえたオランダも、同様に貢納しているのです。逃亡という名の抵抗が、いかに歴史において重要な意味をもっているか、ご理解いただけたと思います。なお、逃亡奴隷とその社会については、概説書としてR・メジャフェ『ラテンアメリカと奴隷制』(清水透訳、岩波書店、一九七九年)が、特に逃亡奴隷問題の詳細については、Richard Price (comp), *Maroon Societies: Rebel Slave Communities in the Americas*, (3rd. ed. in 1996, Johns Hopkins University Press)が参考になります。

現代史を規定した「逃亡」

「逃亡」という名の抵抗が、植民地時代にとどまらず、現代史にまで影響を与えた例を、最後にご紹介しておきましょう。

一九七五年オランダ領ギアナは独立を達成しスリナムが誕生しますが、最初スペイン人に征服されたこの地域には、西アフリカから黒人奴隷が導入される。その後一七世紀に入るとイギリス、オランダ勢力が入り乱れ、一六七四年にはオランダ領として確定す

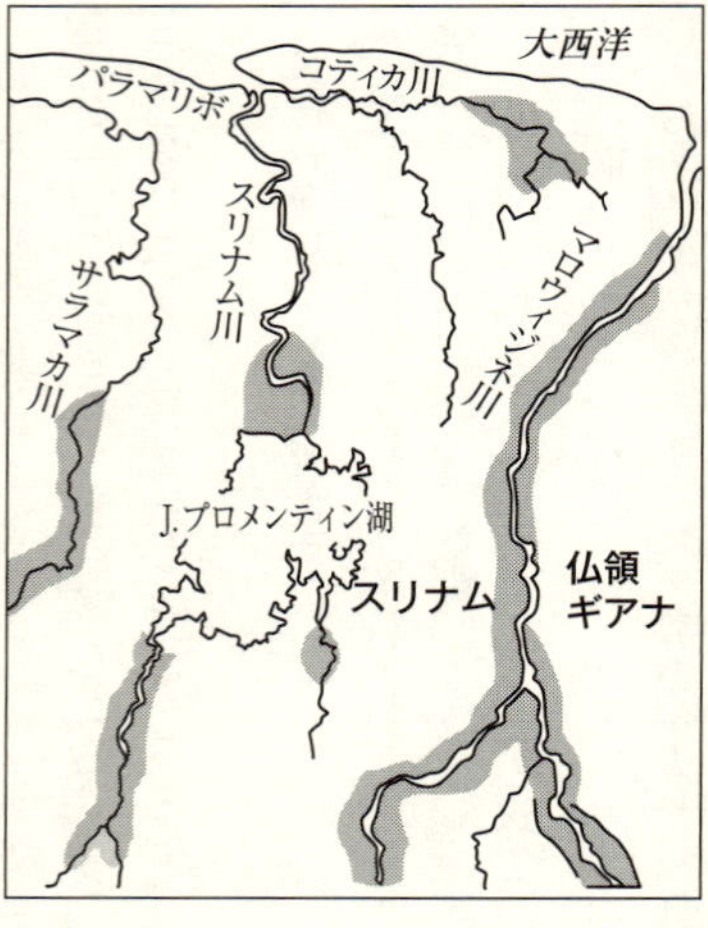

図 16　スリナムの逃亡奴隷社会
(Richard Price (comp.), Sociedades cimarrones, México, Siglo XXI, 1981, p. 232 より作成)

る。一八世紀末から一九世紀初頭にかけての一時期、再度イギリス領となりますが、以後一貫してオランダ領として定着します。

　奴隷貿易が衰退しはじめると、イギリスはインドから、オランダはインドネシアからアフリカ人に代わる労働力として人々を連れてくる。こうした歴史的経緯の結果、現在この国の人種構成はきわめて複雑な様相を呈しています。アフリカ系、インド系がそれぞれ総人口の四分の一強を占め、約五分の一のマルーン系あるいはブッシュニグロと呼ばれる集団がつづきます。このほかに、インドネシア系、インディオ系、中国系、そしてそれらの混血などが知られています。このなかのマルーン系とは言うまでもなく逃亡奴隷の子孫で、出自はアフリカ系と完全に一致します。

　スリナムの海岸地帯に入植した植民者たちは、黒人奴隷の労働力を基礎に、砂糖、コーヒー、カカオ、棉のプランテーション経営に乗り出します。しかし一七世紀末から一八世紀初頭にかけて、プランテーションからの奴隷の逃亡が活発化する。彼らは数本の川に沿って上流へ向かい、それぞれの川をはさんで、合計六つの逃亡奴隷王国を組織し、一七三〇年代からおよそ半世紀にわたり、「シマロン戦争」を展開します。**図16**の網かけ部分が、当時のシマロン社会の領域です。

最終的には、オランダ植民地当局との間に、ヤンガの例とほぼ同様の内容の和平が合意され、オランダ側はこの逃亡奴隷社会に対して貢納義務を三年に一回果たしつづけます。ここで注目すべきは、逃亡奴隷社会は今に至るも国家内国家的な立場を維持していることです。ジャマイカには今もマルーン社会がマイノリティ集団として存続していますが、スリナムでは逃亡奴隷王国が今もなお健在です。一九八六年から九二年にかけては、同じ出自のアフリカ系が支配する政府に対し抵抗運動も起こしています。

彼らに言わせれば、今政治を牛耳っているあの黒人たちは、独立を認められるまで奴隷の地位に甘んじて叛乱を起こす勇気すらなかった情けない奴らだ。一方、今政治・経済を担っているアフリカ系の人々は、彼らマルーンを野蛮人ブッシュニグロと呼ぶ。一九七〇年、オランダ女王は逃亡奴隷王国の四人の王をオランダへ、ついで彼らの祖先の地トーゴへ招待したことがありました。トーゴの政治家や文化人類学者を前に、およそ二万人を率いるジュカスの王は、歴史を踏まえた次のような趣旨の演説をしています。

かつて飼い犬が家から連れ去られた。でも飼い主はこれといった注意も払わず、連れ戻そうともしなかった(Price, 前掲書、p. 299)。あなた方の祖先は、私たちの祖先を奴隷として売り渡した。その事実を認識しているのか、と。その演説には、過去の歴史にたいする怒りとともに、シマロン社会に今を生きる人々の誇り高さが伝わってきます。

ブラジルはキューバとともに、奴隷貿易が禁止になる直前の時代まで大量のアフリカ人奴隷を輸入していました。その数は、アメリカ大陸に導入されたおよそ一〇七〇万人の半数近くにのぼる四八六万人と推定されています。その数に加え、アマゾンという広大な未征服空間を抱えていた。そのためブラジルには、ラテンアメリカで数の上でも規模の上でも最大の逃亡奴隷社会が生まれ、なかには五万人規模のものすら存在したといわれています。

この厖大な逃亡奴隷社会が、ポルトガルからの分離運動や、その後のブラジルの政治動向と無縁であったはずはありません。またブラジルの奴隷解放の過程や、その後のブラジル社会の人種間のあり方に、少なからぬ影響を与えたであろうことは、十分想像できるところです。

以上、「逃亡」という名の抵抗が、単に逃げるという話ではない。武力抵抗とともに、支配的社会のあり方を規定し、時には現代社会のあり方にまで影響を与えている。そのことが十分ご理解いただけたと思います。

第8話　もうひとつの抵抗のかたち

「共生」という名の抵抗

征服者を前に力による抵抗を試みたが潰される。再編された村に落ち着く間もなく、キリスト教の新しい神が伝道者とともにやってくる。その神を信じると言わなければ、司祭の後ろには宗教裁判所が、さらにその背後には軍隊が控えている。それでも叛乱に立ち上がり司祭を殺害してみても、結局はスペイン人の軍隊に潰される。場合によっては絶滅の道を突っ走ることになる。逃げるにも逃げようもない。そういった経験をいく度もくり返すなかで、インディオたちは最終的に、どのような生きる道を選択したのでしょうか？　五〇〇年近くの時を経た今も、多様なエスニック集団が独自の姿を保っている現状を考え合わせると、僕には、第3話で触れた、「自然の一部として放置される」という問題とともに、インディオ自身による「共生」という名による抵抗という枠組みが見えてくるのです。

抑圧や価値の強要といった、抗しがたい現実と共に生きる。貢納の義務も果たし、征服者や教会に食糧も労働力も提供する。でも彼らは、単に現実をそのまま素直に受け入れたわけでは決してない。表面上はすべてを受け入れ、新たな価値の秩序に従ったかの姿勢を見せる。こうして抑圧の枠組みと共に生きながら、いや、共に生きることによってはじめて、わずかに残された自分たちなりの生存の道、自己再生の道を確保する。そうした被抑圧者の生き方を、僕は「共生」という名による抵抗と呼んでいます。

ここでは、その具体的な例として、キリスト教を押しつけられたチアパスのインディオ、チャムーラが、独自の新たな宗教意識を再創造するに至ったその姿を中心に、武力・逃亡と並ぶもう一つの抵抗のかたちをご紹介しようと思います。

敬虔なカトリック信者?

チアパス地域には、一五二八年サン・クリストバルの町が建設されると同時にキリスト教が入っていきます。しかし組織的な伝道が開始されるのは、ラス・カサスが司教として着任した一五四五年。それから四五〇年以上も経た今、インディオの宗教世界はどのような様相を呈しているか。一九七〇年代から急速に村人のプロテスタント化が進行しますが、その直前までの状況を、チャムーラに焦点をあてて見てみましょう。

彼らにあなたの宗教は？　と聞けばカトリコー(katorikó)との答えが返ってくる。スペイン語のカトリック教徒を意味する católico がなまった言葉だ。「私たち」はカトリコーであり、カトリコーでない者は「私たち」ではない、「村人」ではない。そして他所者の僕をふくめ人間一般のことをクリスチャノー(krischanó)、あるいはそれがつづまって、リサノー(risanó)と呼びます。言うまでもなくこれも、「キリスト教徒」を意味するスペイン語から入った言葉です。ということは、スペイン人たちが彼らに「キリスト教徒にあらずんば人間にあらず」と教えこんだ、それがそっくりそのまま、「人間」一般を意味する語彙として、彼らの言語の中に定着していることが分かります。

教会の建物も、とても単純な一六世紀のカトリック教会の建築様式です。教会の中には、西洋人風の顔つきをした聖像が壁一面に並んでいますが、この村の守護聖人サン・ファンをはじめ、すべてスペインから渡ってきた聖人たちです。洗礼も村人の通過儀礼として完全に定着している。赤ちゃんが生まれれば、二週間ほどで町からやってくる司祭に洗礼をお願いする。

僕が名付け親になった三人の赤ちゃんの場合もそうでした。早朝に教会横の事務所で申し込みの手続き。そこで洗礼の謝礼を支払うと順番が決まる。早朝の寒さに震えながら、教会前の広場で町からやってくる神父さんの到着を延々と待つ。到着したと分かると、教会内の大きな水鉢に満たされた聖水の前に、赤ちゃんを抱いたお母さんたちが行列をつくる。順番が来ると、神父さんから赤ちゃんの名前を尋ねられ、赤ちゃんの頭を聖水の上に差し出す。神父さんが頭に水をかけ、洗礼は終わる。その後は広場で、ある

い は自宅で、名づけ親を主賓に迎え、お祝いの宴が繰り広げられます。
行政組織の面では、村は今、サン・ファン・チャムーラ自治区を構成していますが、宗教の面ではサン・クリストバル司教区に属すひとつの教区であり、年一二回の祭りも、聖人を中心とするカトリックの祭りが基本となっている。祭りは一年任期の役職者が取りまとめ、その役職を引き受けること、そして祭りに参加することが、「村人」であることの証でもあるのです。

太陽と月、そして聖人たち

このように、チャムーラの村人たちは、一見、敬虔なカトリック教徒であるかに見えます。しかし、教会へ一歩足を踏み入れて見れば、異様な光景に圧倒される。床一面に敷き詰められた松葉の香りと、あたり一面に漂う松脂香《まつやに》のむせかえるほどの煙。教会の床のあちこちに座り込んだ何人もの呪医が、患者の前に無数の蠟燭の火をともし、延々と呪文を唱え、そこに時折り鶏の末期の叫びが混じります。生贄の鶏が蠟燭を飛び越えるように投げ出され、蠟燭の明かりが怪しげに揺らぎます。

村でよく目にする十字架も、教会周辺の十字架もすべて色は松の緑。しかも必ず、聖域としての教会、そちらに面した側にはエッチと呼ばれるラン科の寄生植物が、その反対側には松の小枝がくくりつけられている。よく見れば、カトリックの十字架と形も

写真5　チャムーラ村の教会内部（ロレンソ提供）

少々違う。トウモロコシの穂を想起させるデザインも施されている。マヤの伝説では、人間はトウモロコシから作られたといいますが、そのトウモロコシが十字架に刻まれています。

朝六時には教会の鐘の音とともに、役職者の家では松脂香が焚かれ、祈りが捧げられる。人々は朝日に向かって手を合わせ、昼の一二時、夕方六時にも同じ行動をとる。第1話でもわずかに触れたように、太陽はイエス・キリストの目だという。月の神は聖母マリーアで、月それ自体はマリーアの目だという。マリーアとイエスは母子の関係ではなく夜昼の関係にあるのです。

教会に安置された聖人たちには、それぞれ役割が与えられています。楽師たちを守ってくれる聖人、妊婦と助産婦を助けてくれる聖人。ヨーロッパでは戦士を勇気づけてくれるサンティ

写真 6　チャムーラ村の村役たち

写真 7　祭壇の十字架

アゴも、村では牛馬を守ってくれる。しかし牛馬が村から姿を消した今は、役割をはずされています。かつてサン・フアニートは、コーヒー・プランテーションの季節労働へ出かける人々の安全を守ってくれた。季節労働が廃れた今は、アメリカへの越境を助けてくれる聖人なのかもしれません。このように、聖人(聖像)たちは、カトリシズムとは関係なく、それぞれが神であり、村の必要に応じて役職を与えられ、時代の変化にしたがってその役割も変化します。

役職者と村の司祭

教会の日常的な運営は、サクリスタン・マヨールと呼ばれる統括責任者を中心に、一〇名ほどの管理役サクリスタンによって執り行われています。それぞれの神には、祭りの役職者や行政上の役職者と同様に、一年任期の役職者が任命される。彼らは教会周辺の役職者用の住宅に移り住み、村のために無償で奉仕する。その間役職者は、出稼ぎはもとより自宅の畑仕事もできなくなりますが、出身部落の仲間たちが協力して、役職者の家に必要な一年分の薪を集めたり、彼の部落の畑の耕作にあたります。

しかし役職者の誰一人、聖職者としての資格は与えられていません。つまり、カトリック教会の司祭とは異なり、役職者は村人の願いを神に伝える資格はないのです。しかも、村の宗教のすべてを統括する権限は、村長とその諮問役である数人の長老に集中しています。一方、町からやってくる司祭にも、大きな制約が課せられている。

一九六六年、革新的なサン・クリストバルの司教サムエル・ルイスの指導のもとに、「ミシオン・チャムーラ計画」がスタートします。教会組織の改革、信仰面での改革、貧困からの救済が計画の三本柱でしたが、それを機にチャムーラの教会には司祭が常駐し、実際にさまざまな計画が実施されます。信仰面では、カテキスタと呼ばれる教理講釈者の養成がはじまり、村の各地に礼拝堂も建設される。それまで実施されることのなかったミサもはじめて導入され、洗礼前の母親教育も強化される。貧困からの救済を目的として、教会の敷地内には養豚場が建設され、寄宿舎に集められた村の娘たちに養豚技術の教育も実施されます。

しかし、村長や長老を中心とする村側はこれに敏感な反応を示しました。ミサにせよ礼拝堂にせよ、「われわれの宗教」とは無縁だ。カテキスタによる教義も、我々の解釈とは違う。そもそも彼らには何の権限も資格もないのだ。長年にわたりなかば村任せのうちに定着した「われわれの宗教」。それとはことごとくズレる神父たちの行動に、ついに六九年、村側は行動を起こす。村の各地に建設された礼拝堂は破壊する、村の教会は司祭の即時退去を求める群衆に包囲され、司祭たちとともに彼らに帰依するカテキスタも、村から追放されてしまう。

こうして「ミシオン・チャムーラ計画」は頓挫しますが(この経緯の詳細については、拙稿「メキシコの民衆宗教」柴田三千雄他編『民衆文化』(シリーズ世界史への問い 6)岩波書店、一九九〇年を参照)、その経緯からも明らかなように、司祭が「われわれの宗教」と異なる不審な行動をとれば村への立ち入りを禁止する。時には、司教座との関係を絶つことすらありました。つまり、村の教会は組織面でも、カトリック教会とは一線を画していることがわかります。

「仲間の動物」と人のいのち

彼らの神意識の独自性は、死生観にもはっきりと表れています。人が生まれると、同時に七匹、あるいはそれ以下のチュレル(ch'ulel)と呼ばれる「仲間の動物」が生まれるという。個々人によって野ネズミ、モグラ、野うさぎなど動物の種類は異なり、なかでも最強のチュレルがオオヤマネコあるいはジャガーだといわれ、呪医や邪術師、そして一般の村人より才能や政治力に長けた人のチュレルだと信じられている。ちなみに、僕のチュレルもオオヤマネコだといわれました。文化人類学では、ヤグアル信仰、あるいはナ(グ)ワル信仰とよばれる、中米から北米の太平洋沿岸地域に共通する信仰の形態だといわれています。チュル(ch'ul)とは神・精霊を意味し、チュレルはその複数形です。そのうちの一匹は喉仏《のどぼとけ》に宿り、その他は聖山ツォンテウィッツにある神の柵囲いのなかに守られているという。

写真8　聖山ツォンテウィッツ

人の生はつねに、チュレルと肉体に宿っているアニマ(魂)の二つに規定されています。アニマが何らかの原因で肉体から離脱すると、人は病に陥る。チュレルとは異なり、人の死後も地下深くのアニマの世界に留まり、十一月二日の死者の日に、墓を出て生前住んでいた家に戻ってきます。一方チュレルが危機に瀕しても、人は病気にかかる。たとえば村人の僕が村の掟を破れば、チュレルの統括神、サンヘルミン(サン・ヘロニモ)の怒りをかい、僕のチュレルは柵囲いから外に放り出され、危険にさらされる。そのチュレルが獰猛な動物に襲われたり、邪術師の祈りで怪我をすれば、僕は病に伏す。すべてのチュレルが死んでしまうと、僕も死を迎えることとなる。すなわち人の生は、チュレルとともにあるのです。そして聖人サン・ヘロニモは、他の聖人と同様に、村人にとってはカトリックの聖人ではなく、チュレルを統括する役割をあたえられた神なのです。

自然の一部である動物とともにある自分のいのち。こうした考え方は、第3話で触れた近代の自然観とは大きく異なることに気づきます。むやみやたらと動物を殺さない。なぜなら、ひょっとするとその動物は、自分のチュレルかもしれないからです。

呪医の世界

村には、数え切れないほどの男女の呪医がいますが、親や人に教わって呪医になれるわけではありません。つまり世襲や弟子入りしてなれるわけでなく、すべて、夢に現れた神の啓示を受けてはじめて呪医になれるといわれます。あの人は病気が治せるという噂が徐々に広がり、その力量が村人の間で認められると、その呪医の家の前には朝早くから長い行列ができる。毎年五月三日には、村人たちは三つの集団にわかれ、主邑を取り囲む三つの十字架の丘＝カルバリオで雨乞いの儀礼を行いますが、最も力があると認められた呪医に、その儀礼が任せられます。一方、力の衰えた呪医は村人から見放され、場合によっては、邪術師ではないかと疑われ、村人から忌避される。いったん医師免許を取得したら一生医者をつづけられる現代医療の制度とは大きく異なりますよね。

多くのインディオ村落には、政府から派遣された医師が滞在する診療所があります。しかし医師は一人、しかも臨床経験が皆無ともいえる研修医です。インディオ村落はまさに、医師の卵の実験場。こんな現状は徐々に改善されつつありますが、多くの村人は

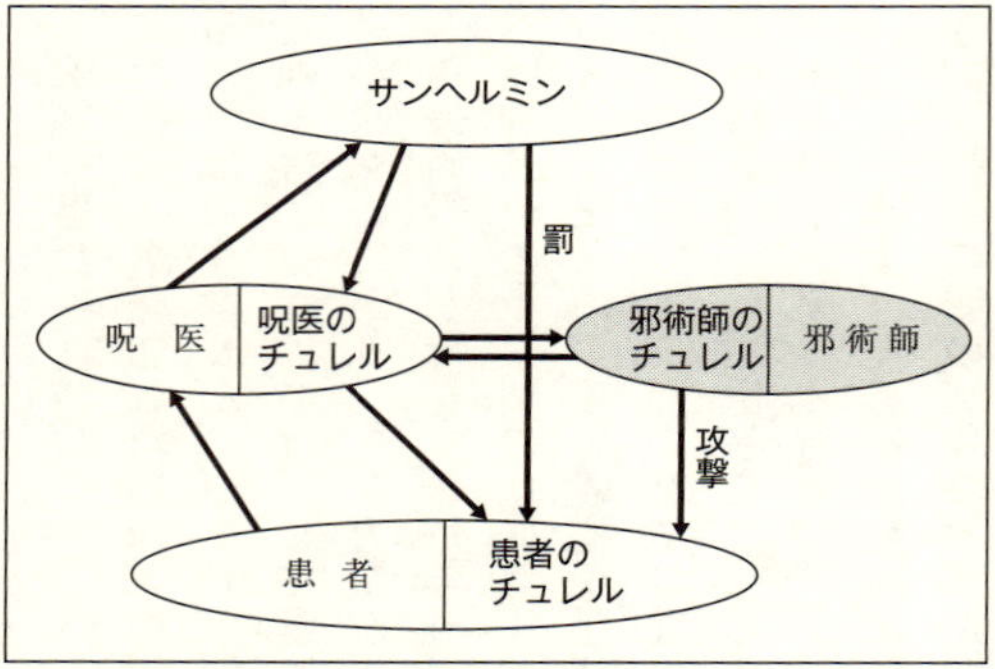

図 17　治癒の仕組み

病気にかかると、今でも診療所ではなく呪医のもとをたずねます。呪医は脈診をつうじて、その病気がチュレルの怪我によるものか、あるいは肉体から魂が離脱した症状か、そしてその原因が本人の行いにあるか、邪術師の祈りにあるかを判断し、それに応じて、準備すべき蠟燭の大きさと本数、タバコの葉をはじめ何種類かの薬草類、そして場合によっては、生贄の鶏や魚の干物を準備するよう、患者に指示を与えます。患者はその指示にしたがって蠟燭などを準備し、翌日、呪医の指定した場所に出かけていきます。

ところで、呪医は直接患者の病気を治せるわけではありません。呪医はまず、仲間の動物＝チュレルの統括者であるサンヘルミン（サン・ヘロニモ）にお願いをする。サンヘルミンは、呪医のチュレルに命令を下し、患者のチュレルの救済や肉体から離れてしまったアニマの救出に向かわせる。邪術師がかかわる病気であれば、呪医のチュレルは邪術師のチュレルと闘わねばならない。こうして患者のチュレルがうまく救済され、あるいは魂が救われると、患者はようやく病気から解放されることとなります。呪医は祈るだけではありません。卵を使ったお清め、気功に似た手かざし、薬草の使用も治療儀礼の一環です。

このように、チャムーラの現在の宗教生活のなかには、カトリックのさまざまな要素が散りばめられている。しかし、チュレルへの信仰に象徴されるように、信じる者と神との関係にせよ、神と聖人との位置関係にせよ、カトリシズムとは無縁な構造がみてとれます。神に村人の願いを伝えてくれるのは、カトリックの位階制とは無縁な呪医のみだということも明らかです。

写真9 チャムーラのキリストとマリーア

最近では村の教会で、司祭を前に西欧風の結婚式を挙げる若者カップルも出てきました。こうした新しい風潮が徐々に広がりつつあるのは事実ですが、しかし今ご紹介した彼らの神意識の構造のなかで、町からやって来る教区司祭は、洗礼という限定された役割を与えられた存在にすぎないのです。その意味では、村人にとって司祭は、洗礼を担当する役職者にすぎないのです。

ロレンソのお宅に招かれるたびに、チャムーラの民俗衣装を着せられたキリストとマリーアの像が気にかかる。征服されたのはインディオの心ではなく、ひょっとするとキリストとマリーアの方ではないか、とふと思うのです。少なくとも四五〇年以上も経た現在の彼らの宗教生活のなかに、外来の価値を強要されながらも、その外枠とうまく共生しつつ、独自の宗教文化を再創造してきた彼らの、したたかな姿が見えてくるのです。

十字架と偶像

こうした外圧に対するインディオの抵抗のあり方は、言うまでもなくチャムーラ以外のインディオ社会にも見られる現象です。そのことを象徴する具体的な例を、今から一〇年以上前、プエブラ州のトナンツィントラという村で目の当たりにしたことがあります。村の教会に案内してくれたのは、アステカの純血を誇る知り合いの女性の村長。教会の入口正面の外壁には、何体もの天使の姿が彫られていますが、どれもインディオの顔つき。明らかにインディオ自身が建築に深くかかわったことが分かります。祭壇の裏に案内されて、彼女の意図に気づかされた。そこには、そっと置かれた土偶が一体。

「実は、私たちが祈りを捧げているのは、この神様なのよ。」

征服とともに神殿は破壊され、その跡に教会が建設され十字架がすえられた。植民地時代初期の伝道者たちが直面した最大の仕事は、教会の建設とともに、まずは偶像を一掃することでした。ヌエバ・エスパニャの大司教を務めたフランシスコ会士のファン・デ・スマラガ(Juan de Zumárraga, 1468-1548)は、一五三一年までに五〇〇の神殿と二万体の偶像を破壊したと報告しています。しかし、隙を見てインディオたちは十字架を取り払い偶像を置く。それに気づいた司祭は偶像を取り上げてまた十字架を立てる。そのうちインディオたちは、十字架はそのままに、その裏に偶像をそっと置く。再び司祭に気づかれて偶像は破壊される。でもまたインディオたちは偶像を置き、その神に祈りつづける。首謀者が捕まり処刑される。しかしインディオたちは同じ行動を執拗にくり返し、時には司祭の殺害におよぶ。こうして、安定した教会運営ができないとわかると、教会は見てみぬふりをすることとなる。インディオも、十字架はそのままに、その裏の神に祈り続ける。そして、世代を重ねるうちに、徐々に土偶は忘れ去られ、十字架を自分たちの神の象徴だと思い始める。

今、トナンツィントラの祭壇がどうなっているか、あの時以来たずねる機会がありませんので、現状は分かりません。いずれにせよ、つい最近まで土偶の神を守り続けたあのケースは稀な例だと思われますが、教会を案内してくれた彼女は、あの時、つづいて次のような埋葬にかかわる話をしてくれました。村では人が死ぬと二回葬式をやる。まずは自宅で伝統にそった葬儀。人は死を迎えると、天国の入り口に到達するその前に、七つの試練が待ち受けている。そのひとつは、人を食う犬に追われて、両側から竹やりが無数にでている細い通路を駆け抜けねばならない。その時に身を守れるよう、三〇センチほどの木の棒を遺体の左の脇に添えてあげる。頭には、かつて日本の農村の葬儀で目にしたものに似た三角の白い紙をかぶせる。伝統的な儀礼が終わると、棺を釘付けにして教会へと運ぶ。そこで「神父様、ご葬儀を」と、カトリックによる教会の葬儀を司祭に依頼する。双方ともに、自宅で済ませた葬儀については一切口にしないのです。

許された自己再生

ところで、なぜこうした「共生」という名の抵抗が可能だったのか。最後にこの点について触れておく必要があるようです。結論から先にお話しするなら、カトリック教会は初期の精神主義的な本来の意味での伝道精神を失い、結局、植民地的秩序へインディオを包摂することに安住した結果だと言える。つまり教会は、来世・現世の救済を放棄し、世俗権力へ同化していったと言えるのです。

すでに触れたように、圧倒的な数のインディオに対し、聖職者の数が不足していたことは否定できません。特にチアパスのように、ヌエバ・エスパニャの首都メキシコ市からも、中米の中心都市グアテマラ市からみても最果ての地。無数のインディオが住んでいるとはいえ、大規模な金山も銀山も発見されない。せいぜい染料の原料コチニールとカカオくらいしかなく、入植者にとっても大きなメリットはない。一時期四〇〇家族まで達したサン・クリストバル市の人口は、インディオの大規模な叛乱があった一七一二年以後には三五家族に減少しています。

その叛乱のおよそ三〇年前、一六八四年の段階で、サン・クリストバル司教区の司祭は二五人、その内一二人が七万五〇〇〇人のインディオを担当していたという記録があります。この数字だけからも、聖職者の数が不足していたことは十分想像できますが、さらに、半数以上の司祭がインディオ村落の伝道に携わっていなかった事実が浮かんできます。司祭が常駐しているレシデンシアと、司祭が住んでいないビシータスについては、すでにご紹介したとおりです。村に教会ができても担当の司祭の姿はない。日常の教会管理は村の役職者に任せられ、司祭がやってくるのは、洗礼や祭りが中心でした。

十分の一税は納めてくれる。司教座の命令に従って、教会が必要とする労働力も食糧も提供してくれる。聖人たちの祭りも役職者たちが確実に実行してくれる。赤子の洗礼にも、確実に謝礼を払ってくれる。そうであるかぎり、たとえ十字架の裏に偶像が置かれていようが、教会の中で治療儀礼が行われようが、祭りのなかにインディオ的な要素が組み込まれていようが、それは問題ではなかったのです。

権威の象徴と心の故郷

最後にもう一点、「共生」という名による抵抗を可能にした問題として付け加えるべきは、征服以前の信仰上の中心的な聖地とカトリック教会とが重なり合っている場合が多いという問題です。征服者たちは自己の権威を誇示するかのように、例えばメキシコ市ではアステカの神殿を破壊し、その同じ場所に破壊した石をも使って大聖堂を建築する。母なる神トナンツィンのおられたテペヤックの丘には、グアダルーペの大聖堂が建築される。チョルーラの大ピラミッドの頂上には、今も教会が屹立しています。こうしたことは、メキシコの各地に見られる光景です。

征服者たちは、自らの権威を誇示するために、あえてこうした場を選んだと考えられます。しかし武力、あるいは精神的征服を通じて植民地的秩序に包摂され、しかも、その秩序のなかで差異化・差別化され、あるいは自然の一部として放置されたインディオたちにとり、それらの聖地が先祖伝来の心の故郷、聖なる場として独自の意味をもちつづけたとしても不思議ではありません。そのことを象徴しているかのように、かつての聖地メキシコ市のソカロやグアダルーペの大聖堂には、十二月十二日を中心に全国各地からインディオが集い、カトリシズムとは完全に無縁ともいえる踊りに酔いしれるのです。

征服された人々は、文化をも破壊されたと言われてきましたが、果たしてそうなのか？　抑圧された民が、世俗権力、宗教権力とぎりぎりのせめぎあいを歴史のなかでくり返しながら、自己再生の道を確保し、独自の文化の再編をくり返してきた姿がそこにあるのではないか。この「共生」という名の抵抗は単に、メキシコやラテンアメリカの先住民のみの問題ではなく、いわゆる先進諸国の近代化の過程において、包摂され差異化された人々の文化のあり方にも通底する、普遍的問題ではないかと思うのです。

しかも被抑圧者の文化の自己再生は、文化の領域に留まるとはかぎりません。北アメリカのアフロ系、ヒスパニック系の人々の政治勢力としての成長、そしてボリビアをはじめラテンアメリカ各地におけるインディオ運動の高まりといった、新たな政治勢力の再編へと連鎖してゆく可能性も、決して否定できないと思うのです。

第9話　「近代」の実験場アメリカ大陸

第8話までで、「征服」がインディオ社会にいかなる圧力を加えたか、またその圧力に対し、彼らはどのような対応を試みてきたか、双方のせめぎあいの姿を描いてみました。しかしこれまでご紹介した「発見」以後の歴史は、単にラテンアメリカの植民地時代史にとどまるものではありません。その過程には、「発見」を契機とする近代ヨーロッパ世界に普遍的な特徴と、それに抗する周縁化された人々の対応のかたちが凝縮されているように思われる。しかもその双方の姿は、独立以後のラテンアメリカ社会のあり方、さらに広くは、現代にいたる近代という時代それ自体の、本質的な原点を示唆しているように思えるのです。先を急ぐ前に、こうした問題意識に関連する主な論点を、ここで簡単に整理しておきましょう。

領有と包摂、差別化と寄生性

その一つは、地球的規模での「中心」の台頭と、その「中心」を核として外へ外へと向かって支配領域を拡大してゆく、外延的他者化の問題でした。それは、地球上に「発見」されてゆく他者世界の生活空間を、自然領域として暴力的に領有し、植民地として包摂してゆく過程でした。この問題は、その後もアジアの植民地化や一九世紀末のヨーロッパ諸国によるアフリカ分割の問題へと連鎖してゆきます。

また、この領有と包摂を正当化する論理は、「中心」の価値、すなわち西欧キリスト教的価値を絶対優位なものとして位置づけ、それ以外を野蛮だと決めつける。つまり、その後の世界を担う唯一の歴史主体は、キリスト教的西欧にあるとの自己認識がその基底にあり、異なる価値との共存は否定される。その画期は、イスラム教徒、ユダヤ教徒に対するスペインからの追放にあり、それは共生から排除の論理への、大きな歴史的転機でした。

地球的規模での「中心」の形成過程とほぼ並行して、内延的他者化、つまり、国家領域内部での差異化、差別化が引き起こされたことも、論点のひとつでした。そのもとでは、周縁化された人々の文化も、彼らの歴史における主体性＝著者性(authorness)も否定される。そして、魔女狩り旋風に象徴されるように、正統性を脅かす「他者」は抹殺されてゆく。一方、ラテンアメリカの「第一の場」における征服者とインディオとの関係(第2話参照)に象徴されるように、差別化された集団は、ヘゲモニー集団の存続にとり不可欠な存在で、その意味で、「中心」を担う集団は、被差別集団への寄生性を前提として成立する。被差別集団は、「中心」が必要とする限り徹底的に利用され、必要でないかぎり、いわば予備軍として領域内に確保されつつ放置されることとなるのです。

差別と被差別集団への寄生性という問題は、現代世界における移民労働者や難民、人種的・民族的マイノリティ問題など、さまざまな問題とも無縁ではありません。そして差別化の過程で生み出される境界領域の主体性については、第5話で述べたとおりです。こうした問題を、すぐ身近な今日の日本社会に当てはめてみると、どのような問題が見えてくるか、是非考えてみてください。

非宗教的基準の拡大

これまで触れることができなかった問題ですが、差別の基準として、キリスト教徒か否かという宗教的基準に加え、「発見」の時代を機に、非宗教的基準が登場したことも、その後の近代という時代を特徴づける問題として押さえておく必要があるようです。その原点を画したのが、国家による言語への介入でした。一四九二年、コロンブスの「発見」と同じ年、人類史上はじめて国家が言語に介入を始める。アントニオ・デ・ネブリハ(Antonio de Nebrija: 1441-1522)という文法家がイサベル女王にスペイン語文法を献上し、以後、スペイン王の臣民は文法に沿った「正しい言語」を使うよう求められることとなります。

言語とは本来、自由に独自の発展を遂げてゆくものです。ラテン語は各地の言語と混ざり合い、さまざまな種類の俗ラテン語へと分化していきました。そこに国家が介入し、文法によって言語を固定化することにより「国家語」としてのスペイン語が誕生する。近代国民国家の特徴のひとつともなる世界各国の「標準語」の源流は、まさにネブリハの文法の策定にあったといえるのです。

それによって領域国家内での地域間のコミュニケーションは容易になりますが、言語の固定化の効力はそれだけではありません。たとえば、一六〇五年に出版されたセルバンテス(Miguel de Cervantes Saavedra: 1547-1616)の名作『ドン・キホーテ』は、現代スペイン語の知識を十分備えていれば、それほどの苦労なく読むことが可能です。でも、同じ頃書かれた日本文学を読もうとすれば、古文文法をはじめ大変な苦労が求められますよね。いち早く固定化されたスペイン語と、明治期まで自由な発展を許された日本語との大きな違いです。

しかし、言語という文化の一律化は、新たな他者を生み出す契機ともなります。その後の歴史のなかで、スペインのバスク語やカタルーニャ語が、またそれらの言語を話す人々が、どれほどの差別を受けることとなったか。日本でも標準語として教育言語が確定されると、沖縄やアイヌの子どもたちが、学校で独自の言語を喋ると、「今日私は恥ずかしい言葉を喋りました」と書かれた看板を首から下げさせられたのです。標準語を話す人々の優越意識、地方語を話す人々の劣等意識も生まれてきます。こうした標準語を強制された人々が、その後どのような歴史をたどらされたか、その問題を考えれば、近代における言語文化の一律化の裏に、深刻な差別の問題が潜んでいたといえるのです。

非宗教的基準は言語だけでなく、実は現代に至るまで、多種多様な広がりを見せてきたことに気づきます。国民・民族として純血であるか否か。皮膚の色は白か否か。言語にはじまり血統や人種・民族へと拡大してゆく非宗教的基準は、さらに健常者か病者か、美か醜か、常識か非常識か、といった問題へとますます拡大してゆきます。

いうまでもなく、こうした他者化・差別化という支配的社会集団から強要された枠組みに対し、差別化された人々は武力、逃亡、「共生」という抵抗をくり返しました。なかでも「共生」という名の抵抗は、現代にいたる民衆の歴史におけるあり方を再考するうえで、僕にとってはきわめて重要な論点なのです。わが国でひろがりつつある地方言語の復活、近年ボリビアなどに見られる公的言語の複数化の現象、文化の多様性を認めざるを得なくなりつつある世界の現状。これらを歴史的に位置づけるうえでも、「共生」という名の抵抗は、大きな示唆を与えてくれる論点なのです。

実験場としてのアメリカ大陸

以上、簡単にこれまでの論点を補足しつつ整理してみましたが、「発見」以来の「中心」による他者化の拡大は、決して単線的なプロセスをたどったわけではありません。先陣を切ったスペインやポルトガルによる植民地の建設は、まさに試行錯誤のくり返しでした。それまで全く知られていなかった多様な人間集団と出合う。キリスト教とは完全に異なる、体系だった宗教に支えられた大規模な社会に直面する。言語も文化も異なるその社会を、どうやって制圧してゆくか。そこでまずは、征服以前の支配の構造を把握し、その社会の上下関係を活用していく。場合によっては聖職者を制圧の尖兵として動員し、精神的征服を通じて安定化を図る。しかも植民地社会は、利用できる限りにおいて従来の上下関係を温存、改変しつつ、植民地支配を貫徹しようとしました。

植民地社会は、さらに新たな問題に直面します。法的には存在しないはずの混血が急増してゆく。彼らは街の浮浪者としてあふれかえり都市の秩序を脅かす。人間を一個の商品として取引する大規模な奴隷売買も、アフリカ人を組織的な労働力として活用することも、それまでの歴史にはなかった新しい経験でした。奴隷の輸入によって不足した労働力を補完できても、逃亡奴隷という、さらに新たな深刻な問題が浮上する。武力によっても制圧しきれないその問題にどう対処すべきなのか。

このように、カリブ海の制圧から植民地支配の末期にいたるまで、つねに試行錯誤がくり返され、その過程は、他者支配をめぐる実験の連続であったというのが僕の印象です。そのことは、一貫した体系立った植民地法がなかなか制定されなかったことにも現れています。相互に矛盾する王の命令や勅書が次から次へと発せられる。一五四二年の「インディアス新法」の制定で一応の整理ができたとはいえ、最終的には、一六八〇年の「インディアス法令集」を待つこととなる。また黒人奴隷に関しては、奴隷制が衰退する直前まで、延々とさまざまな法令が出しつづけられるのです。

経験の蓄積と伝播

こうした植民地における他者支配の経験は、着実にスペイン、ポルトガルの王権にまずは蓄積されてゆきますが、その両国の間でも情報が交換されている。例えば、コロンブスはカリブ海の先住民数名を「通訳にしたてる目的で」家族ともどもカスティージャへ連れ帰りますが、この点についてコロンブスは、すでにポルトガル人が「アフリカ西海岸での発見航海事業で実行していることで、私はこれを真似たわけです」と述べています。

スペイン王もポルトガル王も、ともに渡航制限や貿易統制をつうじて植民地の経験を独占しつづけようと腐心しますが、しかし、教会組織がその抜け道であったことは、すでに第6話でご紹介したとおりです。ローマ法王庁、そして各修道会の全世界の本部はローマに集中していた。そこには、全世界に散らばった伝道者たちから、現地の詳細な情報が集まってくる。特にイエズス会の場合、植民地の現地相互の間でやりとりされた書簡まで、そのコピーを必ずローマの本部へ送らなければなりませんでした。また第6話でご紹介したトマス・ゲイジのように、イギリスへ帰国後『西インド新見聞録』を刊行し、ヨーロッパ諸国に向けて、スペイン領植民地の実態をはじめて暴いた人物もいました。いずれにせよ、教会という宗教組織をつうじて、事細かなデータがヨーロッパ各国に広まってゆくこととなります。

こうしてヨーロッパの後発諸国は、スペイン、ポルトガルのアメリカ大陸における実験の成果を吸収し、カリブ海に構えた拠点を軸にアメリカ大陸へ、さらにはアフリカ、アジア、北アメリカへの進出に備えてゆく。逃亡奴隷社会に対し、王権が貢納を行うことにより和平を達成したことは、第7話で触れたとおりです。その際の和平提案の主な内容は、スペイン、オランダともに共通していました。しかしヌエバ・エスパニャのヤンガ王国との協定は一六〇九年、オランダ領ギアナ（現スリナム）の場合は一七六〇年代で、その間におよそ一五〇年の時間的ずれがあります。こうした史実のなかにも、スペインの経験がオランダによって生かされている姿が見えてきます。

このように他者支配の経験が、ヨーロッパ諸国に広く伝播していったとするなら、北アメリカの入植形態にも、なんらかの影響があったと想像することができます。アメリカ大陸部へはじめてスペイン人が入植したのは一五二一年。ピルグリム・ファーザーズの入植は、それからおよそ一〇〇年後の一六二〇年ですよね。南では征服戦の兵士として男だけがアメリカ大陸にわたる。植民地体制が一定の安定期にはいるまで、女性が植民地に渡るのは珍しいことでした。結果は大量の混血の誕生であり、新たな社会問題の発生でした。一方、アングロサクソン系の人々は、女性を伴って北の「新天地」へと赴いた。先住民とは交わらないという大原則を守り、自分たちで食糧も生産する。インディオはゴミとして掃き清める対象でしかない。こうして混血という深刻な問題は回避されました。

奴隷の導入も、北アメリカは一〇〇年以上遅れてスタートします。南では、アフリカの同じ村出身の奴隷を一括して大農園が引き取る例も珍しくはなかった。その結果は集団逃亡の頻発であり、逃亡奴隷社会の脅威の拡大でした。しかし北では、たとえ夫婦であっても、別々のプランターに売却することが慣例となります。

北と南の入植形態の違いを、プロテスタントとカトリックという、宗教上の違いに求める向きがあります。あるいはまた、北の先住民社会は狩猟採集民のレベルであったのに対し、南は定住農耕社会であったといった、先住民社会の「発展段階」の違いに求める説もあります。しかし果たして、そう簡単に結論づけてよいものだろうか。北への入植が開始するまでの一〇〇年の間に、南での植民地支配の経験を基点として、ヨーロッパにはすでにアフリカで、アジアで他者支配の経験を蓄積している。その経験の蓄積が、北の入植パターンに、教訓として何らかの影響を及ぼしていたことはないのか。つまり南の実験の成果が北に受け継がれる、そのような可能性も、決して否定できないと僕は考えています。

北から日本の近代化へ

ところで、アメリカ大陸の植民地化の過程から浮上してくる一連の問題は、明治維新期以降の日本の近代化のあり方とも無関係ではなさそうです。「人肉を食するアメリカ大陸」というヨーロッパの野蛮観が、すでに一七世紀に日本に伝わっていた点については、第4話でご紹介したとおりですが、明治期を迎えた日本は懸命にヨーロッパの近代知を導入しようとします。確かにこれまで指摘されてきたように、議会制度や法体系に加え、近代医学、印刷術、天文学といった科学技術を急速に導入しはじめます。そのため明治政府は、多くの留学生をイギリス、フランス、ドイツへと派遣する一方、イギリス、フランス、ドイツ、アメリカ合州国を中心に、各分野の近代化を目的に、延べ九〇〇〇人を超える多数のお雇い外国人を招請します。しかし日本が吸収した西欧知とは、議会制度や近代科学技術だけだったのでしょうか？　日本が近代国家を建設するうえで模範とした相手は、これまでお話ししてきたように、「発見」にはじまる他者支配の知恵を磨き上げてきたヨーロッパだという点を無視するわけにはいきません。

中心であるとの自己認識と正統性の確保、文化の一律化と差別化、他者世界に対する領有と包摂、こうした問題はそのまま、キリスト教に代わる神道と天皇制の確立、教育の一律化と言語統一の問題へと連鎖してゆきます。また領有と包摂は、一八七六年の小笠原諸島の領有化、七九年の琉球処分、九五年の台湾の領有、一九一〇年の朝鮮の併合といった、アジアに対する拡張主義という具体的なかたちで受け継がれてゆきます。明治維新にさきがけて、松前藩はアイヌ対策のために、アメリカ合州国のインディアン対策の文書を入手し翻訳しています。広大な未征服空間を抱えた蝦夷地《えぞち》を、近代的北海道として包摂するためには、インディアン対策局の経験は貴重な情報だったはずです。一八七五年には、ロシアとの樺太・千島交換条約にからんで、樺太アイヌを北海道に移住させることとなりますが、それにより新たなアイヌ対策が求められます。

明治期に入って間もない一八七一年、開拓使の要職にあった黒田清隆《くろだきよたか》（一八四〇―一九〇〇）は、北海道のアメリカ型の近代化を主張して、農業技術者と鉄道建設者を中心に、アメリカから専門家を招請します。招請されたお雇い外国人は四七名で、その大半がアメリカ人だったのです。しかもそのなかには、農務局長であったホーレス・ケプロン

(Horace Capron: 1804-1885)をはじめ、インディアン対策局と直接・間接の関係をもっていた人物が複数含まれています。

北海道開拓といえば、「少年よ大志を抱け」の名台詞を残して帰国したウィリアム・スミス・クラーク(William Smith Clark: 1826-1886)による農業指導や、彼と農学校の生徒たちとの友情物語が有名です。しかし、アイヌの存在を無視した北海道開拓史はありえないのです。しかもそこに、アメリカ合州国におけるインディアン対策の経験が生かされている、その連続性の可能性を見落とすわけにはいきません。

アメリカ大陸の「発見」に始まる経験と情報の連鎖、それが北海道まで到達する。このように歴史のダイナミズムに焦点をあててみると、アメリカ大陸の植民地史も身近な問題として迫ってくるのではないでしょうか。それは、日本史という一国史観にとどまっているかぎり、決して見えてこない、歴史の実態でもあるはずなのです。

近代を渡り歩いたメノナイトの今

第10話以降の近代国家に孕まれている問題を考える上で、きわめて示唆的な現代の事例をひとつ最後にご紹介して、第9話の締めくくりとしましょう。メキシコで今も独自の共同体を維持しているプロテスタント系の宗教集団、メノナイト(スペイン語ではメノニータス menonitas)。この集団はヨーロッパで宗教戦争が荒れ狂う一六世紀半ば、低地ドイツ(現在のオランダ周辺)で結成された再洗礼派のひとつで、一六世紀後半にダンツィヒ(現ポーランドのグダニスク)へ集団移住し、一八世紀後半にはウクライナへ、一九世紀後半にはカナダへ、さらに一九二二年にはメキシコへと移動をくり返してきた集団です。

一九七九年から隔年で八五年まで、計四回にわたり僕は、かつて同じ再洗礼派のハッターライトの調査経験のある宗教学者の坂井信生さんと、メキシコ北部ドゥランゴ州にある彼らのコロニーのひとつ「ラ・オンダ」に、それぞれ一週間から一〇日ほど滞在して調査にあたりました。もっとも近い町ミゲル・アウサまで三五キロ。インディオの村とも牧畜風景とも無縁な広漠とした荒地の原に、彼らが開拓した一万七〇〇〇ヘクタールほどのコロニーが広がっています。カラカラと音をたてて回り続ける風車で地下水をくみ上げ、電気もガスも使わない。女性は地味な色の長いスカートに、必ずつば広の帽子をかぶり、男性はみな、ジーンズの胸当てズボン姿。活字として目に入るのはルター訳のドイツ語の聖書だけで、話す言葉はおそらく一六世紀の低地ドイツ語ですが、僕たちを毎回泊めてくれたのは、町との折衝役でスペイン語を話すペンナーさん。一三のサブ・コロニーにひとつずつ学校がありますが、教室はひとつ、先生も一人。しかも、聖書が読めて、祈りの歌が上手いと評判のメンバーが教師として選ばれる。ひとつしかない教室の最前列は七年生(女子生徒は六年)、最後列には一年生が座り、教科科目は聖書の読み方、聖歌の歌い方、そして算数のみです。

写真10　ペンナーさん家族の夕食

午前中で授業が終わると、男の子はトウモロコシやカラスムギの畑で、アメリカ製のトラクターを運転し父親を手伝う。でもそのトラクターにはタイヤはなく鉄輪のまま。女の子は家の周辺の果樹園で母親の手伝いをし、あるいは乳搾りに精をだす。もちろん自動車もない。彼らが自動車に乗るのは、朝と夕方にやって来るコロニーと町を結ぶバスのみで、現金収入の唯一の糧であるチーズを町に売りに行くとき、そして、最低限必要な生活必需品を確保するためで、生活全般が自給自足で成り立っている。日曜日の礼拝への参加や知人宅の訪問など、コロニー内の移動はすべて、それぞれの家が所有している馬車を利用します。

朝四時には起床して、まずは牛舎の清掃。その後には乳搾りの作業が待っている。彼ら、彼女たちは両手で別々の乳首を握り、左右交互にリズミカルに勢いよく乳を搾りだす。それに引きかえ僕たちは、いくら教えてもらっても、牛に嫌がられるだけだ。仕方なく、乳搾りの前の牛糞掃除に精をだす。乾燥しきった気候のせいで、牛糞は一晩でカラカラに乾く。そのため、作業が終われば、頭から足先まで、全身牛糞の白い粉で覆われる。乳搾りが終わると、五〇センチほどの高さの金属製のいくつかの容器に牛乳をまとめて家の前に並べ、チーズ工場の回収馬車に運んでいってもらう。そのうちの一パーセントが、コロニー全体の基金として蓄積され、貧窮者の救済や、政府に納める不動産税の支払い、そして新たなコロニーの確保のために蓄積される。経費を除いた残りは、チーズの形で各家庭に配られます。

近代と「つり合わない軛《くびき》」

こうした彼らの生活を支えている宗教原理は、成人洗礼、絶対的平和主義、この世からの分離、そして、聖書の「コリント人への第二の手紙」に記された「つり合わない軛《くびき》を共にせず」の四つに整理できます。絶対平和主義は外部世界との不戦の原理であり、当然のこととして近代国家に特徴的な徴兵制を拒否します。この世からの分離は、「文明社会」から距離を保ちつつ、自給自足を基礎に、独自の宗教生活と独自の言語、独自の教育システムを維持する。それは、近代国家による文化の一律化とは対立する原理です。また物質文明の波から自らを守る原理でもある。「つり合わない軛を共にせず」は、絶対的平和主義とこの世からの分離というふたつの原理を総合した原理だと理解できるもので、市民としての権利が徴兵制という義務につながり、教育の一律化、言語の破壊につながるのであれば、市民としての権利を放棄するという姿勢です。また物質文明がもたらしてくれる便利さが、コロニーの宗教生活の崩壊につながる危険があれば、それはつり合わないものとして拒否します。

彼らがウクライナを去るきっかけは、ロシア皇帝によるロシア化政策の影響を避けるためでした。カナダを去った原因は、第一次世界大戦下の徴兵制の問題と、教育言語の統一化政策でした。つまり、国家が近代的な様相を呈しはじめるたびに、彼らは新天地を求めて移動をくり返してきたといえます。メノナイトが誕生した一六世紀半ばという時代は、近代的な国家形成へ向けてヨーロッパが動き始めて間もない頃です。その意味でメノナイトは、近代のなかから生まれた近代的な集団であり、しかも、近代という時代の「つり合わない軛」という内実をみごとに予測し、その軛にたいする抵抗を内婚を軸に実践しつづけてきた集団だといえます。

一方ラテンアメリカのインディオはメノナイトの誕生とほぼ時を同じくして、植民地秩序に包摂され再編されました。その意味で、今日にいたるインディオ社会も、近代が生みだしたきわめて近代的な社会だといえますが、メノナイトとは異なり彼らは「つり合わない軛」を文字通り強要されてきた存在だといえるのです。

メノナイトよ、お前もか

一九九五年、一〇年ぶりに僕はコロニーを訪ねました。ところが、コロニーの入口に着いて愕然とする。電線と電柱がコロニーの内部へと延びている。土煙をあげてやって来る大型のアメ車の運転席には、メノナイトの女性の姿。畑には半径二五〇メートルで回転する電動式の大スプリンクラーが鎮座している。多くの家には馬車に代わり大型のアメ車が並び、かつての売店は大型スーパーへと姿を変え、日本のインスタント・ラーメンまで並んでいる。壁のペンキも真新しいガソリンスタンドがにぎわっている。一般のメキシコの農村とは比較できないほどの近代的なコロニーだ。物質文明の荒波に乗り出したコロニーの現状に、啞然・呆然とした覚えがあります。

すでにペンナーさんは七年前に他界し、彼をはじめとするカナダ世代の人々はすべてこの世を去っていた。その直後に「一大宗教改革」が一気に噴出したのです。恐らくは一〇年前の調査の時点で、「文明化」を求める世代の圧力は、爆発寸前の段階に達していたのかもしれない。チャムーラ村に通いながら、村はつねに変化しつつあるものだとの確信を得ていたにもかかわらず、メノナイトについては、変化の兆しに気づくことはなかった。フィールドワーカーとして、気づかなかった自分に苦い思いを禁じえませんでした。

こうした「近代化」に反発した保守派の人々は、アメリカとの国境に近い砂漠地帯に、エル・サビナルという新たなコロニーを建設したという。それを耳にした僕はラ・オンダを後にして、地図にもないエル・サビナルを目指した。行く先々で噂を聞いては車を走らせる。乾季の荒野は、干上がった川の跡なのか道なのかも定かではない。一〇〇〇キロ以上のドライブの末、ようやくエル・サビナルに着くと、ペンナーさんの息子夫婦の一家が出迎えてくれた。感動の瞬間でした。

これまでも、そしてこれからも、メノナイトは恐らく近代の圧力に耐え切れず分裂をくり返してゆくことと思いますが、僕にとって、「つり合わない軛を共にせず」という彼らの宗教原理とこれまでの実践は、軛にがんじがらめにされた近代から現代にいたる時代を考えるうえで、今も無視できない存在なのです。

Ⅱ

第10話　独立と白色国民国家構想

独立運動の契機

すでにお気づきのとおり、僕は近代の基点は「発見」の時代にあると考えています。その時以来ヨーロッパは、さまざまな「他者」支配の実験を地球的規模で積み重ね、その成果をいわゆる近代国民国家の形成過程の中核的な要素として徐々に組み込んでゆきます。「発見」から現代に至る時代を広い意味での近代と捉えるなら、これから扱う独立以後の時代は、狭い意味での近代ということになります。

一八世紀の中ごろを境に、スペインのブルボン王朝は強力な中央集権化に踏み切り、緩みかけていた植民地体制の引き締めにかかります。なかでもその後の独立運動の引き金となったのは、植民地官僚体制の改革と植民地内外の商取引への介入でした。植民地生まれの官僚は表舞台から放逐され、代わってスペインから新たに役人が派遣される。植民地内、あるいは植民地間の商取引についても、すでにかなりの力を蓄えつつあった植民地生まれの白人＝クリオジョは排除される。彼らに代わり、新たにスペインから大商人が送り込まれ、その彼らが構成する商人ギルドが商取引を独占する。こうした改革は、植民地の実情に詳しい臣下の影響力を排除するという、現実を無視した無謀な計画でした。同時にそれは、血を同じくする植民地の臣下を、他者として本国人と区別する差別政策で、その他者が脱植民地化へと向かうのではないかという、植民地宗主国の危惧の念を反映したものともいえます。そして皮肉にも、一八一〇年に始まるアメリカ大陸の独立運動は、こうして権利を剝奪されたクリオジョ階層を主体として展開されてゆくこととなります。

独立の戦いは、アメリカ大陸の三カ所を拠点に拡大してゆく。そのひとつがカトリックの神父ミゲル・イダルゴ(Miguel Hidalgo y Costilla: 1753-1811)を中心とするメキシコの独立闘争。しかしその闘争は、インディオ大衆を巻き込んだ運動であったため、クリオジョをはじめ植民地社会の支配層にとっては、黒人の手で独立が達成されたハイチにつぐ、まさに恐るべき事態でした。そのためイダルゴをはじめとする初期の独立運動は、クリオジョの独立派によっていち早く潰されてしまいます。一方南アメリカ大陸では、ベネズエラ、コロンビアを中心に、シモン・ボリバル(Simón José Antonio de la Santísima Trinidad Bolívar y Palacios: 1783-1830 カラカス生まれ)をはじめとする独立派が運動を展開し、ブエノス・アイレスではサン・マルティン(José de San Martín: 1778-1850)が立ち上がる。その両者を中心とする闘争をつうじて、南アメリカ大陸の大半の地域が、一八二〇年代初期にスペインの支配から解放されます。言うまでもなくこの両者も例にもれず、植民地社会では本国人につぐエリートのクリオジョでした。

植民地性を引き継いだ国家領域

独立した国々の領土は、独立闘争が植民地エリート層により展開されたため、植民地時代の行政・経済領域を基盤に成立してゆきます。メキシコでは、行政の中心メキシコ市と農業生産の中心地バヒーオ、大商業都市グアダラハラ、そして鉱山開発地域の北部が、それぞれ相互依存関係あるいは相互補完的関係にありました(一〇九頁図14参照)。そのため、ヌエバ・エスパニャの中心から遠く隔たったフィリピンやチアパスといった辺境地帯を除き、ほぼすべての領域がそのままメキシコの国家領域として確定します。ちなみにチアパスは、一九世紀末になりようやくグアテマラとの国境紛争が解決し、メキシコの領土として確定します。一方、独立期においても、行政区域内部に広大な未征服空間を抱えていたアルゼンチンやブラジルの場合は、その空間を抱えたまま国家領域を主張することとなります。

一方、地域相互の依存関係が希薄であった、グアテマラを中心とする中米地域では、グアテマラ市を中心に中米一体として独立を達成したのも束の間、地域間の利害対立を反映して、個々ばらばらな小国へと分離してゆく。スペインにつづきヨーロッパ諸国の争奪戦の場と化していた、無数の島々が点在するカリブ海地域では、島と島との関係が分断され、それぞれが直接植民地宗主国の統治下に置かれていました。なかでも最大の島キューバは、アジアの拠点フィリピンと同様に、スペインが最後まで植民地として死守したい対象でした。一八〇四年に史上初の黒人共和国としてフランスから独立を勝ち取ったサン・ドマング(現ハイチ)をのぞけば、イギリス、フランス、オランダが拠点を築いていた環カリブ海地域の一部とともに、この地域の独立は他のアメリカ大陸諸国にくらべ、八〇年から一五〇年の遅れをとる結果となります。ちなみに小アンティル諸島の大半は、今もフランス、オランダ、イギリスの植民地で、南米大陸の右肩には、フランスが仏領ギアナを確保し続けています。なお、スペインにとって重要な拠点であったキューバとフィリピンは、その後似たような歴史をたどります。一八九八年の米西戦争のさなか、スペインからの独立を達成したかに見えた両国は、アメリカ合州国の実質的な支配下に置かれることとなるのです。

揺らぐ英雄像

ところで、アメリカ大陸の独立運動は、アジア・アフリカの民族独立闘争の先駆的事件として位置づけられてきました。高校の世界史教科書でも、シモン・ボリバルをはじめその指導者たちは、民族独立の英雄として登場し、キューバはもちろんのこと中国の世界史教科書でも、同じように描かれています。彼らが三〇〇年にわたる植民地支配を打破したことは事実であり、歴史を過去から見れば、こうした評価も必ずしも間違いではありません。しかし独立段階から今日にいたるラテンアメリカ社会が、どれほど人種差別を含む植民地性に彩られているか、その実態を考えると、独立の英雄像も民族独立の意味も揺らぎはじめるのです。

第2話ですでに、独立期に登場する「我々のアメリカ」について触れましたね。確かにボリバルはアンデス地域の解放に成功した際、奴隷解放の宣言とともに、もうここにインディオはいない、すべて対等な国民なのだ、といった趣旨の演説をしています。しかしその直後からの歴史を辿ってみれば、それが単なる政治的な言説に過ぎなかったことは明白です。あの「我々」にとって、独立闘争の戦力としては、インディオも混血大衆もなくてはならない存在でした。しかし独立国家を主導してゆくべきは誰か、近代国家としての社会構造はいかにあるべきか、といった彼らの問題意識を知れば知るほど、僕には、植民地性に裏打ちされた、白色国民国家構想という言葉が浮かんでくるのです。「民族独立の英雄」シモン・ボリバルは、そうした独立国家の思想的先駆者でもあったといえるのです。

ジャマイカからの手紙

彼は一八一〇年に独立闘争に参加しますが、王党派の抵抗は強く、ボリバルは欧米の支援を求めて代表数名とともにヨーロッパに派遣されます。市民革命を達成し、ボリバルが理想とする議会制民主主義の建設に励むイギリス、彼らなら独立運動を理解してくれるだろうとの期待は、見事に裏切られる。自由・平等・友愛を唱えて革命を達成したフランス。そこでも冷たくあしらわれる。そのフランスは、植民地ハイチの独立を潰そうと躍起になり、結局独立を認めざるを得なくなって間もない頃のことでした。つまり、フランス革命が掲げた自由・平等・友愛は、フランス市民のためのもので、植民地の自由は論外だという理念の実態に、ボリバルは改めて直面したといえます。

最後の望みは、イギリスから独立を達成したアメリカ合州国でした。しかしそのアメリカには支援する余裕などなかった。結局どこからの支援も得られないままコロンビアに戻ってみると、王党派の反撃で独立派は散り散りになっている。そこで彼はジャマイカに亡命しますが、一八一五年亡命先で「ジャマイカからの手紙」と現在称されている手紙二通を書き遺しています(Simón Bolívar, "Cartas de Jamaica (1815) I: Contestación de un Americano Meridional a un caballero de esta isla, Kingston, 6 de septiembre de 1815" y "Cartas de Jamaica (1815) II: Carta al editor de *la Gaceta Real de Jamaica*, Kingston, septiembre (?) de 1815" en Simón Bolívar, *Escritos políticos*, Madrid, Alianza Editorial, 1971)。この二通の書簡か

ら浮かび上がる彼の歴史観と思想は、次のようにまとめることができます。

第一に、コロンブスによるアメリカ大陸の征服は正当だったとされている。征服は野蛮なアメリカ大陸を文明化させる契機であり、植民地化のプロセス自体も、ヨーロッパによる文明化なのだと主張する。そこには、「黒い伝説」の創始者としてラス・カサスを批判した「白い伝説」派の歴史観(第3話参照)が、ボリバルの思想にも着実に受け継がれていることが分かります。第二として、しからばなぜ、文明化に寄与したそのスペインから独立する必然性があるのか。その疑問に対し彼はこう答えています。スペインを除く他のヨーロッパ諸国は、すでに市民革命を達成し、絶対王政を脱却して近代国家へと変貌しつつある。それに対しスペインは、相変わらず絶対王政に留まり、結果として、相対的にヨーロッパの中で野蛮化していったのだと。その野蛮なスペインに支配されつづけねばならない謂《いわ》れはない。そこにこそ独立を主張する必然性はあるのだ、と述べて独立運動の正当性を主張するのです。

生来資質に優れた白人

イギリスもフランスも、支援を断る根拠のひとつとして、アメリカ大陸の白人なぞ、マイノリティに過ぎないと指摘したという。あなた方クリオジョはアメリカ大陸の住民を代表してはいない、と。それに対してボリバルは、確かに数からいえば少数派だ。しかし、生まれながらにして資質に優れているのは白人のみなのだ。たとえ絶対数のうえでマイノリティだとしても、アメリカ大陸を救うことのできる資質を備えているのは、我々白人のみだと主張します。ここではっきりと、白人絶対優越主義的な発想が見えてきます。

インディオたちはおだやかで将来を見通せる視野は全くもちあわせていない。毎日毎日、その日のことしか考えられないような連中なのだ。インディオたちの関心は、狭い自分たちの共同体のことだけで、アメリカ大陸の独立などに関心はない。そもそも、彼らは生来資質に優れた人間ではないのだ、と決めつける。まして黒人大衆、あるいはインディオの血を受け継いだメスティソ大衆は、むしろ社会の脅威だとされる。

「野蛮」への恐怖

さらにボリバルは、自分たちを支援しないヨーロッパ諸国にたいし、苛立ちを露わにしています。アメリカ大陸には豊かな天然資源が眠っている。今あなた方が我々を支援しなければ、黒人大衆、混血大衆、つまり非白人大衆によって、必ずやアメリカ大陸は大混乱に陥る。独立運動を支援してくれるなら、あなた方欧米諸国も我々が管理する素晴らしい天然資源、それを利用することができるのです。今支援してくれなければ、アメリカ大陸は混乱に陥るだけだ、と。

一七九一年に黒人奴隷の叛乱を機に、フランス植民地であったサン・ドマング(現ハイチ)は混乱状態に陥り、すでに触れたように、史上初の黒人主導の独立共和国となります。独立以後、一九世紀後半に入ると経済破綻から政治秩序の混乱期へと移行します。こうした経緯を考慮するなら、ボリバルの危惧にも理由がなかったとはいえないかもしれません。では、クリオジョによって独立を達成した国々は、その後どのような状況に陥ったか。政治・経済秩序の混乱は、少なくとも一九世紀半ばまでの普遍的現象で、二〇世紀に入れば、軍事クーデターの頻発に彩られた混乱期へと連鎖してゆくのです。

このような事態の推移をも考えるなら、ボリバルがもっとも怖れていたことは、黒人やインディオはもとより、すでにかなりの数に達していたメスティソなど有色人種が、独立を機に社会に進出することにあったといえます。つまり、彼らが政治・経済へ進出し、植民地的差別構造を打破することへの恐怖であったという点です。ボリバルはその後、アメリカ大陸の一体化した独立を夢見て、一八二六年パナマ会議を招集しアメリカにも招請状を出しますが、黒人の独立国家ハイチには声をかけていない。ボリバルの独立闘争にハイチは、七隻の船と武器を兵士とともに提供していたのです。そのハイチに対するボリバルの冷ややかな姿勢にも、彼の人種主義的な立場を確認することができるのです。

独立期のクリオジョの思想をこのように整理できるなら、脱植民地化を目指したはずの彼らの最大の関心事は、植民地性の根幹をなしていたヨーロッパ性、白人性を独立国家においても存続させ、植民地的な差別構造を維持することにあったといえる。つまりは、政治的独立は求めても、三〇〇年にわたる植民地性は決して手放すまいとする姿勢がそこに見て取れるのです。

西欧近代思想とボリバル

ところで、ボリバルをはじめ独立運動の指導者たちは、啓蒙思想などヨーロッパの近代思想の影響を受けているとよく言われていますよね。またフランス革命の思想的影響も大きいと言われてきた。確かにそうなのですが、彼らに影響を与えたのは、三権分立や議会制、自由、平等、友愛といった政治制度や抽象的な理念に限定されているとは思えません。例えば、独立の指導者に影響を与えた代表格ともいえるモンテスキュー(Charles-Louis Montesquieu: 1689–1755)は、『法の精神』のなかで、黒人についてこう述べています。

「砂糖を産する植物を奴隷に栽培させるのでなかったら、砂糖はあまりに高価なものとなるであろう。現に問題となっている連中(奴隷―引用者注)は、足の先から頭まで真黒である。そして、彼らは、同情してやるのもほとんど不可能なほどぺしゃんこの鼻の持ち主である。極めて英明なる存在である神が、こんなにも真黒な肉体のうちに、魂を、それも善良なる魂を宿らせた、という考えに同調することはできない。」(『法の精神』中巻、野田良之他訳、岩波書店、一九八七年、二六頁)

僕たちの時代感覚からすれば、昨今の「ヘイト・スピーチ」を思い起こさせる、あまりにもお粗末な侮蔑的表現ですが、これが「独立の英雄」たちに影響を与えた、当時代表的とされたヨーロッパ知識人の言葉なのです。ボリバルが憧れたヨーロッパの思想は、こうしたネガティヴな側面をも含めた思想だったといえるのです。

では、教育や出版をつうじて僕たちに刷り込まれてきたヨーロッパ近代、近代思想とはどのようなものでしょうか。明治維新期の指導者たちは、こうした近代のどの側面を導入しようとしたのか。そして今に生きる僕たちは、ヨーロッパ近代を一面的なイメージで捉えてきたことはないか。ラテンアメリカの独立の問題は、やはり日本の近代化の問題、我々の問題へと連鎖してゆくように思われるのです。

白人優越主義と近代科学の合流

その後ヨーロッパでは、一九世紀末にかけて、人種的差別思想を自然科学が保証してゆくという恐ろしい段階に入ります。一八三〇年代に始まる骨相学は、頭蓋骨の大きさや形、鼻の高さなどといった外見から、知能の発達レベルや性格まで判断できると主張する「科学」として登場します。外見から人間の優劣がわかるとするこの「科学」は、一般の人々にもきわめて馴染みやすいものであったため、一時期、庶民の間にも蔓延したといわれ、最終的には、誰が猿に近い未開人で、誰がもっとも猿から遠い文明人かという、そんな話になってくる。

さらに一八五〇年代初期、フランス人のジョゼフ・アルテュール・ド・ゴビノー(Joseph Arthur de Gobineau: 1816–1882)は、『諸人種の不平等に関する試論』(一般に「人種不平等論」と呼ばれる)を発表し、人種間に平等はありえない、アーリア人を中心とする白人が絶対優秀であり、黒人が最低であるという段階説を堂々と主張する。また、白人・黒人・黄色人種の相互の混血は、文明を退化させると論じた。ちなみに彼は、一時期ブラジル大使を務め、また作曲家ヴァグナーとも親交を結び、後に彼の思想は、ナチズムを正当化する理論的根拠として利用されます。

人種論の創始者ともいえるゴビノーに自然科学の分野から援護射撃をするかのように、チャールズ・ダーウィン(Charles Robert Darwin: 1809–1882)の進化論が登場します。一八五九年に出版された『種の起源』は、人間は猿から進化したとして、人種的発展段階論に科学的基礎を提供することとなる。さらに一八六四年には、コント(Isidore Auguste Marie François Xavier Comte: 1798–1857)実証主義の影響を受けたイギリスの社会学者ハーバート・スペンサー(Herbert Spencer: 1820–1903)が、自然科学としての進化論を、ソーシャル・ダーウィニズム(社会進化論)という形でまとめあげ、それにより、白人絶対優越主義が、科学的にも思想的にも保証されることとなります。

望ましい人種から望ましい国民へ

独立を達成したラテンアメリカ諸国の知識人たちは、一九世紀の後半から世紀末にいたるまで、積極的にこうしたヨーロッパの思想を取りこみ、その思想を社会建設に適用するための実験場として、みずからを提供するかのような様相を呈してゆきます。そのことを象徴する標語が、今もブラジルの国旗の一部として残されている「秩序と進歩」でした。その実態については、第11話でご紹介することとして、ここでは最後に、ラテンアメリカに限らず、現代社会をも規定することとなる、ヨーロッパ思想のその後を簡単にまとめておくこととします。

人種を単位とする差別思想は、一八七〇年代に犯罪学の発達によって補強されます。しかし二〇世紀初頭にはいり、こうした流れは大きな転機を迎えます。優生学の誕生がそれです。一九〇四年に、ダーウィンの従兄弟フランシス・ゴルトン(Francis Galton: 1822-1911)が、ロンドン大学で開催されたイギリス社会学会で行った報告を機に、「優生学」が本格的な学問として展開しはじめたといわれます。それまでの議論は基本的に、人種間の優劣が問題とされていた。しかし優生学では、同じ白人種のなかでも、望ましい人間とそうではない人間が区別されるべきだと主張される。たとえば、精神病患者は健全なるドイツ国民として望ましくない。まずはこの患者たちを、つづいてユダヤ人も抹殺せよという発想に行き着く。あるべき国民とはなにか、健全なる国民とはなにかといった、内延的他者化、非宗教的基準による差別化と排除の問題がここでも再び浮上する。

優生思想は、今また新たな装いで復活しつつあります。一時期、アメリカ合州国の議会で、産婦人科医による組織的な、先住民女性に対する不妊手術が問題とされました。ラテンアメリカでも、先住民を貧困から救うには、バース・コントロールが必要だとの口実のもとに、実質的には根絶やし政策がまかり通っているとの批判がしばしば聞かれます。それとも関連して、欧米の製薬会社が、治験の場として先住民を利用しているとの批判も聞かれます。先進諸国においても、生殖医療の発達による出生前診断や産み分けにより、どのような命は抹殺してよいかといった、優生思想と決して無縁ではない問題が普遍化しています。

近代の成立とともに、素朴なかたちで形成されてきた差別思想は、思想として体系化され、近代科学によって補強されてきた。それが今、科学の暴走により「夢」のみが拡大し、その「夢」の背後にある思想そのものを問題視することは、きわめてむずかしい状況に立ちいたっているのです。

独立英雄の今

第10話の締めくくりとして、話をボリバルにもどしましょう。二〇一五年四月、歴史学の研究仲間たちとキューバを訪れる機会がありました。日本を出るときはいつも行く先はチャムーラ村だった僕は、ハワイも知らなければキューバも知らなかった。キューバ革命以来断絶していたアメリカ合州国との関係が変わる前に、この目で革命キューバの姿を確かめておきたい。そんな思いからの初の訪問でした。日本語も達者なガイドの案内で、革命博物館をまわっていた時のことです。そこには、カストロがキューバへ上陸した際に使ったヨット、グランマ号や、キューバ危機の際にキューバ軍により撃墜された米国の偵察機U2のエンジンなどが展示され、生々しい革命前後の推移をたどることができます。

一九二〇年以来キューバ革命の直前まで大統領官邸として使われていたこの重厚な博物館の二階へ上がり、ふと目に留まったのは、ボリバルの肖像。第一次独立闘争を指導したホセ・マルティ(José Julián Martí Pérez: 1853-1895)、そして、カストロとともに革命を闘い一九六七年にボリビアで暗殺されたゲバラの肖像がその横に並んでいる。あたかも、キューバ革命の原点がボリバルにあるかの印象で、僕のボリバル観からすれば、なんとも奇妙な光景だったのです。

そういえば、反米の闘士として一時期日本のジャーナリズムをも賑わせたベネズエラのチャベス大統領(Hugo Rafael Chávez Frías: 1954-2013 一九九二―二〇一三年在任)は、大統領に就任した同じ年、国名をベネズエラ共和国からベネズエラ・ボリバル共和国へと変更した。一八二五年、ボリバルの名をとって独立したボリビアでは、脱植民地化の新たなかたちを模索するエボ・モラレス政権が、二〇〇九年国名をボリビア多民族国と名を変えたが、「ボリビア」という名を捨てることはありませんでした。いっそ、アンデス多民族国とでも国名を変えてくれるなら、僕の複雑な思いも解消されるのではないか。

解放の英雄としてのボリバル、国民的象徴としてのボリバル。それは歴史教育をつうじて今も一般国民のなかに広く生きつづけています。メキシコの近代化の父といわれるベニート・フアレス(Benito Pablo Juárez García: 1806-1872)は、つい近年までボリバル同様、メキシコの国民的象徴であり国民の心の支えでした。しかし少なくとも歴史研究者の間でようやく、彼の評価をめぐり疑問が噴出しつつあります。ボリバルの評価についても、そのような日が来るのか否か。来るとしてもそれは、かなり先のことなのではないか、と思います。

第11話　野蛮の清算、そして白色化

僕たちは、ある地域が独立したと聞けば、その時点で国家が成立したという前提でものごとを見ようとしてしまう。しかし、ラテンアメリカ諸国が独立した一八二〇年代の初期段階で、国家としての体裁を備えていた国は一カ国もないのです。国家の前提としての領土も、確定するまでに多くの時間を必要としました。現在の二倍以上の領域を抱えて独立したとされるメキシコも、広大な北部一帯は実質的な支配からはずれた辺境の地で、入植者はスペイン系よりむしろアングロサクソン系のほうが多かったとさえいわれています。アルゼンチンもブラジルも、すでに触れたとおり、広大な未征服空間を抱えたまま独立を迎えます。

包摂される「野蛮」、分断される「野蛮」

一九世紀の中ごろから末にかけ、徐々に国境が画定されてゆきますが、その過程には、無視できない重要な問題が孕まれていました。国境線が引かれる周辺地域一帯に住んでいた住民の生活や意志は完全に無視されていたという問題です。国境線は各国を主導するヘゲモニー集団相互の話し合い、あるいは国家間の戦争をつうじて定められ、その結果として、包摂される住民集団と分断される住民集団が生み出されることとなる。メキシコとグアテマラとの国境が画定することにより二つに分断されたマヤ系集団マメはその一例ですが、こうした例はラテンアメリカに無数に存在し、またそれまで、ゆるやかな関係を維持してきた異集団間の関係も、国境によって断たれる危険に直面します。

国境の画定によって、それまでの生活領域が大幅に削られた例もあります。「チチメカス」の名で総称されてきたメキシコ北部の非定住民の一部、アパッチやコマンチェは、季節ごとに南北を移動する狩猟民でした。生活領域は現在のニューメキシコ州あたりからメキシコのサカテカス周辺まで、南北にわたる広大な空間におよびましたが、およそ二年間にわたる米墨戦争が一八四八年に終結し、新たな国境が定められた結果、彼らの居住領域は北に押し上げられ、生活空間は半分以下になってしまいました。

米墨の和平合意＝グアダルーペ・イダルゴ条約によって、メキシコは従来主張してきた領土のおよそ二分の一をアメリカに割譲しますが、その条件としてボーダーパトロール制度の設置をアメリカ側に要求します。北部フロンティアのメキシコの都市を、「チチメカス」の脅威から解放することがその目的でした。アパッチやコマンチェはこれを機に、生活領域の多くを奪われただけでなく、その後の彼らの歴史も、メキシコのインディオではなく、アメリカ合州国のインディアンとして規定されてゆくこととなるのです。

いうまでもなく、国境の画定や変更にともなう包摂や分断の問題は、ラテンアメリカの独立期に特有な現象ではありません。日露戦争の結果、両国の国境は千島列島の択捉《エトロフ》島とウルップ島の間とされた。それによって、そこに住んでいたアイヌの人々は、ロシアと日本に分かれて帰属することとなる。アラスカのイヌイットは、ロシアがアラスカとアリューシャン列島をアメリカに売却する一八六七年まで、少なくとも法の上ではロシア帝国の臣民でした。しかしその後は、アメリカ合州国への服従を余儀なくされる。

このように包摂と分断の問題は、近代国家が成立する過程の世界的な特徴でもあったといえます。しかもそれは、単なる過去の問題ではありませんよね。戦争を契機とする包摂や分断はきわめて現代的な問題でもあります。でもここで強調しておきたいのは、現在の国土や国境なるものの大半が、長い人類の歴史からみれば、百数十年というほんの短い歴史しかもっていないという事実です。そうであるなら、国家と国家、権力と権力の関係から議論を立てるのではなく、かつてそこに住んでいた人々、あるいは現在そこにしか戻るべき場をもたない人々に焦点をあて、国境問題を再考してみてはいかがでしょうか。もちろん僕の念頭にあるのは北方領土問題です。そこには誰が住んでいたのか。そこを先祖伝来の故郷として戻りたいと願っているのは、どのような人々なのか。

そして、そこにしか戻るべき場をもたない人々とは具体的にどのような人々なのか。国益を優先する前に、このような問題の実態をまず知っておく必要がある。理想論とは知りながらも、新たな犠牲者を生み出さないために、このような発想の転換が、今こそ求められていると思うのです。

「野蛮」の抹消

すでに第10話でお話ししたように、近代的な独立国家は白くなくてはなりませんでした。しかし現実に目を向けるなら、「第一の場」ではインディオがあふれている。「第二の場」には広大な未征服空間が横たわり、そこには未知のインディオが徘徊している。「第三の場」は黒人たちで満ちあふれている。

メキシコ、グアテマラやアンデス諸国をはじめとする「第一の場」では、独立後も白人社会はインディオの存在なくしては生きてゆけません。このインディオ社会に対する寄生性を維持しながら白色近代国家を目指すために、これらの国々は植民地時代以上に差別構造を固定化、強化しながら、白人社会の地位を維持しようと努めます。そして、その地位を脅かす集団に対しては、抹殺という手段に訴える。先に触れた米墨戦争の終結の後も、実際にはアパッチやコマンチェは国境を南下してメキシコ北部の都市を脅かしつづけます。それに対し地方の行政府は、アパッチの耳、髪の毛のついた頭皮を持参した者に、砂金の報奨金を出す。これと同じことが、アメリカ側でも行われます。

「駅馬車」をはじめ幾度となくアメリカの西部劇映画に登場したアパッチの英雄ジェロニモ(1829–1909)の戦いは、まさにこの時代が舞台となっています。すでにアメリカでは、インディアン保留地が設定され、アパッチやコマンチェやスーの人々は、クリアランス(清掃)の掃き溜めともいえる保留地に押し込まれていましたが、彼らは自由を求めて逃亡をくり返す。彼らの実質的な生活領域はアリゾナ、ニューメキシコだけでなく、メキシコのソノラ州やチウァウァ州にまでおよんでいたのです。

幾度となく保留地からの脱走を試みたジェロニモは、一八五四年、住んでいたメキシコのソノラ州の集落をメキシコ軍に急襲され、母親と妻、三人の子どもを殺される。それを機に、一八八六年ソノラ州で米国軍に投降するまで、復讐に燃えたジェロニモはメキシコの町々を襲撃しつづけます。その四年前、アメリカとメキシコ両国は、ひとつの合意に達していた。双方の正規軍は、砂漠・無人地帯にかぎり、国境を越えて先住民を追跡することが許されていたのです。投降したジェロニモを待っていたのは、オクラホマのシル砦での虜囚生活でした。

一方、広大な未征服空間を抱えた「第二の場」アルゼンチンでも、「野蛮」の抹消という同様の事態が展開します。独立は達成してみても、ブエノス・アイレスの町のすぐそばまで、「野蛮」の空間が迫っている。一刻も早くその空間を平定し、「文明」的な空狩りのように銃殺してゆくのです。

間にしなければ安心できない。国土としての領域を守ることも危うい。政府はポーランドから軍人を招請し、パタゴニアを生活の場としていたインディオを、あたかもウサギ狩りのように銃殺してゆくのです。

消えぬ「野蛮」への恐怖

アルゼンチン生まれの作家で、明治維新と同じ一八六八年から一八七四年まで大統領を務めたドミンゴ・ファウスティーノ・サルミエント(Domingo Faustino Sarmiento: 1811-1888)は、独立国家の文明化・西欧化を唱えた思想家としても有名です。その彼が一八四五年に執筆した作品、『ファクンド――文明と野蛮』の一節には、「野蛮」に対する「文明人」の恐怖がいかんなく吐露されています。

「地平線をただじっと見つめてみても、そこには、何ひとつ見えるものはない。そんな時必ずや、アルゼンチン共和国に住む者の心をよぎる思いは何か。不確かな地平線、陽炎がたちのぼり、果てしなくつづくあの地平線を見つめれば見つめるほどに、ますます地平線は遠ざかる。見つめる者の魂を奪い、思い惑わせ、瞑想と懐疑の奈落へと引きずりこんでゆく。踏みこもうとしても、それを許さないあの世界。いったいどこまで続いているのか。誰にもそれを知るよしはない。視界のさらに向こうには、いったい何が潜んでいるのか。それは、孤独、危険、野蛮、そして死。

こうした舞台で死を迎える者はだれしも、恐怖と幻にさいなまれ、悪夢に脅かされる。決して、安らかな眠りを許されることはないのだ。」(D. F. Sarmiento, *Facundo, Civilización y barbarie*, México, Editorial Porrúa, 1973, p. 22)

ブエノス・アイレス郊外にあったレストランの、一九世紀末の写真が残っています。食事をしているお客さんの背後の壁に、飾り布らしきものが貼ってある。虎の皮を剝いでなめした敷物、ありますよね。ところがその壁に貼ってあるのは、殺されたインディオの皮なのです。その壁の前で平然と食事をしている光景には、目を疑いたくもなる。「文明人」の「野蛮」に対する当時の認識のあり方、それは今の僕たちの想像をはるかに超えるものだったようです。単なる差別という次元ではない。当たり前のこととして、インディオを人間として認めない「文明人」の「野蛮」認識のあり方に、啞然とせざるを得ません。

このように、一九世紀の七〇年代から八〇年代にかけての時代は、アメリカの入植パターンの一大特徴であったクリアランスが、メキシコやアルゼンチンにも一時的とはいえ蔓延する時代だったといえるのです。この時代はちょうど、日本の北海道開拓の時代とも重なります。すでに第9話で、アメリカの先住民政策が北海道開拓に生かされた可能性について触れました。来年で蝦夷地から北海道へと名称が変わってから一五〇年。鉄道マニアの間で人気の高い小樽市総合博物館の展示には、開拓の原動力となった鉄道建設、その建設にあたったアメリカの鉄道技師の話や蒸気機関車の展示はあっても、開拓の背後におしやられたアイヌの姿はどこにも見えてきません。

国土の拡大と安定化とは、あくまでも「文明」を担うと自認する人々にとって意味あることで、そうした人々の「野蛮」にたいする眼差しは、クリアランスという一語に集約されているだけでなく、何を展示し、何を無視するかにも、如実に現れるものなのです。

一八六七年にパリで開催された万国博覧会では、アフリカの民ホッテントットが、一八九三年のシカゴ万博では、同じくアフリカのダホメ人や南太平洋の先住民が、一九〇四年のセントルイス万博では六名のアイヌが展示されています。近代の夜明けとされるフランス革命、あの人権宣言とは一体何を意味したのか、改めて考えてしまいます。

白い血による近代化

「野蛮」の抹消と並行して、各国はヨーロッパから大量の移民を受け入れ、国民の白色化に努めます。ラテンアメリカ研究者としては珍しいスウェーデンのメルネルの研究によれば、一八五〇年から一九三〇年までの間に、一二〇〇万人のヨーロッパ移民がラテンアメリカに導入されたといわれます。イタリアを筆頭に、スペイン、ドイツ、フランス、ポルトガルからもやってきます。アルゼンチンはブラジル同様、移民のなかでイタリア人が圧倒的な数を占め、インディオ狩りが完了した未征服空間が彼らによって徐々に埋められ、国民の白色化が実現してゆきます(Magnus Mörner, *La mezcla de razas en la historia de América Latina*, Buenos Aires, Paidos, 1969, p. 129)。アルゼンチンのスペイン語のイントネーションは、ラテンアメリカのなかでも独特ですよね。大量のイタリア移民は、言語にまで影響を及ぼしたといえるのです。

こうした国々の政治家のなかには、明らかに非スペイン系と思しき名前が時折出てきます。一九五四年から八八年までパラグアイで長期独裁体制を維持したアルフレード・ストロエスネル(Alfredo Stroessner Matiauda: 1912–2006)は、ドイツ人を父としていました。一九七〇年にアジェンデ政権が成立する直前までチリ大統領を務めたエドゥアルド・フレイ・モンタルバ(Eduardo Frei Montalva: 1911–1982)はドイツ系移民の子孫、二〇一四年から同国で二期目の大統領を務めているベロニカ・ミチェル・バチェレ(Verónica Michelle Bachelet Jeria: 1951–)は、フランス移民の子孫です。

一方、広大な未征服空間と大量の黒人を抱えたブラジルは、どのような経過を辿るのか。同国で奴隷解放が実施された同じ年の一八八八年、パラナ州の州議会で、州知事はヨーロッパから移民を導入する必要性を訴えて次のように述べています。

「移民の導入は、もっとも重要な最優先課題であります。国体《コルプ・ナシオナル》は今や、根源的な悪(先住民性＝筆者注)と、その悪が奴隷制と接触したことにより、力を失ってしまった。移民導入の目的はまさに、国体を鍛え上げることであります。」(Octávio Ianni, *As metamorphoses do escravo : apogeu e crise da escravatura no Brasil Meridional*, São Paulo, Difusão Européia do Livro, 1962, p. 26)

ブラジルはスペイン領にとどまったキューバとともに、その直前まで積極的に奴隷を輸入していました。その数が四八〇万人を越えていたことは、すでに第7話でご紹介した通りです。しかし一九世紀末から奴隷貿易が不可能となるや、一転してヨーロッパ移民の導入に踏み切ります。イタリア移民の流入はすでに一八七〇年代後半から始まっていますが、一八八〇年から一九二四年の間に、外国人移民の入国者数は三六〇万人に達し、その内イタリア移民が三八パーセントを占めています。ちなみに、一九〇〇年、サン・パウロ市のイタリア移民は、同市の全工業労働者の八割を越えています(Angelo Trento, *Do outro lado do atlântico*, São Paulo, Novel, 1989, p. 145)。

こうしてラテンアメリカ諸国に流入してきたヨーロッパの人々は、いち早く各国の国民として認知されますが、彼らがヨーロッパの技術のみならず、第10話で触れた近代思想を持ちこんだことも明らかです。アルゼンチン、ウルグアイ、ブラジル、チリといった、とくに移民によって国家形成が達成されたともいえる国々では、現代にいたるその後の歴史に大きな足跡を残したはずです。彼らが政治思想や社会構造の生成にどのような直接的影響をもたらしたのか、興味ある問題ですね。メキシコをはじめとする「第一の場」の現代を知るには、植民地時代まで歴史をさかのぼることが不可欠です。しかしおそらくは、大量のヨーロッパ移民を迎え入れた国々の現在を理解するには、植民地時代史よりもむしろ、一九世紀ヨーロッパとの関係に焦点を当てる必要があるのではないかと考えています。

奴隷労働力に代わる東洋人移民

ところで、大量のヨーロッパ移民がラテンアメリカに導入されたのとほぼ時を同じくして、日本人も移民としてラテンアメリカに渡っています。日本人だけでなく、中国からもインドからも組織的な人の移動が始まります。しかし、これら東洋人移民の導入は、ヨーロッパからの移民とは異なる意味あいをもっていたと言えます。それは、奴隷制の廃止、そして経済開発にともなう労働力不足と、深いつながりがあったと考えられるのです。

ラテンアメリカへはじめて日本人移民が送られたのは一八九七年、メキシコ・チアパス州の太平洋に面した熱帯低地のアカコヤグア(一七頁図2参照)という地域です。当時の農商務大臣榎本武揚《えのもとたけあき》が立ち上げた移民会社により組織された移民団で、総勢三六人(内一人は船中で死亡)。ところが、入植地として指定された場所に到着してみると、猿が飛び交うジャングル地帯、木を切り倒して畑を作ろうと思っても、石だらけでどうしようもない。結局この榎本植民地は、実質上わずか三年で崩壊します。出発前、入植者たちの多くは田畑を売り払い、それでも渡航費用は賄いきれず借金を背負って日本を後にした。それでは帰るに帰れない。

アカコヤグアは、グアテマラとの国境に近い都市タパチューラを中心とするソコヌスコ地方のはずれに位置しています。第12・13話で改めてご紹介するように、日本人が入植した頃には、メキシコ政府はすでに、ドイツ人を中心とするコーヒー・プランターに、肥沃な土地はすべて売却した後でした。つまり、ヨーロッパ資本が買おうともしない土地が日本人に提供されたということです。榎本は事前にこの土地の実態をどこまで把握していたのでしょうか。

ご承知のとおり、日本の近代化は沖縄や九州、東北地方に、食うに食えない多くの民を生み出した。政府主導で始まった移民政策は、一八八四年以降民間の移民会社へ委託され、いわゆる棄民政策が民間会社によって推進されます。榎本による植民計画が、その一環であったことは否定しがたい事実です。こうした日本の状況と、白色化を目指すラテンアメリカの状況との狭間に、日本人移民の位置を確認しておく必要があるのです。なお榎本は、入植地の崩壊後間もなく、移民会社を解散しているのです。

アカコヤグアの入植地建設に挫折した彼らを待っていたのは、ユカタン半島で最盛期を迎えていたサイザル麻のプランテーション、そしてアメリカ資本による、アメリカからグアテマラにつうじる、パン・アメリカン鉄道の建設でした。ちょうど、アカコヤグアはその鉄道の通過地点にあたり、一部の人々はその鉄道建設の重労働に従事する。ちなみに入植地崩壊から五年後の一九〇六年には、グアテマラまでの建設が完了します。

一九〇八年にはブラジルへ、一九一三年にはペルーへ、組織的な移民が民間移民会社を通じて実施されます。入植先の条件によって、すべてがアカコヤグアと同じ経緯をたどったわけではありません。ブラジルへの入植者の一部は、土地を購入し農業経営に成功した例もあります。しかし、白色化を目指すラテンアメリカ諸国のなかで、日本人に与えられた基本的な位置は、いずれも共通しているといえるのです(なお、榎本殖民の経緯については、日本人メキシコ移住史編纂委員会編『日本人メキシコ移住史』一九七一年、川路賢一郎『シェラマドレの熱風――日・墨の虹を架けた照井亮次郎の生涯』パスコジャパン、二〇〇三年、上野久『メキシコ榎本殖民――榎本武揚の理想と現実』中公新書、一九九四年が参考になります)。

アカコヤグアの今

現在もアカコヤグアには日系コロニーが存続しています。ひなびた熱帯の村で、一時期、成田空港の荷物運びの労働者として、その村から多くの日系人が出稼ぎに来ていました。メキシコ人との混血も進み、一見、メキシコで普通に目にする農村かと思わせる。

食文化にだけは日本文化の名残がのこり、主食は日本と同じ炊いた白米。僕がその村を訪れたのは、日本語を話せる村人も数が減り、あわてて、子どもを対象に日本語教室が開講されて間もない頃でした。

村の入口には、立派な榎本武揚・榎本殖民の記念碑が建っている。しかし今そこに生活している人々は、榎本殖民で入植した人々の末裔ではありません。メキシコの別の地域からその後移住した人々、呼び寄せ移民として日本からその後移り住んだ人々などさまざまですが、一九三〇年代に天皇制と軍国主義化に異を唱えたプロテスタントの一派、無教会派の人々も、なかば亡命のかたちでここにたどり着いています。内村鑑三の門下生たちです。早稲田大学の出身者が多かったようで、「都の西北」は今でも歌いつがれています。

一九八五年、新規移民一世の最後の生き残り、中村馨さんにお目にかかることができました。周囲の方々の助けを借りての一人身の生活。日本からの来客が珍しかったからでしょう、大歓迎で迎えてくださり、たった五本しか残っていなかった乾麺を、頼りない手つきで料理してくださった。『改造』の愛読者だった彼は、憲兵の追及を逃れ一九三〇年、二五歳で日本を後にする。以来半世紀以上、日本に帰国したことはない。岩波書店の『世界』など、日本から取り寄せた政治・思想関係の分厚い雑誌が棚に並んでいる。そのほかには、わずかな種類の商品としての薬ビンが、ぎりぎりの貧しい生活を物語る。

数時間におよびお話を伺った後、中村さんに申し出てみました。「日本もずいぶん変わりましたよ。手筈はどうにか整えますので、一度日本にいらっしゃいませんか？」と。この僕の申し出に、中村さんは穏やかに、しかもはっきりとした口調で応えました。

「でもまだ、天皇制はそのままですよね。帰る気にはなれません。」

その二年後、再びアカコヤグアを訪れた僕は、中村さんの真新しい墓石に緑茶を振りかけ、日本から持参した羊羹を供えて掌を合わせました。祖国愛のひとつのかたち、その信念に生きた人間の重みを、改めて実感した瞬間でした。村を後にしようと入口の記念碑に目をやると、「夏草や　つわ者共の　夢の跡」の文字が飛び込んできました。

第12話　近代化のなかの先住民社会

「子羊」から国民へ

今では、国家が国民を管理するのは当たり前のことですが、植民地時代には住民はすべて王の臣民であり、実質的にはカトリック教会の管理下に置かれていました。人間は生まれるとまず教会で洗礼を受ける。子供は洗礼名をもらってはじめて、生まれたという記録が残される。教育についても基本的に、カトリック教会に任せられていた。一般のインディオは、日常生活をつうじて家族から、あるいは共同体から、生活に直結する教育を受けていましたが、いわゆる組織的な教育とは無縁でした。教育を受けられたのはほんのわずかな上層階層の子弟に限られ、しかも教育内容は、主として神学、哲学、法学で、自然科学的な発想が教育の中から生まれる余地はなかった。いずれにせよ教育もカトリック教会に握られていたのです。

婚姻についても、教会で結婚式を挙げてはじめて夫婦が成立したことになる。死に際してもカトリック教会にお世話になってはじめて死んだことが証明される。教会による住民の管理はさらに、死んだ後も続きます。墓地はすべて教会の墓地でした。つまりは、人は生まれてから死後にいたるまで、ずっとカトリック教会に管理された「子羊」だったのです。

こうした状況は、独立以後も変わりません。しかし一九世紀後半、ラテンアメリカ各国で近代化への動きが本格化する過程で、ようやく国民はカトリック教会の管理から解放され、国家の管理下に移ります。ただ、法のうえで教会から国家に住民の管理権が移行しても、一気にそれが現実に反映されたとはかぎりません。教育ひとつとっても、国民教育がスタートするのは、国により時期的にかなりのずれがあり、メキシコでも、農民やインディオにまで国家による教育が普及しはじめるには、二〇世紀を待たねばなりませんでした。今でも少なくともメキシコでは、市役所で弁護士を前に宣誓し婚姻届を提出する市民婚、それが終わると教会で改めて結婚式を挙げる人々も少なくありません。順番は逆の場合もあり、またいずれの結婚式も行わない自由婚も増加しつつあります。

一方、僕が通っているチャムーラの村では、一九八〇年代はじめころまで、教会とは関係なく家族間での伝統的な婚姻の儀礼が一般的でした。まずは新郎側が羊など贈り物をもって新婦の家を訪れ、結婚の条件について交渉する。新婦側の了解がとれると、新郎は数カ月間、新婦の家に住み込んで仕事ぶりを見てもらう。この男なら大丈夫だと新婦の両親が納得すると、両家が集まって婚姻の儀礼を執り行う。こうしてようやく、新婦は新郎の家に移り新婚生活に入る。二人が夫婦であることは、生まれた子供が教会で洗礼を受ける際、神父から両親の名前を聞かれてはじめて記録として残される。こうした伝統的な村の婚姻の儀礼も、一九八〇年代から急速に衰退しはじめ、今では、真っ白なウエディング・ドレスとスーツで着飾った若いカップルが、村の教会で結婚式を挙げる風景も目にします。

「死者の手」に握られた富

国民の管理よりも一気に進展したのが、教会財産に対する国家の介入です。独立を達成したラテンアメリカ諸国が、近代的な国家建設に向かおうとした時、その前に立ちはだかったのは、国家を支える資金の不足。それまで経済を支配してきたスペイン人たちは、独立を機に資本とともに本国へ逃げ帰ってしまう。メキシコの場合、残留していたスペイン人の間にスペインへの復帰を狙う謀略が発覚し、一八二七年には彼らに対する追放令も出されます。

しかし独立後もアメリカ大陸に留まったカトリック教会には、広大な土地と膨大な資金が眠っていた。植民地時代末期でも、敬虔なカトリック信者たちは、遺言をつうじて莫大な資産を寄進として教会に納めていたのです。一般の人々は教会の裏手にある教会墓地に埋葬されるのが通例ですが、大きな教会の祭壇の下には地下室がある。莫大な寄進をした人々の遺体はあの祭壇の下の地下室に納めてもらえる。敬虔なカトリック教徒にとってそれは、最高の名誉でした。教会はこうして集めた資産にくわえ、農業経営や高利貸しにも手をだして富を蓄積していた。一九世紀の半ばまでに、メキシコの肥沃な農地の四分の三は教会の所領だったといわれ、そこには、数多くのインディオの村々も包み込まれていたのです。アメリカ大陸を征服した際、スペイン王権が危惧していた教会勢力の拡大の問題は、図らずも独立国家の現実と化していたのです(独立期から改革期までの教会財産については、Michael P. Costeloe, *Church Wealth in Mexico*, Cambridge University Press, 1970. を参照のこと)。

新たな事業を起こしたいと思っても、土地もインディオの労働力も、その多くは教会の管理下にあり、自由に使うことができない。近代的な経済の発展にとり不可欠な三つの要素、すなわち自由に使える土地、自由に使える労働力、そして資本の多くは、ともに「死者の手」と呼ばれる教会に支配されていた。国により教会勢力の規模にある程度の差こそあれ、これが一九世紀中ごろのラテンアメリカに普遍的な状況だったのです。

教会から土地と労働力をいかにして解放するか。近代化を目指そうとする人々は、まずこの教会に目をつける。メキシコで一八五七年に始まるベニート・フアレス(Benito Juárez García: 1806–1872)を中心とする自由主義派による一連の「改革《レフォルマ》」は、こうした近代化への第一歩でした。

「死者の手」からの解放

一八五七年の改革憲法で、教会特権の廃止と永代財産相続禁止の原則が打ち出されたのにつづいて、五九年以降、婚姻民事化法、戸籍登録民事化法、墓地民事化法、信教の自由に関する法があいついで施行され、すでにご紹介した国家による国民の管理権が法的に定められます。そして同じ年の教会財産没収法の制定により、宗教行為に最低必要な物を除き、教会財産はすべてが国家のものとなる。教会の建物自体も国家の所有とされ、連邦政府が教会に貸与する形をとります。しかも驚くべきは、メキシコの辺境の地にいたるまで、瞬く間にこの法律が徹底的に適用されたことです。

その根拠とされたのは、財産は私的な所有権に基づくという近代的な発想です。植民地時代には土地は王のもので、臣下たちは貢納義務を果たすことにより、土地を利用することが許されていた。独立後のメキシコでは、土地の最終的な所有権は国家にあるとされましたが、住民の土地との関わり方は、あくまでも私的所有権が基礎となります。教会は個人ではなく団体です。ですから教会の財産は団体による所有、つまりコーポラティヴな所有形態で、私的所有とは対立する概念です。

国家は、没収した膨大な土地を、民間人を対象に競売にかけます。こうしてようやく、土地は「死者の手」から解放され、企業家たちは自由に土地を購入することも売却することも可能となる。しかし教会所領の内部に包み込まれていた多くのインディオ村落の住民たちは、果たして解放されたのでしょうか？

無所有地とされたインディオの土地

インディオ村落は、すべてが教会所領に取り込まれていたわけではありません。未征服空間には無数の村落があった。白人の大農園に包摂されていた村々もあった。しかし、教会所領内部の村落をもふくめ、いずれのインディオ村落も、共同体としての組織を維持し、土地についても共同体所有が一般的でした。つまり土地は村のものであり、そこに住んでいる個々人は土地を利用しているにすぎない。家系が途絶えれば、それまで家族が利用していた土地は村に戻され、村の成員に再分配される。たとえ隣村の人に土地を売ろうとしてもそれはできない。なぜなら土地は、村という共同体の土地だからです。

こうしたインディオ社会の共同体所有という土地に関する考え方も、私的所有の概念とは完全に対立します。レフォルマを機に、インディオ村落も教会所領から解放されたかに見えた。しかし、私的所有の原則は、共同体の存立を支えてきた村の土地それ自体の法的根拠を奪うこととなります。村の土地であることを主張するためには、そのことを証明する書類が必要となる。僕たちが家や土地を購入すれば登記簿謄本が作成され、その書類が所有権を証明してくれますよね。でも、インディオ社会にはそんな文書はありえない。

植民地時代に、スペイン人入植者との間で土地争いがあり、インディオ社会が裁判に訴えて勝訴した例もあります。そのような場合には、村の土地であることが文書によって証明されている。こうしたわずかな例を除けば、インディオ社会の土地は基本的に、所有者のいない土地、すなわち無所有の土地、つまり国家に帰属する土地だということになる。無所有の土地、それは荒蕪地《バルディーオ》とよばれ、教会所領と同様に競売の対象とされたのです。

メキシコでは独立間もない一八二六年に、はやくも「バルディーオ法」が制定され、このような方向性が打ち出されます。荒蕪地の購入を希望する者は、その土地に所有権者がいないことを証明するだけでよい。ファレスによる改革が始まる前の一八四四年には、無所有であることの証明義務が簡略化され、所有権証書を提示できないインディオ村落の土地が大々的に蚕食されはじめます。さらに一八七六年から一九一〇年まで独裁体制を維持したポルフィリオ・ディアス(José de la Cruz Porfirio Díaz Mori: 1830–1915 オアハーカ生まれ、亡命先のパリにて没)政権下の一八九四年、「荒蕪地の占有と譲渡に関する法律」が制定され、土地の共有禁止が確認され、植民地時代の裁判文書を楯《たて》に村の土地だと認められた村も、地主たちの犠牲となりはじめる。さらにこの法律によって、競売対象となる土地の購入面積の上限は撤廃され、地主たちは耕作する義務も入植する義務も免れることとなります。

ここに至り、インディオ村落の共同体的所有体系の基礎＝エヒード制は完全に法的根拠を奪われ、インディオ村落およびその土地は決定的な打撃をうけます。それだけでなく、国家のものとされた土地が競売をつうじて民間人の手に渡っても、その土地を耕作する義務も入植する義務も課せられない。つまり、粗放的な大土地所有制＝ラティフンディオが形成される基盤が成立することとなります。つい近年までラテンアメリカに普遍的であった大土地所有制の基礎は、このような「近代化」の過程から生まれたといえます。

結局、レフォルマを中軸として展開されたメキシコの近代化は、インディオ社会の土地をインディオのためではなく、民間人のために解放したといえる。そしてその過程をつうじて、インディオ村落の土地は大地主によって蚕食され、ラティフンディオに包摂されてゆくこととなります。その結果、メキシコ北部のチウァウァ州では、日本の総面積の約三分の一にあたる、一三万平方キロもの広大な土地を所有する大土地所有者も現れます。

アシエンダ内村落と「自由村落」

一九一〇年の段階、つまりポルフィリオ・ディアスの独裁体制の末期、そしてメキシコ革命直前の段階で、全農村人口一二〇〇万人の九六パーセントが土地なし農民(インディオ)となる。その内、大農園《アシエンダ》に包摂された「アシエンダ内村落」のインディオは五五〇万人、包摂されていない村(自由村落)のインディオ人口は、アシエンダから逃れてきたインディオをふくめ、約六〇〇万人に達しています。これを一村落あたりの人口密度でみると、アシエンダ内村落の九七人にたいし「自由村落」は五四一人で、いかに「自由村落」の人口が稠密であったかが分かります。

しかしそこに住むインディオが自由であったわけではありません。すでにインディオたちは植民地時代に肥沃な土地から追い出され、近代化がさらにそれに追い打ちをかけた。インディオたちに村の存続が許された土地は、白人たちが誰一人手をつけようとしなかった未征服の空間、あるいは、経済的に魅力に欠けた土地だったのです。したがって、そこで自給自足の生活が維持できるわけではありません。「自由村落」で土地を保有しているインディオは四八万人、全農村人口の四パーセントに過ぎず、大半は近隣のアシエンダの日雇い労働者＝臨雇ペオンとして駆り出されたのです(Frank Tannenbaum, *The Mexican Agrarian Revolution*, N.Y., The MacMillan Co., 1929, p. 473)。しかも、ポルフィリオ・ディアスの独裁期には、ファレスが創設したルラレスと呼ばれる農村警備隊が大農園を中心に配備され、インディオがわずかでも不穏な動きをみせれば、銃殺刑が待っていたのです。

住みつづけるなら働いてもらう

ところで、大農園に包摂された村々は、土地の所有権は失っても村それ自体が解体されたり、村人が農園から追放されることはありませんでした。そこがイギリスの囲い込み運動＝エンクロージャーとは決定的に異なる点です。イギリスの場合、農民は土地を追われ、その後に柵囲いで囲まれた牧場が形成されてゆきましたよね。しかしメキシコでは、村はアシエンダの土地となっても、インディオたちはそこで生活をつづけます。ただ、住みつづけるためには、農園主に地代を払わねばならない。その地代も、現金ではなく労働によって払わされることになります。

一九世紀の中ごろまでは、週七日のうち四日を農園主のために働く。世紀末になるとそれが五日に増えてゆく。こうしたことが、「バルディーオ法」の改正をつうじて、地主に保障されてゆきます。つまり、インディオ家族の戸主はほぼすべての労働時間を農園主に奪われ、家の周辺にわずかに残されたトウモロコシ畑の作業もままならなくなる。そのため女性も子どもも屋外の労働に駆り立てられる。しかも男たちが働く場は農園主の農場で、必ずしも村の近くとはかぎりません。

チアパス州のチャムーラの場合、村の大半は「ヌエボ・エデン」と「ヤルチトン」という名の二つの農園として大地主の所有地に組み込まれました。しかし農園主はそこで生産を行ったわけではない。チアパス低地に所有する自分のアシエンダでインディオを働かせる。一九世紀末からは、およそ五〇〇キロ離れたコーヒー・プランテーションが、彼らインディオの労働現場となります。コーヒーの摘み取りの最盛期が近づくと、馬に乗った人夫頭の監視のもとに、インディオの一団が徒歩で一日五〇キロ、一〇日をかけてプランテーションへと駆り出されていったのです（一七頁図2参照）。

榎本殖民が崩壊して、一部の日本人移民が鉄道建設に動員されたことは第11話でお話ししましたね。一九〇六年にその鉄道が完成すると、インディオの移動にはその鉄道が利用されますが、彼らにとっては、歩く距離が半減したにすぎません。コーヒー・プランテーションでの労働は一一月初めから二月の末までの間ですが、もちろん賃金は支払われません。働くことが地代だからです。まさに「ヌエボ・エデン」は地主にとっての新たな地上の楽園《エデン》だったのです。

以上、メキシコを中心に、近代化の過程でインディオ村落が、またインディオがどのような経緯で、どのような状態に陥っていったか、そのイメージはつかんでいただけたと思います。重要な論点を整理するなら、インディオ社会の共同体的所有は、近代化の過程で私的所有権の原則により法的根拠を奪われ、民間人の所有地に組み込まれていったこと。第二に、インディオ村落の土地を蚕食していった地主たちの目的は、インディオの土地で農業経営を行うというより、地代の名目でインディオ労働力を無償で確保することにあったこと。したがって、インディオ村落は大農園に取り込まれても解体することはなかったのです。つまり、ラテンアメリカの資本主義的発達の出発点は、村に固定化されたインディオの無償の労働力を前提とし、インディオは生存を維持できるぎりぎりの状況に追いやられていったといえる。これが、ラテンアメリカの近代化を象徴する「進歩と秩序」のひとつの現実だったのです。

「建国の父」フアレス

「我々は、祖国の独立を再び取り戻した今、望みうる最大の幸福を手にした。将来の繁栄の道に向かって、この祖国を我々の子孫に引き継ぐことができるよう、我々すべては、ともに手を携えていこうではないか。我々の独立、われわれの自由をつねに愛し、支えながら。」

この一節は、アメリカとの国境の町ノガーレスに建っている、フアレスの銅像の碑文です。改革の時代にも保守派との闘いを粘り強くくり返し、近代国家へむけて体制を築きあげた政治家。一八六三年からおよそ四年間、債務問題を契機にメキシコを支配したナポレオン三世の傀儡政権にも一貫して抵抗し、二度目の独立を勝ち取った政治家。フアレスこそ建国の父であり、しかも初のインディオの大統領でもある。フアレスがいかに英雄であるかは、学校教育をつうじて、インディオをふくめ現在のメキシコ国民に深く根づいています。

しかし、これまでご紹介した近代化の過程からしますと、イメージとして作られた人物像と現実の歴史との間に、埋めがたい溝を感じざるをえません。ファアレスの改革とそれにつづく「進歩と秩序」の時代に、一貫した連続性があることは、インディオ大衆が近代化の過程で辿った歴史的現実からも明らかです。大農園の秩序を維持するために創設された農村警備隊＝ルラレスの制度も、ファアレスの発案によるものでした。

植民地時代にインディオたちは、スペイン人社会に自治権が認められていたように、少なくとも法の上では一定の保護を受けていた。ところが近代化の過程で、インディオとしての法的保護そのものがなくなってゆく。もはやスペイン人の植民者に支配された農奴ではない、教会の圧力からも解放されたといわれながら、実態は近代化の名のもとに、支配的社会のインディオに対する差別と彼らへの寄生性という植民地性は、むしろ強化されていったといえるのです。

独立記念日が迫ると、チャムーラ村の小学校の教室では、ファアレスを称える詩の丸暗記がはじまります。詩の朗読で最優秀の評価を受ければ、独立記念日に国旗を掲げて祝いの行列の先頭に立てる。村役場でも各小学校でも、独立記念日の真夜中一二時には、村長も校長も同じ台詞を叫びます。「メキシコ万歳、ベニート・ファアレス万歳！」「我々の今あるのは、ベニート・ファアレスのおかげ！　万歳！」と。その声にあわせて子どもたちも叫ぶ。

一九八〇年代から、チャムーラの村にも各部落に小学校が建設され、それまで宗教的な祭りだけだった村に、新しい祭りとして独立記念日が参入し、国旗も国歌も定着しつつあります。おそらく今では、メキシコ国民であることを知らないインディオの子どもは、誰ひとりいないでしょう。ファレスを基点として成立しはじめた近代国家のメキシコは、インディオをも国民意識の枠に囲い込むことに成功しつつあるのです。

しかし、独立記念日にインディオの村長、インディオの校長、そしてインディオの子どもたちの叫び声を聞くたびに、僕は複雑な思いに駆られてしまう。「確かにそうだ、今も極貧状態にあるのはファレスのおかげだ」と。これが、近代化の過程で抹殺をまぬがれたインディオたちの、もうひとつの現実でもあるのだと。

第13話　白い資本と村

中心と周縁

ラテンアメリカの現代を考える上で、一九世紀後半にはじまる近代化のもうひとつの重要な問題は、外国資本の導入による経済開発という側面です。「従属論」という言葉、聞いたことあるでしょうか。『資本主義と奴隷制――ニグロ史とイギリス経済史』(中山毅訳、理論社、一九六八年)で一躍有名になったカリブ海の島トリニダード・トバゴの経済史家、エリック・ウィリアムズ(Eric Eustace Williams: 1911-1981)は、ヨーロッパにおける資本主義の発達は、ヨーロッパ独自の自然発生的な力によるものではなく、アフリカからアメリカ大陸へ運ばれた奴隷と、アメリカ大陸からヨーロッパへ運ばれた銀、その二つが産みだした富の蓄積があってはじめて可能であったと主張しました。彼は一九六二年にイギリスから独立した同国の初代首相に就任しますが、この彼の立場を受けつぐかたちで、A・G・フランク(Andre Gunder Frank: 1929-2005)をはじめとする従属論者たちは、この貿易を通じて資本を集中したヨーロッパが世界の中心を形成し、その後の資本主義の発展の牽引力を独占する、それに対し非ヨーロッパ世界では、「資本の非蓄積」、つまり富の喪失過程が進行し、資本主義世界の周縁部としての地位におとしめられる、といった論を展開します。

この中心＝周縁関係は、ヨーロッパ対非ヨーロッパの関係にとどまりません。たとえば、植民地宗主国スペインが中心であるなら、植民地のアメリカ大陸は周縁部。その関係はさらに、植民地の中心＝メキシコ市と周縁としてのチアパス地域の関係へ、チアパス地域の中心としてのサン・クリストバル市と周縁としてのインディオ村落の関係へと連鎖してゆく。逆に、最果ての周縁部としてのインディオ村落が産み出す富は、そこを支配するサン・クリストバル市へ移動する。さらにメキシコ市を経てスペインへと、富の移動が連鎖してゆき、最終的には資本主義の中核イギリスへと流れてゆく。「発見」以降の歴史を構造的に捉えるこの考え方は、後にイマニュエル・ウォーラーステイン(Immanuel Wallerstein: 1930-)の世界システム論へと受けつがれていきます。

こうした解釈にはさまざまな議論の余地はありますが、ラテンアメリカのヨーロッパ諸国への従属は、アフリカと同様、植民地支配にその原点があったことは否定できません。また、植民地性を受けついだ独立諸国の指導層が、中心たるヨーロッパと手を結び、外国資本を積極的に導入することによって、国家における中心としての自らの地位を確保しようと考えたのも、自然の成り行きだったといえるのです。彼らにとって近代化とは、自らの地位を維持するために欧米資本と手を結び、結果として、国全体の対外従属を深めるものだったといえるのです。

白い資本による近代化

イギリス、フランスをはじめとするヨーロッパ諸国は、独立間もない各国が発行する債券への投資を手はじめに、一九世紀末からはヨーロッパ資本を上まわる勢いでアメリカ資本も流入しはじめ、鉱山開発、土地開発、農業開発、森林資源開発、鉄道建設、石油開発、工業開発といった多分野にわたり、直接投資を活発化させます。

こうした外国資本に対し、各国はさまざまな優遇政策で対応します。メキシコは一八八三年、「植民法」の制定をつうじて、アメリカの土地測量会社に測量地面積の三分の一を無償で譲渡、残りの三分の二についても、特別な価格で分譲することを定める。購入者には、農機具・建設資材・家畜の輸入税の免除、収穫物の輸出税・法人設立税の免除など、大幅な特権が認められる。結果として、一九一〇年までに全領土の三分の一弱、約七三万平方キロの土地が一七の測量会社により査定され、外国人の所有地は全領土の約七分の一にあたるおよそ三〇万平方キロに達しました。パラグアイでも一八八五年に「植民法」が公布され、アルゼンチン、英・仏・独・米の資本が広大な土地の分譲を受け、原木輸出や、本来インディオの作物であったマテ茶栽培にも外国資本が進出します。

これにより、外国資本は国土面積の六〇パーセントを取得するにいたります。

こうした傾向は、投資残高の面にもはっきりと現れています。ポルフィリオ・ディアスの独裁体制が成立した当初、メキシコで見るべき産業は繊維、ガラス、製糖工業にとどまり、大半は手工業の域を出ない段階にありました。しかしディアスの積極的な外資導入政策の結果、米国の投資残高は一八九七年の約二億ドルから、一九〇八年の八億ドルへ、さらにメキシコ革命によって独裁体制が崩壊する一九一一年には、およそ一〇億五〇〇〇万ドルへと拡大する。ほぼ同じ期間に、イギリスは二倍の約三億ドル、フランスも四倍のおよそ四億ドルへと増大している。こうして独裁制末期の投資総額の三分の二以上を外資が占め、中でも米国はその四五パーセントを占めて、圧倒的な地位を確保するに至ります。

バナナ王国の成立

中米のコスタ・リカは、カリブ海側の港町リモンと太平洋側の内陸の首都サン・ホセとが、中米を縦断する山脈によって分断されていました。その二つの町をつなぐ鉄道建設をもち掛けたのが米国人のマイナー・クーパー・キース(Minor Cooper Keith: 1848–1929)でした。彼は一八七四年に鉄道建設を開始すると同時に、バナナ栽培を導入します。一八八四年には、キースが同国の負債を肩代わりする代償として、建設した鉄道の九九年間の所有権だけでなく、沿線の土地八〇万エーカー(東京都の面積の一・五倍)を獲得し、バナナ栽培が本格化します。これによって首都とカリブ海とが結ばれたかと思いきや、鉄道で運ばれたのは主として彼が生産したアメリカ市場向けのバナナでした。

一八九九年には、ジャマイカを拠点に勢力をすでに確立していたボストン・フルーツ社をはじめ、カリブ海地域、そして中米諸国やコロンビアといった環カリブ海地域でバナナ生産に従事していた一二社が統合され、ユナイテッド・フルーツ社が設立されます。バナナ輸送は同社によって独占され、グアテマラやホンジュラスでは鉄道の大半も支配されて、カリブ海を取り囲む一大「バナナ帝国」が成立します。

グアテマラのノーベル文学賞作家アストゥリアス(Miguel Angel Asturias: 1899–1974)の『緑の法王』(鼓直訳、新日本出版社、一九七一年)は、文学作品とはいえ、当時のバナナ王国の生々しい実態に迫るルポルタージュともいえる傑作です。なお、現在日本でチキータ・バナナの名で知られているバナナは、ユナイテッド・フルーツ社の後継会社がフィリピンで生産しているブランドで、一九世紀のコスタ・リカを起点に勢力を拡大したキースの足跡は、現在の日本の食卓へとつながっているのです。

コーヒー・プランテーションの拡大

外資に対する優遇政策は、コスタ・リカのトマス・グァルディア・グティエレス

(Tomás Guardia Gutiérrez: 1831-1882)、グアテマラのフスト・ルフィーノ・バリオス(Justo Rufino Barrios: 1835-1885 中米地域での勢力拡大を目指してエル・サルバドールへ侵攻の際、戦死)など、「進歩と秩序」を標榜する各国の独裁政権によって積極的に推進されましたが、すでにご紹介したように、メキシコでは一八七七年から一九一〇年まで、実質上の独裁体制を維持したポルフィリオ・ディアスが、強力にこうした政策を推し進めます。

ところで、外資が流入し土地そのものにも外資の支配がおよびはじめて以降、その土地は具体的にどのように活用され、その過程でインディオ村落はどのような状況に見舞われたか、僕が中心的に研究してきたチアパス州に焦点を絞りご紹介しましょう。

バナナとともに当時注目されたのがコーヒー栽培でした。すでに独立期にコーヒーはカリブ海地域から中米へと伝播し、一八六〇年代にはコスタ・リカでプランテーションが拡大しはじめます。さらに七〇年代には、他の中米四カ国でもコーヒー栽培が本格化します。メキシコではチアパス州のソコヌスコと呼ばれる太平洋沿岸地帯に、隣接するグアテマラからドイツ資本を中心にコーヒー資本がはいってきます。

一九二七年、この地域では一般にフィンカと呼ばれているコーヒー・プランテーションの数は九四。そのうちドイツ系のフィンカは三二で、メキシコ二五、スペイン一三、アメリカ一〇と続きますが、生産量では、ドイツ系が五三パーセントと圧倒的な地位を占めています。この結果、一八九三年には三一六トンにすぎなかったコーヒー生産は、九九年にはおよそ八倍の二四二三トンへ、一九三〇年には一八二七七トンへと急速に増大し、ソコヌスコはメキシコ最大のコーヒー生産地となります。ちなみに、第11話で触れた榎本殖民地は、こうした外国資本が手を付けなかった、ソコヌスコ地方のはずれに位置していたのです。

「叛乱インディオ」の奴隷化

ところで、フィンカの拡大に先立って、メキシコの改革時代に大蔵大臣を務め、のち、駐米大使も務めたマティアス・ロメーロ(Matías Romero Avendaño: 1837-1898)は、すでに拡大しつつあったグアテマラにおけるコーヒー生産に注目し、一八七一年、次のように述べています。

「ソコヌスコが極めて肥沃な土地であることを考えるなら、この地域で農業開発を実現するには、大量の労働者を導入するだけで十分でありましょう。……その労働者は、隣国(グアテマラ)から呼び寄せることが可能です。グアテマラでは独占がはびこり、十分の一税や初穂税、その他私的所有を圧迫する耐え難い諸制度が残存しているからであります。ある程度の優遇策を構ずれば、あの国で希望を失った人々(キチェ・インディオ＝筆者注)をソコヌスコに導くことは、いとも簡単であります。彼らは農業部門の労働に邁進してくれるはずです。……チャムーラ村の叛乱インディオや、昨今国家の関心事である作戦行動の捕虜たちを、必要数に応じてこの地方に移動させることも意味があるでありましょう。」(Matías Romero, *Expediente de la Secretaría de Hacienda*, México, Imprenta del Gobierno, 1871, p. 15)

彼のこの発言は、グアテマラの独裁者ルフィーノ・バリオスの怒りを買い、キチェ・インディオを利用する道は絶たれますが、平定した叛乱インディオを活用する方法は、現実のものとなります。ここでいう「チャムーラ村の叛乱」とは、一八六七年から六九年にかけ、サン・クリストバルの町を震撼させたツォツィル語・ツェルタル語系のインディオの不穏な動きです。また「作戦行動の捕虜」とは、一八四七年以来ユカタン半島で続いていたマヤの大叛乱の捕虜と、メキシコ北部ソノーラ州の叛乱ヤキの捕虜を意味しています。実際には、マヤ人の捕虜の一部は奴隷制末期のキューバへと輸出されます。一方ヤキの人々は、一八七〇年代末からおよそ一〇年にわたり政府軍に抵抗し、指導者カヘメが銃殺された八七年以後も、一九〇一年まで抵抗をくり返していました。捕虜となったヤキの人々は、乾燥地帯のソノーラから熱帯低地のユカタン半島に移送され、一人六五ペソで売却される。生地から三〇〇〇キロ以上、気候も完全に異なる異郷の地で、プランテーションに売り渡されたヤキの人々は、一六〇〇〇人近くにのぼったといわれています。

いずれにせよ、マティアス・ロメーロの思想には、叛乱インディオを限りなく奴隷に近い労働力として活用するという、経済開発の理念が見て取れるのです。そうした考えは、次にご紹介するその後の労働力の調達方式と開発現場における債務奴隷制として、引き継がれてゆくこととなります。

エンガンチェ制

メキシコの現代演劇の創始者として知られる佐野碩《さのせき》(一九〇五—六六。メキシコ市にて没)が、はじめてメキシコで上演した舞台に『首を括られた者たちの反乱』があります。その原作はB・トラベン(B. Traven: 1882?–1969? チアパスでの生活体験をベースに数多くの短編小説を遺し、メキシコ市にて没)というドイツ系の作家が、チアパスでの生活体験を基礎に執筆した小説(B. Traven, *La rebelión de los colgados*, México, Cía. General de Ediciones, 1950)で、先に触れたアストゥリアスの作品と同様、当時の生々しい雰囲気に接近するうえで欠かせない作品です。大筋は次のとおりです。

腹の痛みに苦しむチャムーラ村の若い妻を、夫と仲間たちが担いでサン・クリストバルの町医者のもとへと運ぶ。診断は盲腸の末期で、すぐに手術をしなければ命が危うい。しかし医者は手術代の三〇〇ペソを前払いしなければ手術はできないと告げる。希望を失った夫は茫然自失、ふらふらと町の広場にやってくると、薬局の主人が声をかける。「金ならここにある。奥さんの命のためだろう、貸してやる。この紙に拇印を押すだけでいい。」

札束を手に医者のもとへと駆けもどってみたが、すでに時遅く妻は息を引き取った後だった。薬局の主人に札束を返そうとしても、拇印を押した契約書をたてに受け取ってはくれない。残ったのは膨大な借金。その返済のために彼は、チアパス低地の森林伐採の作業現場へと連れられてゆく。監獄とも変わらぬ宿舎を出れば、鎖につながれたまま日暮れまでの伐採作業。宿舎に戻れば翌朝まで鍵で閉じ込められる。現場監督の目を盗んで逃亡を試みる者もいる。反乱を企てる者も現れた。しかし彼らの首は見せしめに、熱帯低地の樹の枝につるされたまま干からびてゆく。

地代を払うために地主の農園で只働きを強要されるインディオたちの話は、すでに第12話でご紹介したとおりです。しかし急速な経済開発の進展にしたがって、インディオに騙してでも前借りをさせ、その返済を口実に労働現場へと連行する手口が一気に広がります。エンガンチェとは借金で労働者をひっかけること。これは後に触れるように、祭りの出費や生活費を前貸しし、コーヒー・プランテーションやチアパス低地のトウモロコシ農園で働かせる、あるいはアメリカへの越境と就労地までの経費を前貸しして、就労地で借金返済のために働かせるといった形で、現在まで延々と生きているシステムです。

農園内の売店と債務奴隷制

地代を払うために、あるいはエンガンチェ制による借金返済のために労働現場へと向かったインディオを待ち受けていたのは、ティエンダ・デ・ラヤ(tienda de raya)と呼ばれる農園内の売店でした。支給される主食のトルティジャだけでは身体がもたない。働くうちに衣服もボロボロになる。たまには酒を飲みたくもなる。しかし現金の手持ちは全くない。農園主が経営する売店にはすべて揃っているが、どれにも法外な値がついている。ドイツ系の農園では、インディオには必要ないようなドイツ直輸入の衣類が並んでいるのです。それでもインディオたちは買わざるを得ない。

売店はすべて掛け売りで、一週間単位の記録ノートの左側のページには、各労働者の労働実績が日ごとに斜線(raya)で記入され、右側のページには掛け売りの額が同じく斜線で記入されてゆく。そして右端の行には斜線の本数の差引が金額で記入される。この方式により、インディオたちの借金は、働けば働くほどに膨らんでゆく。すべての希望を奪われたインディオたちにはアルコールが蔓延し、さらに借金は増えてゆく。一九一〇年に始まるメキシコ革命により、この売店制度は禁止されますが、当時は三〇〇年分の債務を背負い、一生涯を債務奴隷として働きつづけ、息子にその借金が受けつがれる、そんなケースも珍しくはなかったのです。

なぜコーヒーだけが？

ところで、チアパス地域に流入した外国資本は、コーヒー資本だけではありません。すでに触れた森林伐採資本にくわえ、カカオやバナナ資本もはいってきた。しかし、一九世紀末以来つい近年にいたるまで、一貫して安定したインディオ労働力を確保しつづけることができたのは、フィンカ、つまりコーヒー・プランテーションのみでした。そこには、経済開発の圧力のもとでも、わずかながらインディオの歴史における主体性とも呼べるような姿を垣間見ることができるようです。

先にご紹介したトラベンの小説に登場する森林伐採の現場では、一年をつうじて労働力が必要です。そのため、いったん確保した労働者は手放すまいと、奴隷制と変わらぬ圧力が加えられる。当然反乱がくり返される。債務奴隷制の圧力が強ければ強いほど、逃亡や反乱が頻発する。結局は、インディオの抵抗により安定した労働力を確保できない経営者は、経営難に陥ります。しかしコーヒー生産だけは例外でした。フィンカでは債務奴隷制を一部利用しながらも、収穫の繁忙期に集中的に労働力を確保し、それ以外の季節はインディオを村に返す方式が徐々に定着してゆきます。

手作業によるコーヒーの収穫は、十一月初旬から二月末の期間に限られています。それ以外の季節は剪定や枯れ木の伐採、そして除草作業のみで、収穫期に比べ労働力は三分の一以下で十分です。不要な労働者を抱え続けるよりは村へ帰ってもらう方が、経営者にとってはメリットがある。反乱や逃亡という問題も回避できる。しかしこのことが可能だったのは、次に述べるように、村の生産のサイクル(＝祭りのサイクル)と資本側の生産サイクルとが重ならない、相互補完的な関係にあったからだと言えるのです。

祭りと労働

コーヒーの摘み取りが終わった直後には、村最大の祭り、カーニバルが待っています。そのあとは、チアパス低地のトウモロコシの大農園でも村の畑でも、焼き畑の準備が始まる。焼いたあとは種まきにそなえて、雨期が来るたびに崩れる段々畑の修復作業、その後は、乾季中にカチカチに固まった畑を土掘り棒で耕す。四月に入ると種まきが始まり、五月三日の雨乞いの儀礼を待ちます。村の中心広場を囲むかのように三つの十字架の丘＝カルバリオがありますが、そこに村で最も有力だと目される呪医が一人ずつ招かれ、それぞれの丘の上で雨乞いの儀礼が行われる。雨期に入り除草作業をしているうちに、六月の二十六日から二十八日にかけ、守護神サン・フアンの祭りがやってくる。うまくトウモロコシが育ってくれるよう、豊穣を祈願する。その後は十月の収穫を待ち、その作業が終わると、十一月一日の「死者の日」がやってくる。家の祭壇には採れたてのトウモロコシを神に捧げ、お墓に出かけて、死者の霊に語りかける。「村に戻ってこられる時が来ました。どうぞお出ましください」と。死者の霊は地下から上ってきて、

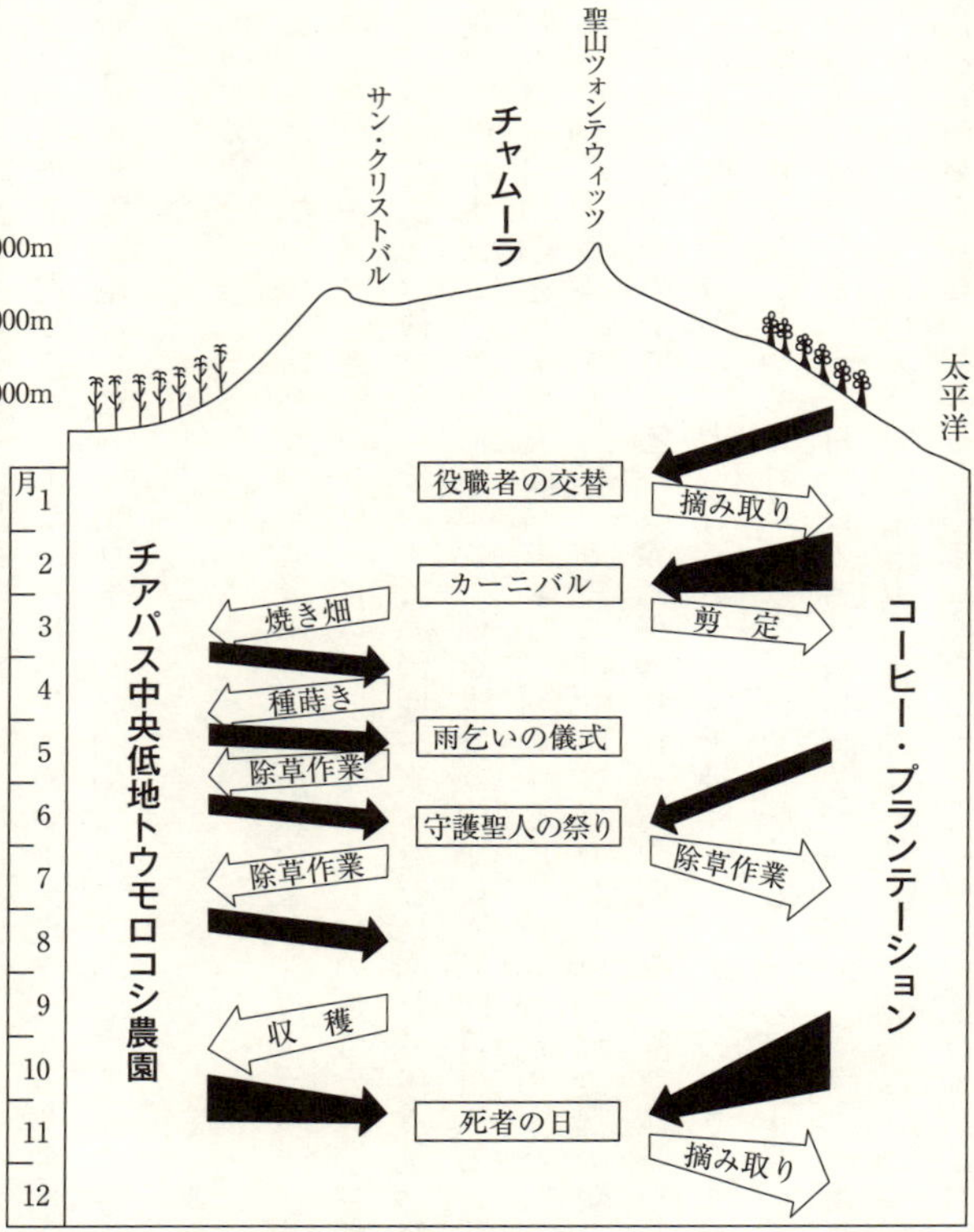

図 18　祭りと季節移動（清水透『エル・チチョンの怒り』東京大学出版会，1988 年より）

住んでいた家へと戻ってゆく。

　年間のトウモロコシの生産サイクルはこれで終わり、翌年の焼畑作業まで労働はないはずですが、ちょうどその頃にフィンカでの摘み取りの時期がやってきます。「死者の日」にはどの家でもかなりの金がかかる。その借金を返すためにフィンカへと出かける。摘み取り作業から村に戻ってくれば、カーニバルでまたかなりの金を使う。その借金を返すために、チアパス低地のトウモロコシ農園の種まき準備の作業へ出かける。あるいはフィンカでの剪定作業や除草作業へと出かけてゆく。

　このように、フィンカの生産サイクルは、村のトウモロコシの生産サイクル、祭りのサイクルと、ちょうどうまく組み合わさっています。インディオにとっても祭りをつづけることができる。そしてある程度借金を返せる可能性も出てきます。いわば双方がなかば共存できる関係、それはカカオやバナナ・プランテーションでも、森林伐採の労働でも成立することはなかったのです。

資本主義と共同体

　かつての日本でもそうでしたが、農村ではぎりぎりの生活を維持しながら、屋根の葺き替えや道路の補修、そして収穫作業に村人相互が助け合うという、共同労働が一般的でした。しかし資本主義が発達するとともに、共同体の土地は破壊され、共同労働もすたれ、人々は個々バラバラな労働者としてアトム化されてゆく。そのような考え方が、いわゆる発展段階論の主流を占めていた。つまり、コーヒー・プランテーションのような資本制的な生産様式が流入してくれば、それ以前の発展段階にある「遅れた」共同体は粉砕され、インディオは完全にバラバラな労働者に解体され資本主義に組み込まれてゆくという考えです。しかしチアパスの例を見るかぎり、そうとも言えないようです。資本がインディオを単純な労働力として酷使していく関係だけでは成り立っていない。むしろインディオの祭りのサイクルとうまく組み合わせになった資本のみが生き永らえる、そのような構造が見えてきます。場合によっては、インディオの側、つまり村の論理が資本を選び取ってゆく。共同体と資本主義とのこのような関係が見えてくるように思うのです。

しかし現実は

資本主義と共同体との関係について、このような僕の考えを、サン・クリストバルの大学の歴史学の授業で紹介したことがあります。話し終わったところで、学生が一人手を挙げた。

「先生の話はあまりにも甘い。僕はアンブルゴ(ドイツ系の最大のプランテーション)で生まれ、親父の仕事を手伝いながら農園のなかで育ってきた。どれほど親父がつらい目にあってきたか。今だって借金をかたに、農園から離れる自由はない。案内するから是非一度現場を見てほしい、親父の話も直接聞いてほしい。」

彼の父親は、村から家族全員を農園に呼び寄せて、家族総出で働きつづけてきたといいます。学生に言われるまでもなく、それ以前にも僕は、幾度となく現場を見たいと思っていた。しかしフィンカの農園主たちは、すでに彼らに批判的な社会学者や歴史研究者の現地調査の結果に辟易し、門戸を閉ざしていたのです。せっかくの学生からの誘いであったにもかかわらず、その時も僕は農園主から立ち入りを断られてしまいました。

村と資本主義との関係について、今も僕の考えは変わってはいません。歴史を構造的に捉え整理することには、十分意味があるはずだ。しかし、直接体験を踏まえた学生の抗議に近い声を前に、資史料を分析し聞き取りをしたうえで見えてきた歴史の構造と、その構造のなかで現に生きてきた人間が、現実をどのように感じ解釈しているか、その間にはまだまだ溝がある。その問題について、自覚を迫られる貴重な体験でした。

第14話　軍事独裁と裏庭化

軍事独裁とカウディイスモ

外国資本の導入によって近代化が進んでも、決してラテンアメリカの政治や社会が安定したわけではありません。独立以来一九世紀末にいたるまで、ラテンアメリカの政治は、地域主義に根差したカウディジョ(caudillo)＝軍人首領たちの間で、頻繁にくり返される権力の奪い合いか、数あるカウディジョたちを懐柔し軍事力を独占することに成功した独裁者による、長期にわたる強権的な政治支配か、いくつかの例外はあれ基本的にこのいずれかに分かれます。近代化以降に限ってみても、長期にわたる軍事独裁者としては、すでにご紹介したメキシコのポルフィリオ・ディアスを筆頭に、同じく一八七〇年代に登場するグアテマラのフスト・ルフィーノ・バリオス(一八七三―八五年に大統領)、ベネズエラのグスマン・ブランコ(Antonio Guzmán Blanco: 1829-1899 一八七〇―一八八八年の間に三期)がその典型でした。

カウディジョによる地域的政治集団間の権力闘争と政治支配は、ラテンアメリカでは一般にカウディイスモ(caudillismo)と呼ばれますが、その結果、長期独裁政権の時代を除けば、政権の平均寿命は各国ともに三年前後に留まり、二〇世紀にはいってもこうした傾向に大きな変化はありません。ラテンアメリカに限らず一般に、近代国家の重要な特徴のひとつは、各地に分散している武力を解体し、統一された国軍を形成することでした。そのもとで、軍人という専門家、つまり職業軍人が養成される一方、国民は徴兵制を通じて必要に応じて兵力として動員される。独立以後一九世紀末までのラテンアメリカは、基本的にこの武力の統一が達成されていない、まさに群雄割拠の様相を呈していたといえます。

欧米による軍隊の近代化とミリタリスモ

一八八五年を起点に、各国は競うように欧米諸国から軍事指導者を招き、軍隊の近代化に乗り出します。その年チリがドイツの軍事使節団を招請したのを皮切りに、ウルグアイとボリビアもドイツから、そして二〇世紀に入って間もなく、ベネズエラ、パラグアイ、エル・サルバドール、エクアドール、ニカラグアへとドイツの影響が波及してゆく。一方、ブラジル、ペルー、グアテマラの軍隊はフランスによって、ハイチ、ドミニカ、パナマ、キューバは、一九一〇年から二〇年代にかけ、アメリカ軍が軍の近代化を指導する。当初ドイツの指導下にあったニカラグアは、後に触れるように、この段階で改めてアメリカの影響下に入ります。日本の軍隊の近代化も、ほぼ同じ頃ですよね。一八七二年にはフランスから陸軍に軍事顧問団が招請され、翌年にはイギリスから海軍の教官団が到着します。そして一八八五年にはドイツのメッケル少佐が招請され、帝国陸軍の基礎が築かれます。

各国の軍事使節団は、まず職業軍人を育てる士官学校を設立しますが、それは従来の支配層だけでなく、都市住民一般にも社会階梯を上昇する新たな機会を提供することとなる。士官学校での教育は、単に軍事にかかわることだけではありません。国家による国民教育が遅れた状況のなかで、士官学校は科学技術や近代の政治思想はもとより、世界の歴史や情勢についても学べる貴重な場でもあったのです。一九三〇年になると、そこで教育を受けた新しい世代は四、五〇歳台に到達し、各国の軍隊の中核的な地位に上りつめます。しかしその後につづいたのは、政治の安定とは裏腹に、彼ら職業軍人によるクーデターの頻発でした。

こうしてラテンアメリカの政治状況は、カウディイスモから近代的な武力を背景とする軍人主導の政治＝ミリタリスモへと転換します。一九三〇年から一九五二年の間に起きた主な軍事クーデター二八件のうち一二件は、明らかに保守体制の打倒が目的とされ、伝統的な寡頭支配の復活を目指したものは数件にすぎない。これも、軍の近代化を契機に新たな社会層が政治舞台に進出しはじめた証だと考えられます。しかしながら、保守体制の打倒を目指した政変であっても、これまでくり返し触れてきた植民地性を根底から打破するような動きとはなり得ません。後に改めて触れるように、この時代には欧米から社会主義思想も流入してきますが、軍政のもとではそうした社会変革の思想が大衆運動として定着、拡大できる余地はきわめてかぎられていた。そして、いずれの国でも、インディオをはじめとする下層大衆は、兵力として動員されることはあれ、士官学校をはじめ社会階梯を上昇する道は実質上閉ざされていた。奴隷身分から解放されたアフリカ系の人々も、その大半は同様の状況に置かれたままでした。

例外としてのコスタ・リカとウルグアイ

カウディイスモやミリタリスモが蔓延するラテンアメリカにも、いくつかの例外はありました。そのひとつ、中米のコスタ・リカは、比較的安定した政治を維持します。この地域は、植民地時代に金銀の大鉱山も発見されず、地理的に植民地の拠点グアテマラからも遠く、魅力に欠けた辺境でした。インディオは疫病によりほぼ絶滅したにもかかわらず、黒人奴隷の導入もわずかで、独立期を迎えても、大地主やカウディジョによる地域間の権力争いが蔓延する余地はかぎられていたのです。またグアテマラを中心とする中米地域の政争とも一線を画して孤立主義を守り、自国の統一と安定に専念することができた。その後一九世紀後半、トマス・グアルディアによる二度の軍事独裁(一八七〇一七六年、一八七七―八二年)を経験しますが、一九四八年、大統領選挙の不正告発を直接的な契機として勃発した内戦によって、野党のホセ・フィゲーレス・フェレール(José Figueres Ferrer: 1906–1990)派が勝利し、翌四九年には、新憲法の制定により、ラテンアメリカ世界ではじめて軍隊の廃止が定められ、現在にいたっています。

軍隊を廃止したコスタ・リカとならび、ウルグアイのバジェ・イ・オルドニェス(José Batlle y Ordóñez: 1856–1929 政権は一九〇三―〇七年、一九一一―一五年)についても触れておく必要があります。アルゼンチンとブラジルという二つの大国にはさまれたウルグアイは、両国の政治対立に翻弄されつづけます。国内の大地主、大商人、教会勢力に対しては、一八二〇年代から五〇年代にわたりアルゼンチンを支配した長期独裁者ロサス(Juan Manuel León Ortiz de Rosas: 1793–1877)が支援し、自由主義派に対してはブラジルとアルゼンチンの反ロサス派が支援する。ロサス独裁政権崩壊後も、国内の二つの政治勢力間の争いは、二大強国間の政争と密接に結びついた形で、一九世紀末までつづきます。

しかし一九〇三年に大統領となった立憲主義者バジェは、就任以前からウルグアイの「再生」、すなわち、外国の政争からの独立と民主主義の確立の必要性を説き、就任直後から国内の安定と民主主義的な政治体制の確立に努力する。彼が社会改革のモデルとしたのはスイスだといわれ、八時間労働など社会保障の拡充により労働者を保護し、国民教育の普及にも努めた。さらに注目すべき点は、大統領への権力の集中が政情不安の原因だとして、その権限を弱める政治体制への改革を自ら主張したことにあります。

こうした近代的な民主国家を目指すバジェの改革が可能だった背景には、当時九一万人程度であった人口のおよそ半数を、イタリア、スペイン、ドイツ、フランス、イギリスなどからの移民が占め、そのなかでヨーロッパの近代政治思想を身につけた人々を中心に、中産階級がひとつの勢力として成長していた点が指摘されます。その後も長年にわたり政情は安定を保ちますが、一九五〇年代後半にはじまる経済の停滞にともない、大土地所有の解体を求める運動が拡大し、政情は大きく揺らぎ始める。一九六二年には都市ゲリラ組織トゥパマロスが結成され、その活動の拡大を前に軍隊の発言力が拡大し、七三年の軍事クーデターを契機に、かつての「南米のスイス」からは想像もできない、左翼勢力や市民運動を弾圧する警察国家へと転じます。

米国による覇権確立への第一歩＝パナマ支配

二〇世紀に入りミリタリスモへと転換する過程で、アメリカ合州国の影響力の急速な拡大は特筆に値します。すでに一八九八年の米西戦争での勝利を契機として、ラテンアメリカへの経済進出を急速に推し進めてきたアメリカは、いわゆる「ドル外交」のもと、各国が抱えていた西欧諸国に対する対外債務を肩代わりし、あるいは、現地の民間企業の株式取得や直接的な資本進出をつうじて、第一次世界大戦を境に、それまで支配的であった欧州系の資本に代わり絶対的な地位を確立します。さらに一九二九年の世界恐慌は、ラテンアメリカ各国を経済破綻へと追いやり、アメリカ勢力の拡大傾向にさらに拍車をかけることとなる。こうした経済面での拡大と並行して、アメリカは軍事力と資金力を武器に、進出先の保護国化と軍事拠点の構築に乗り出してゆく。

その前提となったのが、パナマとキューバに対する介入でした。当初、大西洋側の東海岸部を起点に拡大を開始したアメリカにとり、独立後は太平洋へのルートを確保することが長年の夢でした。一八五三年七月に浦賀沖に姿を現したペリー司令官の艦隊は、ヴァージニア州ノーフォークを出港した後大西洋を渡り、さらにアフリカのケープタウンを迂回してマカオへ到達しますが、それまでに四カ月半を費やしています。フランスやイギリスに後れをとったアジア市場へ進出するには、安定した太平洋側への近道を一刻も早く開拓する必要がある。一八四八年米墨戦争に勝利してメキシコから割譲されたカリフォルニアでは金が発見され、その直後からいわゆるゴールドラッシュが始まります。しかしアメリカ人の多くはアパッチの襲撃を避けて、パナマを経由して海路カリフォルニアへと向かっていたのです。

このように、パナマ地峡を支配することは、アメリカにとり長年の夢であり最優先課題のひとつだったといえます。米墨戦争に勝利した直後、アメリカはカリブ海側のコロンの町と太平洋側のパナマ市とを結ぶ地峡横断鉄道の敷設権を獲得し、一八五五年には建設を完了する。さらに一九〇一年にはパナマ運河の建設に着手。一九〇三年には、パナマのコロンビアからの独立を支援した代償として、運河を挟む幅一六キロにわたる運河地帯の主権をも獲得します。一九一四年にはパナマ運河も完成し、こうして大西洋と太平洋を結ぶ貿易拠点を独占。しかもそこに軍事拠点を構えて、その後のカリブ、環カリブ海地域の政治動向ににらみをきかせることとなるのです。

夢の架け橋トポロバンポ

ところで、アメリカがパナマ以外に、太平洋への最短の出口を模索したエピソードをひとつ、ここでご紹介しておきましょう。ユートピア社会主義ということば、耳にされたことあるでしょうか？　社会主義の先駆的な思想とされるこの思想にもとづいて、現実の社会建設の実験に着手したのがイギリスのロバート・オーエン(Robert Owen: 1771–1858)でした。彼はロンドン近郊での「協力村」(New Harmony)の建設に失敗すると、独立間もないメキシコにテキサス地域を譲ってくれないかと、ロンドン駐在のメキシコ大使にもちかける。アメリカが今後強大化することは必至で、メキシコの将来は脅かされるはずだ。テキサスにユートピア社会が築ければ、米墨の緩衝地帯としてメキシコを守ることができる。

メキシコはこの申し出を即座に断りますが、オーエンのこの予測に狂いはなかった。それから一〇年後の一八三六年、テキサスはメキシコより分離独立、四五年末には米国の一州として併合される。さらに四八年には、すでに触れたように米墨戦争終結に際し、メキシコは国土のおよそ半分を米国へ割譲することとなります。一方オーエンは、インディアナ州でのコロニー建設にも失敗しますが、彼の思想は一九世紀後半にはいり、ペンシルバニア州の土木技師アルバート・オーエン(Albert Kimsey Owen: 1847–1916)に受け継がれます。しかし彼がコロニーの建設地として選んだのはアメリカ国内ではなく、太平洋に面したメキシコ・シナロア州のトポロバンポでした(一七頁図**2**参照)。

ニューヨークからロサンゼルスまでは直線距離で約四〇〇〇キロありますが、トポロバンポまではおよそ三七〇〇キロです。一八八五年、彼はテキサス州のエル・パソからチウァウァを経由してトポロバンポにいたる「チウァウァ太平洋鉄道」の建設に着手しますが、そのルートは、東海岸から太平洋へ到達する最短の近道でした。彼は、ユートピア社会トポロバンポを、アメリカの東と西をつなぐ架け橋とする夢を抱いていたのです。

コロニーには翌年からユートピア社会を夢見たアメリカ人入植者がやってきますが、彼の夢も財政難から一九〇三年には挫折し、ユートピア社会主義の歴史は幕を閉じることとなります。鉄道建設も頓挫し、トポロバンポに近いロス・モチスまで全線が開通したのは一九六一年でした。メキシコのグレイト・キャニオンと呼ばれるバランカ・デル・コブレを通過することで、日本の観光客の間でも人気の高い「チウァウァ鉄道」は、オーエンが遺した夢の今の姿なのです。

キューバの保護国化

一方、パナマと並び裏庭化の拠点となるキューバは、一九世紀の後半にはいっても、スペインによる植民地支配がつづいていました。ホセ・マルティ(José Julián Martí Pérez: 1853-95)は、一六歳の若さで一八六八年に始まる独立運動(第一次独立戦争＝「十年戦争」)を支持し投獄されますが、その後スペインへ追放され、ヨーロッパの思想家と接触。二〇歳代からはスペイン、メキシコ、グアテマラを転々とし、一八八〇年から九〇年にかけてはアメリカ、ベネズエラを往復し、第二次独立戦争の準備にはいります。その間、ラテンアメリカ各国の新聞や雑誌で、詩人、ジャーナリストとしても活躍しますが、革命思想家として、アメリカの拡張主義に対し批判の論陣をはりつづけるなど、二〇世紀の政治動向を見抜く鋭い感覚の持ち主でもありました。しかし第二次独立戦争が始まって間もない一八九五年、戦闘のさなか、四二歳の若さで戦死します。

一八九八年末、米西戦争の終結により、キューバはようやくスペインの植民地支配から脱し独立を達成しますが、軍事的にキューバを解放したのはアメリカの軍隊でした。

そのため、独立直後からアメリカの干渉を受け、一九〇二年に制定されたキューバ憲法には、アメリカのキューバへの干渉権と海軍基地の設置条項にくわえ、外交や対外借款に関する制限などを規定した項目が、アメリカの指示によって書き加えられます。事実上キューバをアメリカの保護国とする、いわゆる「プラット修正」と呼ばれる条項がそれにあたりますが、翌年の一九〇三年には、キューバ革命を経てもなお現在まで存続しているグアンタナモ基地が建設されます。こうしてアメリカは、二〇世紀の初頭には、大西洋と太平洋とを結ぶ要《かなめ》パナマと、カリブ海最大の島キューバに軍事拠点を確立し、ラテンアメリカ諸国に対する経済的・政治的裏庭化への準備が完了します。

アメリカの勢力拡大の矛先は、パナマ、キューバにとどまりません。すでに近代的な憲法を制定し近代国家へ転換しつつあったハワイ王国では、アメリカへの併合を求める白人系移民を中心に、一八九四年にハワイ共和国が成立しますが、その四年後、ハワイ準州としてアメリカに併合され、ハワイ王国の歴史は終焉を迎えます。一九〇八年には、真珠湾に海軍基地が建設され、ハワイは太平洋における米国の戦略上の軍事拠点となります。

さらに、キューバ同様スペインの植民地でありつづけたフィリピンは、米西戦争の終結に際し二〇〇〇万ドルでスペインから米国へ売却されてしまう。これを契機に米比戦争が勃発しますが、一九〇一年に米国はフィリピンを完全な植民地としてしまいます。

こうして「発見」の時代以来、ヨーロッパの東アジアへの進出の要であったフィリピンは、米国のアジア進出の拠点として急浮上し、それにともなって、ハワイもフィリピンへの中継基地として、軍事的重要性を増すこととなります。

親米軍事独裁と「裏庭」の完成

こうしてアメリカは、カリブ海と太平洋を結ぶ要衝パナマと、カリブ海最大の島キューバに拠点を築くことに成功しますが、さらに中米諸国へも勢力を拡大していきます。ニカラグアには、一九一二年に債務不履行を口実に武力介入し、以後一〇年にわたり同国を米軍の監視下に置く。一四年の「ブライアン=チャモロ協定」の締結をつうじて、金融業者を仲介に同国の負債の大半を肩代わりし、同時に地峡運河の建設権、フォンセカ湾の海軍基地建設権、関税事務権を獲得します。さらに一九二七年から一九三三年の間には、再び米軍の直接的な軍事支配がつづきます。この他、債務不履行とアメリカの権益保護を理由とする軍事介入と長期にわたる軍事支配は、カリブ海のハイチ(一九一五—三四年)とドミニカ(一九一六—二四年)にもおよびます。

ドイツ、フランスが関与したラテンアメリカの軍隊の近代化は、各国の要請によるものでしたが、アメリカによる近代化は、一八四五年、ポーク大統領によって示唆されたモンロー・ドクトリンの拡大解釈、一九〇四年のルーズベルト大統領のいわゆるルーズベルト・コロラリー、そして当時の「ドル外交」などに象徴される一連の「保護的帝国主義」の一環として行われた点に特徴があります。したがってその目的は、いかに親米の軍人を養成し、カリブ海地域を中心にラテンアメリカ各地に軍事拠点を築き、アメリカの利権を防衛、拡大するかにあったといえます。

こうしたアメリカの「庇護」のもとで育成されたのが、親米の軍事独裁者による長期にわたる支配です。彼らは単に政治権力を独占しただけでなく、多くの場合、経済的な利権をも集中して一族で経済を支配するまでに至ります。ドミニカのトルヒージョ兄弟(Rafael Trujillo: 1891-1961暗殺/Héctor Trujillo: 1908-2002亡命先のマイアミにて没。政権は一九三〇—六〇年)、グアテマラのウビコ(Jorge Ubico y Castañeda: 1878-1946亡命先のニューオリンズにて没。政権は一九三一—四四年)、ニカラグアのソモーサ一族(Anastasio Somoza García: 1896-1956暗殺/長男Luis Somoza Debayle: 1922-1967病死/次男Anastasio Somoza Debayle: 1925-1980最終亡命先のアスンシオンにて暗殺。政権は一九三七—七九年)、キューバのバティスタ(Fulgencio Batista y Zaldívar: 1901-1973最終亡命先のスペインにて没。政権は一九四〇—五九年)、パラグアイのストロエスネル(Alfredo Stroessner: 1912-2006亡命先のブラジルにて病死。政権は一九五四—八九年)、ハイチのデュヴァリエ父子(Françoi Duvalier: 1907-1971病死/Jean-Claude Duvalier: 1951-2014一九八六年フランスに亡命後、二〇一一年帰国、同地にて没。政権は一九五七—八六年)などがその典型的な例です。なお、一九三三年から四八年までホンジュラスを支配したカリーアス・アンディーノ(Tiburcio Carías Andino：1876–1969)は、ユナイテッド・フルーツ社の支援により政権についています。

こうした親米の独裁政権を基礎に、一九四八年、ラテンアメリカ二一カ国との間で発効する「米州相互援助条約」＝「リオ条約」の締結、そして五一年に発効する「ボゴタ憲章」とそれにもとづく「米州機構」の結成によって、ラテンアメリカを自国の裏庭にしようとするアメリカの意図は、軍事的にも経済的にも達成され、ラテンアメリカのほぼ全域に対するアメリカの覇権が確立されます。「米州の一カ国に対するいかなる国による武力攻撃も、米州のすべての国に対する攻撃とみなす」と謳いあげたリオ条約は、明らかにソビエト連邦を中軸とする社会主義勢力を意識した東西対立の落とし子とはいえ、その後もつづくアメリカによる直接・間接の軍事介入、政治介入を自己正当化する根拠となります。

社会主義思想の到来

こうして米国による裏庭化と軍事独裁者による政治支配が横行する一方で、自由と民主主義という西欧近代思想が、一九世紀末から知識人の間に急速に浸透してゆきます。すでに触れたキューバのホセ・マルティはその先陣を切った一人でしたが、二〇世紀にはいると、スペインやフランスで一定の広がりを見せていたアナルコ・サンディカリズムがラテンアメリカに浸透してきます。また、その影響を受けた人々を中心に、一九〇五年アメリカで設立された世界産業労働者組合(IWW)の影響も流入してきます。

メキシコでは先住民サポテコ人を父とするオアハーカ生まれのフローレス・マゴン三兄弟(長男 Jesús Flores Magón: 1871–1930／次男 Ricardo Flores Magón: 1873–1922／三男 Enrique Flores Magón: 1877–1954 メキシコ市にて没)が、一九〇〇年よりアナーキストの新聞『再生』(*Regeneración*)の発刊をつうじて、ディアスの圧政に対する社会運動を展開します。〇四年には早くもディアスの弾圧を受け、リカルドとエンリケの二人はアメリカへの亡命を余儀なくされますが、そこで亡命メキシコ人を中心に「メキシコ自由党」を結成、農民の土地問題とともに、アメリカ資本による支配を告発しつづける。そのためアメリカ当局からも危険人物とみなされ、リカルドはカンサス州の獄中で死を迎えることとなります。しかし彼の思想はその後、第15話で詳しく触れるメキシコ革命で、農民派の代表として活躍したエミリアノ・サパータ(Emiliano Zapata Salazar: 1879–1919 モレーロス州生まれ、カランサ派により暗殺)の理論的支柱でもあったといわれています。

こうした社会変革の思想は、知識人を介して民衆運動の胎動へと連鎖しはじめます。一九〇六年には、メキシコ北部ソノラ州のカナネア銅山で労働者のストライキが勃発しますが、皮肉にも、アメリカの労働運動の影響を受けたメキシコ人労働者が、アメリカ人労働者との差別に抗議して立ち上がったものでした。翌年にはベラクルース州で、リオ・ブランコの紡績工場の労働争議にくわえ、土地の収奪に反発した農民運動も台頭します。これらはことごとく、ディアスによって大弾圧を受けますが、カナネア銅山のストライキの弾圧には、アメリカのレンジャー部隊も投入されます。いずれにせよこれらは、ラテンアメリカにおける大規模な労働争議のはしりとして注目される事件です。

「土着マルキスト」マリアテギ

一九一〇年にはじまるロシア革命の社会主義思想も、知識人や政治家の一部に浸透しはじめます。その代表のひとりに、ペルーのマリアテギ(José Carlos Mariátegui: 1894–1930)がいます。僕にとっては懐かしい思想家の一人。一九六八年の大学紛争の熱がまだ冷めやらぬ七〇年代の初期、社会問題について議論することは大学生として当然の風潮でした。東京外国語大学の一般語学上級のクラスで、マリアテギ全集を受講生に一人一冊を選んでもらい、毎回内容について報告してもらう。現在の風潮からしたら、なんて無理難題を押し付けたのか!　と呆れてしまう方もおられるかもしれません。でも、受講生はついてきてくれた。あの一年間の学生との議論は、今も忘れられない楽しい思い出です。

話をマリアテギにもどしましょう。彼は、二〇歳になったばかりの頃からジャーナリスト、政治思想家として活動をはじめ、当時のペルー社会に対する批判と同時に大学改革運動や労働運動を支持した結果、国外に追放されますが、追放先のヨーロッパでマルクス主義に急接近する。帰国後の一九二六年には進歩的知識人とともに雑誌『アマウタ』(*AMAUTA*)を創刊し、二八年には、『ペルーの現実解釈のための七試論』(José Carlos Mariátegui, *Siete ensayos de interpretación de la realidad peruana.* 邦訳は原田金一郎訳、柘植書房、一九八八年)を出版する。同じ年、ペルー社会党を創設し、翌年にはペルー労働者総同盟を結成します。

反帝国主義と国際連帯、労働者・農民の同盟を主張した彼の思想のなかで、とくに注目すべきは、植民地時代より延々とつづいてきた白人社会と先住民との関係にも目を向け、先住民の復権が急務であると説いた点にあります。彼が「土着マルキスト」と呼ばれるゆえんは、まさにこの点にありますが、これは、体制批判をしながらも征服を起点に四〇〇年以上にわたり受け継がれてきた社会構造＝植民地性それ自体には目を向けない、一部進歩的知識人への批判でもあったのです。

こうした社会変革への胎動と並行して、共産党も一九一九年にメキシコで設立されたのを皮切りに、一九三〇年代にかけウルグアイ、チリ、ブラジル、キューバ、パナマ、エクアドール、コロンビア、パラグアイでもあいついで設立されます。

グアテマラ、いっときの春

このように思想家、ジャーナリストをはじめとする知識人、そして労働運動や農民運動という形で、社会変革への機運が芽生え始めたことは事実です。しかし軍人による政治支配、そして軍事力を背景とする米国の圧倒的な支配のもとでは、いずれの運動も限界に直面せざるを得なかったのが現実です。そうした現実のなかで唯一の例外がグアテマラでした。社会変革の思想の流れを受けて、ラテンアメリカではじめて、植民地性の打破をも視野に入れた現実的な政権として登場したのが、軍人政治家ハコボ・アルベンス(Jacobo Arbenz Guzmán: 1913-1971 亡命先のメキシコにて没。政権は一九五一—五四年)です。それに先立って一九四四年に独裁者ウビコの圧制に対する国民の反発は頂点に達し、その年自由選挙によりアレバロ(Juan José Arévalo Bermejo: 1904-1990)政権が誕生し、グアテマラに春が訪れたといわれます。

アレバロ政権下で国防大臣をつとめたアルベンスは、一九五一年に大統領に就任すると、大土地所有の解体とインディオ農民への土地の分配を実施します。しかし土地改革の主たる対象は、ウビコ政権下でさらに肥大化したユナイテッド・フルーツ社の土地でした。当然のことのようにアメリカ政府は行動を起こします。「共産党宣言」の愛読者だったともいわれるアルベンスに対しては、国民の一部から反発もあった。亡命グアテマラ人で元陸軍大佐だったカルロス・カスティジョ・アルマス(Carlos Castillo Armas:

1914–1957）が米国の支援のもとグアテマラに侵攻すると、親米派を多く抱えていた軍部の圧力も加わり、アルベンスは亡命を余儀なくされます。「ＰＢサクセス作戦」と呼ばれる、アメリカ政府とＣＩＡによって実行されたアルベンス政権の転覆作戦はこうして成功し、グアテマラの春は幕を閉じることとなります。

アメリカによる直接的な軍事介入はつい近年にいたるまで散発的に続きますが、この作戦を境に武力による直接介入は徐々に後退し、ＣＩＡによる秘密工作と背後からの軍事支援が主流となるのです。こうしてラテンアメリカ社会の政治的近代化はさらに遅れ、軍政が政治の表舞台から後退するには、一九九〇年代を待たねばなりませんでした。

第15話　メキシコ革命と自分探し

反独裁と革命の大衆化

二〇世紀以降ラテンアメリカが辿った歴史のなかで、メキシコだけは特異な歩みをみせています。長期にわたる独裁体制と、そのもとで対外従属を積極的に進めた近代化の時代までは、他の国々の流れとそれほど大きな違いはありません。しかし一九一〇年に始まるメキシコ革命を境に、メキシコは独特の国家のあり方を模索しはじめる。強力な大衆指導者が革命の前面に登場し、近代化の過程でますます極貧にあえぐこととなったインディオ農民やメスティソ大衆が、革命指導者に従う単なる兵力としてだけでなく、主体的な運動に立ち上がる。ロシア革命や社会主義の影響も革命の推移を左右しはじめる。この時代は同時に、インディオでもない、ヨーロッパ人でもない自己とは何か、白人絶対優越主義に代わる新たなアイデンティティの模索が、ラテンアメリカの多くの国々ではじまる時代でもありました。

一九一〇年、富裕な地主の家庭に育ったマデーロ（Francisco I. Madero: 1873-1913 メキシコ市にて暗殺）が、度重なるディアス大統領の再選に異を唱え、社会正義と民主主義を主張して立ち上がった。それを機に始まったメキシコ革命には、北部の牧場主でコアウィラ州知事のカランサ（José Venustiano Carranza Garza: 1859–1920 プエブラ州トラスカラントンゴにて暗殺）をはじめ、ディアスの独裁体制に不満を抱く中流、上流階層の人々が革命勢力として登場します。しかし、その後の革命の推移のなかで注目すべきは、革命の大衆化といった側面です。

その中心を担ったのが、パンチョ・ビジャ（愛称 Pancho Villa 本名 José Doroteo Arango Arámbula: 1878–1923 チウァウァ州パラルにて暗殺）とエミリアノ・サパータ（本書二五三頁参照）が率いる二つの勢力です。パンチョ・ビジャは、メキシコ北部ドゥランゴ州のインディオ系の小作農の家庭に生まれ、革命勃発の当初はチウァウァ州一帯でいわば義賊の頭領として活躍していた。その彼が、北部一帯の民衆を率いる「北部解放軍」の指導者として登場する。一方南部では、モレーロス州のナウァトル語の村アネネクイルコで、メスティソ農民の家庭に生まれたサパータが、革命以前から農民の権利復活の運動に邁進します。その地方ではディアス独裁体制のもとで砂糖キビ農園が拡大し、農民たちは土地を奪われただけでなく、債務奴隷化も拡大の一途をたどっていた。革命の前年その村の村長に就任した彼は、革命の勃発とともに「南部解放軍」を指揮し、武装闘争が本格化します。

サパータと農地解放

独裁者ディアスの亡命につづき一九一一年六月、マデーロによる革命政権が成立する。しかし、サパータは農地解放に消極的な彼の姿勢を、革命への裏切りだとして反発し、同年一一月には「アヤラ綱領」を発表してマデーロに対する武装闘争を展開します。第14話で触れたフローレス・マゴンの思想を基礎に策定された「アヤラ綱領」は、「改革、自由、正義、法」を標語に掲げ、大農園の即時解体と農民への土地の返還を主張するものでした。いわく、「強奪された土地・森林・水利などの財産は、正統な権利を有する村および人民がただちに保有するものとする」。

一九一四年、革命諸勢力間の権力闘争はカランサの勝利で一旦落着しますが、翌一五年には、サパータをはじめビジャやオブレゴン(Alvaro Obregón Salido: 1880–1928 メキシコ市にて暗殺)など急進派の強力な主張を背景に「農地改革法」が制定され、翌一六年にはサパータ派が支配するモレーロス州で土地分配が開始される。マデーロと同様、消極的な姿勢に終始するカランサに対し、サパータ派は単独で武装闘争を持続しますが、一九一九年にサパータは暗殺され、二三年にはパンチョ・ビジャも暗殺され、大衆派は革命の舞台から大きく後退します。

しかし、「土地と自由」を主張しつづけたサパータの運動は、当時の知的エリートや中・上流階層が唱えた「民主主義」や「社会正義」の本質と限界性を鋭く見抜き、あくまでも植民地性それ自体の解消を求めるものだったといえます。それだけに、サパータ派が掲げた「土地と自由」は、その後もインディオ農民の運動がつねに掲げる標語として、現代にまで受け継がれてゆくのです。そして、二人の大衆的指導者を失っても、インディオ農民やメスティソ大衆はもはや無視できない勢力に成長していた。彼らの意志と要求をどのような形で取り込んでゆくか、それはその後の革命諸政権にとり重要な課題の一つとして残されてゆきます。

結実した一九一七年憲法

一九一七年に大統領に就任したカランサは、実は第12話で触れた、かのファアレスの信奉者でした。そのためその後の革命は、カランサに代表される中・上流階層からなる穏健派と、社会主義思想やロシア革命の影響を受け大衆を支持基盤とする急進派との、微妙なせめぎあいとして展開します。そして一九一七年の革命憲法の策定にあたっては、カランサも急進派の主張を無視することはできず、かなり画期的な内容の憲法が成立します。

まず、大統領の権限強化による中央集権制の確立と同時に、独裁の危険を回避するため大統領の再選禁止が明記されたほか、一般国民の選挙権も保障される。すでに一八五七年憲法で普通選挙権が定められていましたが、ディアス独裁のもとでは、全有権者の四パーセントにしかその権利が認められず、政治は国民の一パーセントにも満たない大土地所有者と上流階級の手に握られていたのです。一方、労働者に対しても、団結権、団体交渉権、ストライキ権が保障されたほか、八時間労働、最低賃金制、産休制、社会保障が明記され、農園内の売店ティエンダ・デ・ラヤも債務奴隷制も禁止される。また大土地所有の解体と農地改革も憲法に明記されます。

こうした規定からしても、一七年憲法はラテンアメリカはもとより世界のなかでも最先端をゆく内容だったといえます。また、ファレスからディアスへと受け継がれた近代化の過程で拡大の一途を辿った大土地所有制は、一七年憲法によって大きな制約を受けることとなり、ラテンアメリカ全域のなかでも、注目すべき前進でした。

この憲法の規定を受けついで、一九二〇年には「エヒード法」も制定され、先住民社会の共同体的土地所有にもとづく土地制度が公的に認知されます。しかし法は制定されても、それが本格的に実施されるには、ラサロ・カルデナス(Lázaro Cárdenas del Río: 1895–1970)政権(一九三四–四〇年)の成立を待たねばなりませんでした。

カルデナス政権と社会主義

「経済社会六カ年年計画」を携えて政権を掌握したカルデナスは、その計画のなかで、目指すべきは社会的に組織化された都市と農村労働者による協同体系の構築であり、その下では、人間の人間による搾取や人間の機械への隷属状態は根絶され、土地や産業開発から生じる利益は、生産に直接たずさわる農民、労働者に分配される、と述べています。

このような社会構想には、明らかにロシア革命をはじめヨーロッパの社会主義思想の影響が読み取れますが、同時に、当時すでに、社会主義思想が一定程度国民の間に浸透していたことの反映でもありました。カルデナス政権の内部にも、メキシコ革命の当初からの闘士で社会主義者でもあったムヒカ(Francisco José Múgica Velázquez: 1884–1954)をはじめ、急進派が活躍する場が確保されていました。ムヒカは一七年憲法の策定の基礎となった改革委員会の委員長として、憲法制定に直接参画し、すでに国民教育に関しても、社会主義的教育の推進を提言しています。当時は急進的過ぎるとの意見が大勢を占め、彼の提案は受け入れられませんでしたが、カルデナス政権に入り、憲法第三条が改定され国家による社会主義教育が実施されることとなります。ムヒカはカルデナス政権の経済大臣・公共事業大臣として、カルデナスとともにメキシコ革命の最も左傾化した時代を作り上げます。

革命憲法に明記されていたにもかかわらず一向に進まなかった農地解放も、カルデナス政権に入り一気に拡大します(**図19**参照)。カランサからロドリゲス政権にいたる諸政

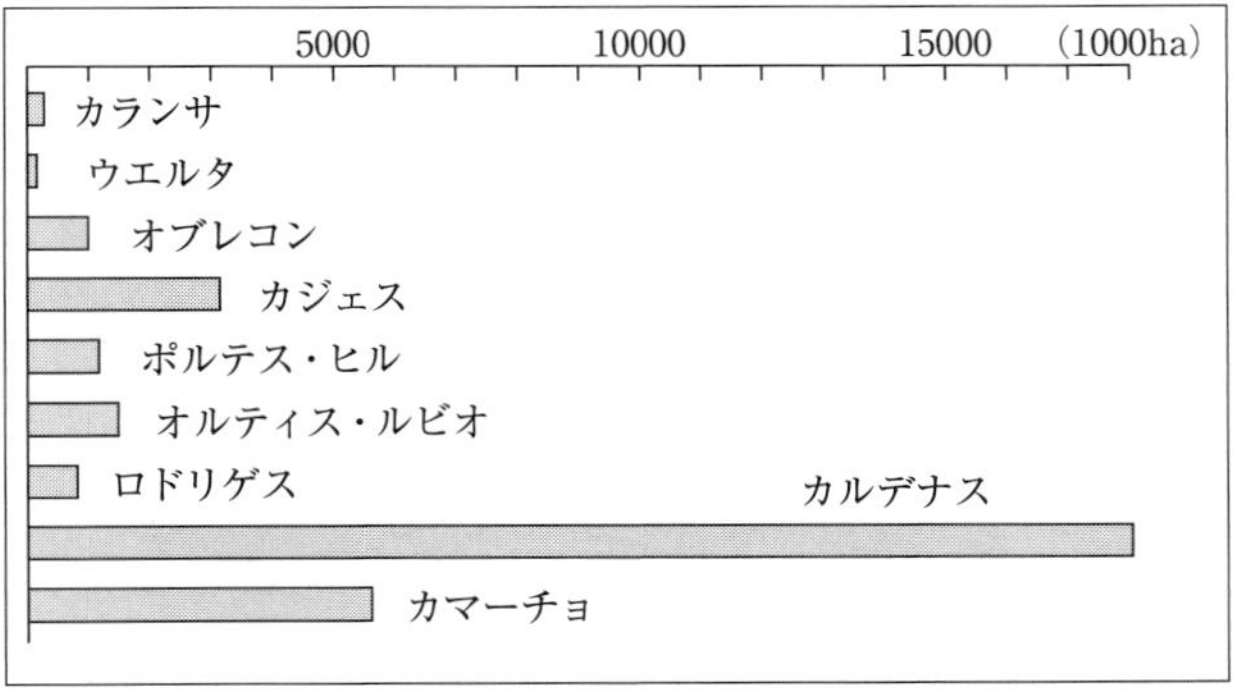

図 19　政権別の土地分配(J. W. Wilkie, *The Mexican Revolution: Federal Expenditure and Social Change since 1910*, Berkeley, University of California Press, 1967, Table 8-4, p. 188 より作成)

権は、一五年間でおよそ七七〇万ヘクタールを七八万人に分配したのにたいし、カルデナス政権は単独で六年間の任期中に、一七九〇万ヘクタールを八一万人に分配している。また、それまでは小農育成に重点が置かれていたのにたいし、カルデナスはエヒード再建へと重点を移し、大農園に包摂されていたすべての農奴に、自由にエヒードを再建する権利を与える。さらに各エヒードの成員にたいし、従来の二倍以上の面積が認められます。

こうしてメキシコ各地のインディオ村落には、エヒードという共同体的所有を基礎とする伝統的な土地制度が復活し、国家により土地を保障された村落として再編されていきます。同時に、国家による農業融資をつうじて、農業の共同経営という社会主義的な要素も付加されます。

部会制の成立と軍部の排除

すでに一九二九年に労働者を支持基盤として国民革命党(PNR)が成立し、一党独裁体制の基礎が築かれますが、こうした方向性を決定づけたのは、農地解放を強力に推進した同じラサロ・カルデナスでした。ロシア革命が一党独裁体制を目指したのと同様に、カルデナス政権は、国家政策に関する「国民的合意」を形成すべく、労働者や農民、一般市民の組織化にも積極的に乗り出します。

まずは労使紛争に直接介入し、ストライキを援助して労働者に有利な決定をつぎつぎと下す。こうした働きかけをつうじて労働者の支持基盤をかため、さらに政府の肝いりで組合を組織化します。一九三五年にまず全国農民連合(CNC)を設立し、全国的規模でインディオを含む農業労働者を組織化する。翌三六年にはメキシコ労働者連合(CTM)を結成し全国の労働者をまとめあげる。さらに三八年にはそれまでの国民革命党を解体、部会制を基盤とするメキシコ革命党(PRM)が成立します。

それは、CNCを主体とする農民部会、CTMを主体とする労働部会、一般市民からなる一般部会、そして軍部会の四つの部会からなり、国民の各利益集団の政治参加が制度化されると同時に、部会を基盤とする革命政権への権力の集中が達成される。しかも、他のラテンアメリカ諸国が軍事クーデターをくり返すなかで、カルデナス政権末期には軍部会を一般部会に吸収し、以後軍部が組織として政党内で独自の意志を表明する道は絶たれることとなります。

大衆動員と国有化

こうした組織基盤を背景に、カルデナスは外国資本の接収にも着手します。国際的にも注目されたのが、一九三八年の国際石油資本の国有化とメキシコ石油公社の設立でした。なかば政府主導ともいえる三七年の石油労連のストライキを背景に、カルデナスは一気に国有化に踏み切りますが、国際石油資本の国有化は一九一七年のロシア、三七年のボリビアにつぐ史上三番目の出来事でした。

大所領の解体が、メキシコ革命の反封建制的側面であったとするなら、外国資本に対する国有化は、反帝国主義的性格を象徴していました。しかし、大農園の解体にせよ外国大企業の国有化にせよ、それらの実施された時代が、アメリカの善隣外交の時代と重なっていたことが幸いしたともいえます。三四年にはキューバに対するプラット修正条項(第14話参照)が撤廃され、その二年後にはハイチからも海兵隊が撤退しています。また、当時メキシコの石油生産は低迷状況にあり、一九二二年にベネズエラでマラカイボ油田が発見されるとともに、国際資本の関心はメキシコから離れつつあったともいえます。石油とともにアメリカ資本の鉄道の国有化も進展しますが、その鉄道も実は経営破綻に陥っていたのです。

いずれにせよ、カルデナス政権時代のメキシコ革命は、植民地性の象徴であった大土地所有制を本格的に解体し、インディオ農民をその支配から解放する方向性を打ち出しました。同時に、インディオ農民、メスティソ大衆の政治参加も可能とした。さらに、一九世紀後半に始まる対外従属についても、国有化という手段を打ち出した。こうした意味で、この時代は植民地時代からの歴史に根本的な転換を迫る時代だったといえます。しかしながら、この時代をインディオの村から見つめなおしてみれば、カルデナスや彼を支えた社会主義者によって成立した政治体制それ自体のなかに、今日に至るメキシコの社会矛盾の根源があったともいえるのです。

村の復活

こうした国家と国民との新たな関係を、具体的にインディオの村から見るとどう見えるか。土地の分配とともに、インディオ村落の存在を法的に認知したのが、カルデナス政権の成立以前、一九三一年に施行された「自由自治体法」でした。それまでアシエンダに取り込まれていた村落も「自由村落」も、それぞれが、「自由自治体」という名の一つの行政単位として州政府の直接管理下に置かれ、一定の自治権が認められます。チャムーラ村の場合、大半の土地は一九世紀半ばに州知事を務めたラモン・ラライン一族が経営するヌエボ・エデン農園と、比較的小規模なヤルチトン農園の支配下にありましたが、それらの大農園は解体され、村全体が五つのエヒードを基礎とするひとつの自治体として認められます。

こうして村は、大地主の支配から解放され、慣習法にもとづく司法権と裁判権が認められ、殺人以外の犯罪は、村役たちによって裁かれる。たとえば夫に暴力を振るわれた妻が村役に訴える。裁きのために村の広場の一角に集まった村役たちは、妻の訴えに耳を傾け、夫に罰を与える。娘を犯された両親の訴えで、荒縄で縛られた犯人の男が引き出される。犯人に慰謝料の支払いと、トラック一台分の砂利を村の道路に敷き詰めろ、といった判決が下される。その様子を村人が取り囲み、裁きの行方を見守っている。観光客をふくめ他所者が教会の中で写真を撮れば、村役場の建物の裏手にある土牢に三日間という慣習法もあった。そこにサン・クリストバルの町の警察が介入することはできない。それがつい近年にいたるまでの村の風景でした。

こうしてメキシコ革命政権は、土地だけでなくインディオのエスニック集団としての「伝統」の復活と自治権を保障したかに見えます。ところがさらに実態に踏み込んでみると、様々な問題が浮上してくるのです。

村ボス＝カシーケ支配と「村の伝統」

カルデナスは、チャムーラに限らずメキシコ各地のインディオ村落から有能な若手を一本釣りし、メキシコ市に留学させます。そこでインディオの若者たちに徹底的に革命政権の思想をたたきこみ、彼らに何らかの公的な役職を与えたうえ、約三年後に村に戻します。チャムーラ村の場合、政府の肝いりで「チアパス原住民労働者組合」（ＳＴＩ）が設立されますが、メキシコ市へ留学させられた一人、ロペス・カステジャノスという若者が、この組合の委員長の肩書をもって村に戻ってくる。当時のチャムーラにとり、コーヒー農園＝フィンカへの出稼ぎ労働はほぼ唯一ともいえる重要な生活基盤でした。ＳＴＩはこの出稼ぎ労働者を守る目的で設立されますが、ドイツ系であれメキシコ系であれフィンカの農園主は、この組合に仲介してもらってはじめて労働者を雇えることとなる。かたや出稼ぎに行きたいインディオたちは、この組合の組合員にならないかぎり、仕事を斡旋してもらえない。組合に加入することは、革命政党の党員になることを意味したのです。

一般の村人からすれば、ロペス・カステジャノスはまだ若者で、本来の村役制の中では下っ端のはずです。ところが彼が腕組みをしている前にドイツ人のプランターがやってきて「お願いです」と頭を下げていく。村人も彼の言いなりになりさえすれば、出稼ぎ先を斡旋してもらえる。こうして毎回の斡旋料で彼の懐は急速に膨らんでゆくのです。

同時に彼は、政府の斡旋でコカコーラ・ボトラーズの独占販売権をもって村へ戻ってきた。チアパス高地全体の村々のコカコーラの販売権を独占し、一族で巨万の富を築きあげていきます。

もう一人の若者ゴメス・オソも、ロペス・カステジャノスと同様にメキシコ市に留学し、エヒード委員会の委員長の肩書を与えられて村に戻ってきます。新設された五つのエヒードの成員として認められるためには、彼の言いなりになるほかない。政府の権威を背景に労働と土地という、村人にとって生存を左右する二つの柱を掌握した二人の若者の前に、村役のお偉方も影が薄くなってゆく。結局彼ら二人は、二つのポストを堅持しつつ村役の重要ポストを上りつめ、最終的には、村長に指示を与える長老として村のほぼすべての決定権を掌握します。長老の経験知を中心に、村の行政も宗教儀礼も、任期制にもとづいて村人が公平に負担を分担する役職者制(カルゴ・システム)も、村ボスの利益のために骨抜きにされる。こうして二人の村ボス一族に政治・経済権力が集中し、一般の村人には極貧状態が蔓延する。

外からみれば、しっかりとした「伝統的な村」が復活したかに見える。しかしその実態はまさに、植民地時代の征服者とインディオとの関係を彷彿とさせるものだといえるのです。そして国家は、一般にカシーケと呼ばれる村ボスを中核とする村役制を温存しつつ、彼らを仲介権力として活用し、村そのものを一党独裁体制の票田として利用してゆくこととなります。

大衆動員の制度化

ところで、こうした国家と村とのなまなましい関係は、インディオ村落にかぎられた話ではありません。むしろその後現在にいたるメキシコの歴史との関連で重要なのは、すでに触れた部会制という体制の整備とともに、農地分配や労働条件の改善、インディオ村落の公的認知といった一定の利益供与の見返りに、権力がいつでも大衆を動員できる体制が確立されたことです。政治学の世界ではこのような政治体制をポピュリズム体制と呼び、一九四〇年代後半のアルゼンチンのペロン(Juan Domingo Perón: 1895–1974)政権、一九五〇年代のブラジルのヴァルガス(Getúlio Dornelles Vargas: 1882–1954 自殺)第二期政権とともに、カルデナス政権もその典型的なひとつの例だといわれています。

一九四〇年、カルデナス政権につづくアビラ・カマチョ(Manuel Avila Camacho: 1897–1955)政権に入ると、状況は大きく変化します。部会制を基礎とする政治体制はそのままに、輸入代替工業化を軸とする経済開発が優先され、社会主義的な要素はことごとく消え去ってゆく。組合幹部と国営企業による政治・経済の私物化が進展し、革命の勃発以来鳴りをひそめ革命政権と一線を画してきたモンテレイ市を中心とする大資本家たちと、政権幹部との連携も復活する。こうして二〇〇〇年まで続くこととなる、国民大衆を巻きこんだ一党独裁体制が形成されてゆきます。

組合幹部の官僚化と腐敗が進むのと並行して、政府と組合とが一体化した体制は国民の生活の隅々にまで張り巡らされてゆく。一九四六年にはこうした体制を維持したまま党名は制度的革命党（ＰＲＩ）へと改名されますが、「制度的」とはまさに、体制内化した組合のもとに国民大衆を包摂してゆく、その体制の制度化にほかなりませんでした。

政府がらみの組合に加入すれば仕事にありつける。政府の方針を批判すれば職を失う。僕の友人で子供向けのテレビ番組「セサミー・ストリート」で人気を博していた俳優は突如職を失った。政府がらみの俳優組合への加入を拒否した直後のことでした。女性キャスターとして活躍していた彼の奥さんも突然解雇された。彼女の説明によれば、フェミニズムに関する彼女の意見が、組合幹部の怒りを買ったとのことです。一九九七年に起きたアクテアル村での大虐殺の報道をめぐり、全国的な人気を博していた友人のテレビキャスターも、虐殺事件への政府や軍のかかわりを暴いた直後、突然テレビから姿を消したのです。一九二九年以来つづいた一党独裁体制のもとで、ＰＲＩはどの選挙でも九〇パーセント台の得票率を獲得するのが当たり前で、二〇〇〇年、七一年間にわたる一党独裁体制が崩れるまで、延々とメキシコの政治を支配することとなるのです。

「自分探し」と「死せるインディオ」

こうしたメキシコ独自の政治体制の構築過程と並行して、ラテンアメリカ各国とともにメキシコでも、いわば自分探しともいえる動きが始まります。ルーツをたどればヨーロッパにゆきつく。でも自分自身に潜むインディオ性も否定できない。白人絶対優越主義を脱し、ヨーロッパに対し独自性を主張する道はどこにあるか。彼らは心のよりどころをまずは、偉大なるインディオの過去に求めはじめます。アステカ王国最後の王クアウテモックの銅像が、「我々にとっての偉大なるルーツ」の象徴として、メキシコ市のパリのシャンゼリゼを模して造られたレフォルマ通りに建てられる。その同じ通りに、もう一つのルーツ、スペインを象徴するコロンブス像も建てる。

メキシコ革命のさなかの一九一四年からは、太陽と月のピラミッドでおなじみのテオティウァカンの遺跡の発掘が開始され、それを機にメキシコ各地で発掘があいつぎます。そして今では世界の三大博物館の一つに数えられる国立人類学博物館を建設し、発掘された文化遺産を展示する。いわば化石化した過去の偉大なるインディオ文明、そこに自分たちのルーツの一つを見出すとともに、それらを観光資源としても活用する。ただ、彼らによって称揚されるインディオなるものは「死せるインディオ」であり、今ここに生きているインディオでは決してあり得ないのです。

安住の地、メスティソ論

偉大なるインディオ、偉大なるヨーロッパ、その二つが我々のルーツだとしても、自分をふくめ今や国民のマジョリティと化した混血＝メスティソとは何か。こうした疑問に真正面から解答を与えてくれたのがメスティソ論でした。一九二五年、ホセ・バスコンセロス(José Vasconcelos Calderón: 1822-1959)はその著『宇宙的人種論』(*La raza cósmica*, México, Espasa-Calpe, 1948)のなかで、メスティソこそが、次の大文明を担う人種だと説きます。これまで大文明を築き上げたのはつねに混血であったと彼は言う。ギリシャ人は、地中海を軸とするさまざまな地域の人々との混血によって生まれた。だから大文明を築くことができた。ローマ人はさらに混血化を拡大していった。だからローマはギリシャに次いで大文明を築くことができた。その後のスペインの覇権、さらに、フランス、イギリスが近代文明を担えるようになったのも、混血化の拡大のお陰だと主張する。

しかしその西欧近代文明にも欠けたものがあった。アフリカ大陸南部の黒人の血、インディオの血、さらにアジアの血。それら地球上のあらゆる人種が合流した場がアメリカ大陸なのだ。そうであるなら、人類の大文明の次の担い手は、まさに我々、アメリカ大陸の混血なのである。我々はそのような意味で宇宙的人種なのだ、と。

これを象徴する碑文が、メキシコ市の三文化広場＝トラテロルコにあります。

「一五二一年八月一三日、クアウテモクが英雄的に守ろうとしたトラテロルコは、エルナン・コルテスの手に落ちた。それは、勝利でも敗北でもなかった。それは、メスティソ国民の痛みに満ちた誕生の瞬間なのであった。そのメスティソ国民とは、まさに今日のメキシコなのである。」

征服以前のアステカ王国の遺構、植民地を象徴するかつてのフランシスコ修道会の建物、現代を象徴する高層アパート群、この三つの要素からなる三文化広場は、別の意味でも象徴的な場です。メキシコ革命終結以来初めてとも言える、学生・市民を中心とする政治運動が高揚期を迎え、一九六八年一〇月、メキシコ・オリンピックが開催される一〇日前、この広場で大規模な反政府集会が開かれていた。広場を埋め尽くした群集に突然、高層アパートに陣取った兵士から一斉に銃弾の雨が注がれ、数百人の犠牲者を生んだ。「トラテロルコの大虐殺」と呼ばれる事件でした。

「後進性」の象徴「生けるインディオ」

メスティソ論は、メキシコにかぎらず多くのラテンアメリカ諸国の支配的社会が自己に確信をもつうえで、きわめて都合の良い論理でした。しかし、混血こそがもっとも優れたものとするこの論理は、征服を正当化し、現代社会にも深く影をおとしている植民地性にも蓋をする。しかもその論理は、白人絶対優越主義に代わるあらたな人種論にほかならず、今を生きるインディオは遅れた者として隔離され、あるいは同化政策の対象となる。一九四八年に政府は国立先住民庁(INI)を設立し、インディオ社会に対し様々な試みを展開します。インディオ社会に関する研究の推進、経済支援、文化育成、二言語教育など、その活動は多岐にわたりましたが、基本的には同化政策の実施機関としての性格は否めません。

村を離れて都市にスラムを形成しはじめるインディオたち、彼らは景観を害する、あるいは都市的秩序を脅かす存在として排除される。一九六八年にメキシコで開かれたメキシコ・オリンピック、その直前の段階で市内のスラムが一掃されたのは、そうした考えを象徴する事件でした。そしてインディオの村は全国に散在する遺跡群とともに、観光資源として活用されてゆくのです。

メキシコ革命によって、植民地時代の遺制は打破されるかに見えた。しかし実態は、新たに構築されてゆく国家の構造のもとで、植民地性は固定化され、維持されてゆくのが現実であったといえます。こうした構造は決して、メキシコにかぎられたことではありません。次にお話しする一九六〇年代以降の歴史は、そうした構造にようやく、大きな揺らぎをもたらす新たな展開を見せてくれるのです。

第16話　大弾圧の時代から民主化へ

キューバ革命と新時代の到来

一九五九年一月、長年にわたりアメリカに支援されてきたバティスタの二〇年近くにわたる独裁体制は、フィデル・カストロ(Fidel Alejandro Castro Ruz: 1926–2016)を中心とする革命勢力によって打倒されます。それに先立つことおよそ六年、一九五三年七月二六日、モンカダ兵営襲撃にはじまる「七・二六運動」は、五六年一一月グランマ号によるキューバへの上陸、さらに、山岳地帯でのゲリラ作戦へと展開、以来三年間で農民、労働者の組織化に成功し、ついに革命政権の樹立へといたります。

一九六〇年一月には、キューバの農地の七割以上を所有していたユナイテッド・フルーツ社の農地が革命政府により接収され、六月には米国の政府、企業、国民がキューバ国内に所有するすべての資産が、完全国有化の対象となる。それに対しアメリカは、翌六一年一月キューバとの国交を断絶、四月には、ＣＩＡを中心に進められてきた侵攻計画を、就任間もないケネディ大統領が承認し、グアテマラで軍事訓練を受けた在米亡命キューバ人部隊による反革命の軍事攻撃＝ピッグス湾事件(プラヤ・ヒロン侵攻事件)が勃発します。

侵攻部隊の撃破に成功した革命政権は、同年五月には社会主義を宣言。六二年、アメリカは全面禁輸措置で対抗しますが、東西冷戦の最中、共産主義・社会主義陣営の盟主ソビエト連邦はキューバ革命の支援に乗り出し、キューバにミサイル基地を建設しようとします。アメリカは艦隊による海上封鎖で対抗し、いわゆる「キューバ危機」が到来する。当時僕は大学の一年生。ソビエトとアメリカとの全面核戦争が始まり、第三次世界大戦へと拡大するだろう。そうなれば、極東におけるアメリカの戦略的重要拠点である日本は、ソビエトの攻撃対象となることは必至だ。日米安全保障条約の危うさを改めて痛感させるそんな恐怖で、日本中が緊張に包まれた生々しい記憶があります。

ソビエトが核ミサイルを撤去することで、その危機は回避されますが、これを機に米州機構(OAS)はキューバ排除を決定、六四年にはキューバ制裁決議を採択し、メキシコを除くラテンアメリカ諸国はキューバとの断交に踏み切ります。こうしてキューバはラテンアメリカで孤立を余儀なくされ、ソビエトへの依存関係を強化せざるを得なくなります。しかし、キューバというアメリカの裏庭の重要拠点のひとつが崩れ去り、しかもフロリダ半島の目と鼻の先に社会主義の楔が打ちこまれることとなる。それだけでなく、キューバ革命の経験は、その後のラテンアメリカ諸国における反米、反独裁、反植民地主義の民衆運動を勇気づけることとなり、ラテンアメリカの歴史に新しい時代の到来を予告するものでした。

激動へのうごめき

僕がはじめてアメリカ大陸に接したのは、ちょうどその頃のことです。キューバ危機から二年後の一九六四年春からおよそ半年間、学部仲間の男三人とともに貨物船で太平洋を渡り、ロサンゼルスからメキシコとの国境の町ノガーレスを経由して、陸路パナマまでの七〇〇〇キロの旅に出かけます。パナマからさらにベネズエラ、トリニダード・トバゴを回り、その年の秋、東京オリンピックの直前、パナマからまた貨物船で横浜に戻ります。僕にとりはじめての海外体験でしたが、金網ひとつで仕切られたノガーレスの国境、そこで目にしたアメリカとメキシコとの豊かさの落差、そして、メキシコ以南のどの国でも、地方の貧困ときらびやかな首都との、あまりの違いに衝撃をうけた記憶があります。貧富の格差についてはある程度知識としては知っていたはずだ。しかし、活字で知る世界と目の前に展開する貧富の格差。さらにインディオの村へ行けば、極貧の別世界。今、思いかえしてみれば、僕のラテンアメリカ研究の原点のひとつは、キューバ危機、そしてこの旅の衝撃にあったといえます(清水透「手づくりの旅」清水他編『ラテンアメリカ　出会いのかたち』慶應義塾大学出版会、二〇一〇年参照)。

エル・サルバドールでは、他の中米諸国にはなかった活気が感じられました。しかし案内された大農園では、低空飛行で農薬を散布するセスナの下で、物憂げに働く無数の農夫たち。長さ二〇〇メートルもあろうかと思われる、彼らが寝泊りするあばら家に壁らしきものは一切なく、ヤシの葉で葺いただけの屋根と林立する柱に、無数のハンモックがつるされている。そして、護身用のピストルを腰に車で案内してくれた農園主の息子と僕たち一行には、農夫たちの敵意に満ちた鋭いまなざしが注がれる。はっと、自分の立ち位置に気づかされる。いつ彼らが襲ってくるかもしれない緊張感に身がひきしまったものです。

その前に一カ月ほど滞在したグアテマラでは、地方でも首都でも時折り自動小銃を構えた兵士の姿を目にすることはあれ、緊迫した空気を直接感じることはなかった。しかしすでにその四年前から、一九九六年まで三六年間つづくこととなる反政府勢力と政府軍との内戦が始まっていました。そしてニカラグアでは、ソモーサ一族による独裁体制のさなか、キューバ革命の影響を受けたサンディニスタ民族解放戦線が三年前に結成され、反米と反独裁への闘争が開始されていた。中米地峡で最後に訪問したパナマでは、焼き討ちにあったアメリカ文化センターの建物が黒焦げのままに放置されている。その半年前、運河地帯の高校でパナマ国旗を掲揚しようとした生徒二〇数名が銃殺される。「国旗掲揚事件」と呼ばれるその事件を契機に、アメリカに対する反発は一気に高まり、運河地帯の返還運動が拡大しはじめていたのです。ベネズエラでも、カラカス中央大学の学生を中心に、アメリカの石油資本に対する反発が高まりつつありました。

僕が旅したあの一九六〇年代という時代は、アメリカの支援を背景に急成長した軍政と独裁体制にたいし、中米諸国にかぎらず、ラテンアメリカ各地で左翼ゲリラや市民、そしてインディオによる組織化と抵抗運動が活発化し、双方の対立が激化してゆく、激動へのうごめきを感じさせる、そのような時代だったといえます。

再び、いっときの春?

ペルーでは、キューバ革命とほぼ並行するかたちで、ウゴ・ブランコ(Hugo Blanco Galdóos: 1934-)を指導者とする先住民ケチュア農民の反アシエンダ闘争が活発化し、一時期とはいえ、支配地域に自治政府を樹立するにいたります。ウゴ・ブランコはスウェーデンへの亡命ののち七八年に帰国、その後もクスコを中心にケチュア農民の運動に指導的な役割を果たす。それまでインディオの運動は、基本的に都市の運動とは切り離された形で展開していましたが、ウゴ・ブランコは、都市の学生・市民とケチュア農民とをひとつの運動として結びつける、新たな役割を果たしたといえます。

彼の運動と並行して、一九六〇年代前半キューバ革命の影響を受けた左翼革命運動(MIR)によるゲリラ闘争もはじまりますが、一九六八年には、軍事クーデターによりフアン・ベラスコ・アルバラード(Juan F. Velazco Alvarado: 1910–1977)が政権を掌握する。それまでラテンアメリカでくり返されてきた軍事クーデターとは異なり、初めて反米を掲げ、地主寡頭制の支配を打破する試みもスタートします。このほか、軍事独裁や寡頭支配にたいし、ラテンアメリカ各地で市民、農民、労働者による一連の動きが展開しますが、その頂点をなしたのが、一九七〇年、チリにおけるアジェンデ(Salvador G. Allende Gossens: 1908–1973 ピノチェットによる軍事クーデターの最中、大統領府モネダ宮殿で死亡)人民連合政府の成立でした。

暴力革命ではなく、世界史上初めて、市民の自由選挙によって成立した社会主義を目指す政権として、人民連合政府の動向は世界から注目されました。しかし、社会主義への移行形態をめぐり、人民連合政府の中軸であった社会党と共産党との間で路線対立が起こり、人民連合政府に参加していたその他の中道左派の五政党とも統一を維持することが困難となる。

ともあれ、国際的な経済封鎖にもかかわらず革命を維持するキューバ、ベラスコ率いる初の反米軍事政権のペルー、そしてアジェンデの社会主義政権の成立にくわえ、七〇年代に入るとラテンアメリカには、これら左派政権のほかに中道左派の政権もいくつか現れ、歴史は大きく転回するかに思えました。しかしＣＩＡと連動したピノチェット(Augusto José Ramón Pinochet Ugarte: 1915–2006)による軍事クーデターによってアジェンデ政権がわずか三年で崩壊すると、再びラテンアメリカには暗雲がたれこめ、反政府勢力に対する弾圧は一気に厳しさを増します。

9・11と大弾圧

「アジェンデ、自殺!!」の大見出しの新聞を手にしたのは、メキシコに留学して間もない一九七三年九月一一日。メキシコでも衝撃的なニュースとして、連日紙面をにぎわせました。クーデター直後からアジェンデ支持派の学生、市民、運動家、芸術家の逮捕、連行、虐殺があいつぎ、死者・行方不明者は三〇〇〇人を越え、一〇〇万人を上まわる人々が国外へ亡命します。音楽をつうじて社会変革を訴える「新しい歌運動」の旗手ビクトル・ハラ(Victor Jara: 1932–1973)も虐殺される。ガブリエラ・ミストラル(Gabriela Mistral: 1889–1957)についで、チリで二人目のノーベル文学賞作家パブロ・ネルーダ(Pablo Neruda: 1904–1973)も、その犠牲者のひとりでした。

一九七三年三月、クーデターの半年前のことです。アジェンデ政権の最初で最後となった総選挙のさなか、内務大臣、国防大臣を歴任、そして後に副大統領を務めることとなるカルロス・プラッツ(Carlos Prats González: 1915–1974)将軍に単独取材する機会がありました。微妙な時期だけに深い話は聞けませんでしたが、「軍人はみずからの職業に徹すべきで、法に忠実でなければならない」との彼の言葉に、すでに始まっていた軍内部の不穏な動きにたいする決然とした姿勢が感じられました。

「誰が間違いを犯したか、それは未来が宣告するであろう。あなた方のしたことが、国に普遍的な幸せをもたらし、真の社会正義を実現したと国民が実感するのなら、クーデターを回避しようと政治的な糸口を懸命に模索した私は、その行為を自らの誤りとして、よろこんで認めるであろう。」

これはインターネット上で紹介されているピノチェットに宛てたとされる書簡ですが、恐らくはこの言葉を最後に、プラッツはアルゼンチンへと亡命します。しかし翌七四年妻とともに、ピノチェットの追っ手によりブエノス・アイレスで暗殺されることとなります。

その翌年の三月、再び訪れたサンティアゴの町では、二年前には政治ビラが街にあふれ、人々が誰に遠慮することなく生き生きと政治議論を交わしていた、あの自由な雰囲気は一変し、昼間から戒厳令下の静寂が街を支配していた。町の角にはことごとく二、三人一組で自動小銃を構えた兵士の姿。二年前にインタビューに応じてくれた人民連合政府の各党の党員はどうしているだろうか。安否が気にかかり電話連絡をしてみる。しかし、自宅に招待していろいろと話を聞かせてくれたのはたった一人。夕暮れ時が迫ると、もう帰ったほうがいい、五時を過ぎれば、窓から顔を出しただけでも銃弾が飛んでくる、という。その他の党員だった人々は、行方不明のまま。あるいは、外国人の僕の問い合わせに、電話の応対に出た家族の、ただ怯えている様子が伝わってきて、電話はぷつりと切れてしまった。軍政下の厳しさを突きつけられた思いがしました。

グアテマラにおけるエスノサイド

一方、内戦のつづくグアテマラでは、一九八二年に軍事クーデターで政権を掌握したエフライン・リオス・モント(José Efraín Ríos Montt: 1926–)により、ゲリラとは無関係なインディオ村落でも焦土作戦が展開され、六二六村落が破壊されたといわれます。エスノサイド＝民族絶滅政策の悪名で知られる徹底的な弾圧によって、実に二〇万人を超える死者とそれ以上の規模の国内・国外へのインディオ難民を生み出すこととなります。国内で逃げ場を失ったキチェ・インディオの人々は、隣接するメキシコ・チアパス州の密林地帯へと移動し、さらにその一部は生活を維持するために、コーヒー・プランテーションへと流入する。新たな大量の労働力、しかもメキシコの法の庇護の埒外にある難民は、経営者にとってはありがたい労働力。その結果、チアパス州のインディオ・チャムーラは、一九世紀末以来つづいた季節労働の場を奪われ、新たな生活の糧を求めざるを得なくなる。

このエスノサイドの過程で注目すべきは、単に兵士による虐殺にとどまらず、虐殺にインディオ自身が動員されたことです。軍に協力しなければ、ゲリラ親派だと決めつけられる。虐殺に手を貸せば村を出る必要もなくなり、さしあたりの食糧も支給される。こうしてインディオの村人は分断され、対立させられ、民主化ののちも村人の間に消し難いしこりを残すこととなる。村人を分断し、その一部を同じ村人に対する虐殺行為に駆りたてるこの方式は、のちにメキシコでサパティスタが蜂起した際にもくり返されることとなります。なおグアテマラで展開したエスノサイドの経緯については、『グアテマラ　虐殺の記憶』(歴史的記憶の回復プロジェクト編、飯島みどり他訳、岩波書店、二〇〇〇年)を読まれることを是非お勧めします。

民主化の風

こうしたラテンアメリカの民主化にとり嵐のような逆風も、非人道的な弾圧を批判する国際世論の高まりなどに支えられて徐々に収束しはじめます。そして、一九八〇年代後半から九〇年代にかけ、ラテンアメリカ各国で民政移管が実現し、ようやく民主的な政治体制の確立へ向けて第一歩が踏みだされます。

それに先立ってニカラグアでは、一八年間にわたる闘争の末、一九七九年にようやくソモーサ一族による独裁体制が打倒され、いわゆるサンディニスタ革命が達成される。一九二七年に始まるアメリカ海兵隊によるニカラグア占領にたいし、抵抗運動に立ち上がったのがサンディーノ(Augusto César Sandino: 1895–1934 暗殺)でした。彼は三四年にソモーサ将軍により暗殺されますが、彼の遺志を継いで結成されたのが、サンディーノ派、つまりサンディニスタと呼ばれる革命集団でした。また一九五七年以来、アメリカの支援のもと父子二代にわたり秘密警察を武器に恐怖政治をつづけ、三万人以上の犠牲者を生んだといわれるハイチのデュバリエ政権も、ついに八六年崩壊します。また、ニカラグアの隣国エル・サルバドールでは、八〇年代初期からファラブンド・マルティ民族解放戦線(FMLN)と政府との間で闘いがつづきますが、九二年にはその内戦も終結し、〇九年には選挙をつうじてFMLNが政権を掌握します。

人道に対する罪

一九七五年、米国上院特別委員会報告で、アジェンデ政権を倒したクーデター工作に、国務省、CIA、ITTなど大企業が一体となり、立案、実行したことが明らかとなり、米国に対する国際的な非難が高まります。一方、チリのピノチェットによる人権抑圧に対し国連は、一九七四年から八一年まで連続して、対チリ非難決議を採択します。それでも権力に執着したピノチェットは、一九八八年、八年間の大統領任期の延長を求めますが、その可否を問う国民投票に破れ、九〇年には退陣に追い込まれる。二〇〇〇年には犠牲者の遺族を中心とする市民団体により告発、起訴されますが、〇六年、大量虐殺の罪をつぐなうことなくこの世を去るのです。その直前、アジェンデ派の軍人だった父親をクーデター後に虐殺され、自らも七五年に逮捕、拷問を受けたミチェル・バチェレ(Verónica Michelle Bachelet Jeria: 1951-)が大統領に就任したことは、まさに歴史の転換を象徴するできごとでした。

また、グアテマラでは、ノーベル平和賞を受賞したキチェ・インディオのリゴベルタ・メンチュー(Rigoberta Menchú Tum: 1959-)をはじめ、インディオたちの粘り強い闘い、そして、非人道的なグアテマラ政府の政策に対する国際的な批判の高まりと国際組織の支援の結果、一九九六年にようやく和平が達成される。そして遂に二〇一三年、ジェノサイドと人道に対する罪で、リオス・モントに八〇年の刑が宣告されます。その二週間後には、大方の予想どおり憲法裁判所により判決は無効とされ、差し戻しが決定されますが、たとえ一度とはいえ有罪判決が下されたこと自体、インディオの人間としての尊厳の回復と、軍政に対する批判として、また、軍政を支援し続けてきたアメリカに対する根底的な批判として、ラテンアメリカの現代史に貴重な一歩を印すものでした。

三権分立を基本とするはずの近代社会における法の裁きとは、権力から自律した司法による裁きであるはずです。しかし権力と癒着し官僚化した司法当局により、最終的に権力を擁護する裁定が下されることは、必ずしもラテンアメリカに限られたことではありません。三権分立ならぬ、三権癒着という現実の問題です。ラテンアメリカでは、司法制度それ自体が成立しているとは言いがたい国々が今でも存在していますが、そうした状況のもとでは、虐殺を告発するジャーナリストや弁護士はもとより、事件を捜査する側も裁定を下す判事たちも、つねに命を脅かされる。リオス・モントに対する裁判は、それだけに、大きな意味をもっているのです。なお、二〇一五年一月、裁判再開のニュースが飛び込んできました。しかし裁判所は、ジェノサイドと人道に対する罪に値するとしながらも、彼の年齢と健康上の理由から刑の適用を免除する、との結論を下しました。

モンロー主義の終焉

一八二三年米国の第五代大統領ジェイムズ・モンロー(James Monroe: 1758–1831)が発した「モンロー宣言」は、あまりにも有名ですよね。アメリカ大陸とヨーロッパ諸国との相互不干渉の原則を提唱し、ラテンアメリカ諸国に対するいかなる干渉も、米国に対する非友好的態度だとして、ヨーロッパ諸国を牽制する宣言でした。独立間もないラテンアメリカ諸国にとっては、自分たちを守ってくれると宣言した米国。しかし当時の米国は、ミシシッピー河以東の領域すら安定した入植地を建設できていない段階だった。モンローはメキシコが領土として主張していたミシシッピー河以西に先住民を強制移住させ、民族浄化ののち白人入植者に開放する。さらにフロリダ半島の先住民セミノールの殲滅・大量虐殺を実行した当事者でもありました。

こうした時代状況を考慮すれば、米国の国土拡張の経過自体が、すでに第3話でご紹介した幻想領域という発想に支えられていたといえます。そこに先住民社会があろうと、そこが他国の領土であろうと関係なく、本来そこはわれわれの領土だとする発想。このように理解するなら、「モンロー宣言」も、幻想領域という発想と深くかかわっています。事実、一九世紀中頃の米墨戦争を経てフロンティアが消滅した後、セオドア・ルーズベルト(Theodore Roosevelt: 1858–1919)の時代に入ると、モンロー主義はラテンアメリカ諸国に対するアメリカの干渉を正当化する論理として拡大解釈され、ラテンアメリカ全体が、米国の幻想領域として位置づけられたことが明確となる。すでにご紹介したアメリカの直接・間接の軍事介入、内政干渉、経済支配に特徴づけられる二〇世紀の対ラテンアメリカ政策の歴史は、まさに「モンロー主義」の延長線上にあったといえます。

しかし、キューバ革命を契機とする軍政からの脱却と一連の民主化への動き、そして一九九九年一二月のパナマ運河全面返還によって、およそ一世紀にわたる力による裏庭化は終焉を迎えます。ラテンアメリカは米国の管轄下にあるとするモンロー主義は、その夢が幻想であったことを白日の下にさらすこととなる。それは同時に、ラテンアメリカ諸国の米国からの自律化の動きへと連なり、さらに米国の孤立化を浮き彫りにする結果となるのです。

孤立するアメリカ

ここで最後に、米国の孤立化の経緯を時系列的に整理しておきましょう。一九七五年、ＯＡＳはキューバ制裁を解除、八五年以降ラテンアメリカ諸国はつぎつぎとキューバとの国交を回復します。一九九一年、ソビエト連邦が崩壊した結果、経済援助を失ったキューバ経済は苦境に陥りますが、一九九九年反米主義を掲げて成立したベネズエラのチャベス(Hugo Chávez Fríaz: 1954-2013)政権は、積極的にキューバへの援助に乗り出す。同じ頃、ブラジル、アルゼンチン、チリでも中道左派政権が成立します。二〇〇五年には、ＯＡＳは初めて、米国が支持しない事務総長を選出する。そして二〇〇九年には、キューバ追放決議を無効とし、ＯＡＳへのキューバ復帰を満場一致で承認する。

これに先立って、二〇〇四年には、米国の新自由主義に対抗して、キューバとベネズエラの主導により、ボリビア、エクアドール、ニカラグア、ドミニカ、そしてカリブ海のアンティグア・バーブーダ、セントビンセント・グレナディーンの八カ国が米州ボリバル同盟を結成します。さらに二〇〇八年には、南米統合の推進を目指して「南米諸国連合」が結成され、二〇一一年には、米国を除く全ラテンアメリカ諸国が参加する「中南米・カリブ海諸国共同体」(ＣＥＬＡＣ)が発足します。一方、一九四八年に冷戦構造を反映して、米国の主導で軍事同盟として発効した「米州相互援助条約」＝リオ条約は、イラク戦争に反発したメキシコが二〇〇四年に脱退し、二〇一四年までに、ボリビア、ベネズエラ、ニカラグア、エクアドールも脱退します。こうして軍事同盟は実質上機能不全に陥ります。

こうした流れのなかで、二〇一四年一二月にはじまる米国のキューバ制裁の解除と国交正常化交渉、そして、二〇一五年七月の米・キューバ国交回復はどのように位置づけることができるでしょうか。当然のことながら、それは米国の孤立化という文脈のなかで理解されるべき問題なのです。また、ここでご紹介した米国とラテンアメリカとの関係の歴史を踏まえるなら、トランプ(Donald John Trump: 1946–)大統領の一連の発言が、いかに時代錯誤的な性格のものかも理解されると思います。とくに、二〇一三年チャベス大統領の死後、政権を受けついだマドゥーロ(Nicolás Maduro Moros: 1963–)政権のベネズエラに対し、今年八月「悲惨なベネズエラの状況を改善するには、軍事介入も辞さない」といった趣旨の発言をする。常軌を逸したこの発言には、ラテンアメリカ各国から非難が集中しています。

第16話を閉じるにあたって、最後に考えておきたい問題は、日本とラテンアメリカ諸国との関係についてです。日本はキューバ革命に対しどのような姿勢を維持してきたか。大弾圧の嵐を巻き起こしたピノチェット政権といかなる関係を築いたか。長期にわたる軍事独裁政権を支え、民主化の動きに事あるたびに介入してきた米国に対し、日本はどのような関係を維持してきたか。ラテンアメリカの民主化と米国の孤立化の動きを念頭に置いて、是非考えてみてください。そうして初めてラテンアメリカの現代史も、決して日本と無縁ではないということ、そして孤立化の一途をたどる米国を盟友とする、日本という国家の現状も理解されることと思います。

第17話　液状化の今

五〇〇年の重さ

米国による直接、間接の軍事支配は終焉を迎え、米国は孤立化の道を歩みはじめた。しかしだからといって、ラテンアメリカにたいする米国の支配が終わったわけではありません。冷戦の終結により、反共を口実とする介入に根拠が失われ、また、米国を中心とする新自由主義とグローバル化によって、軍事的支配が必ずしも得策ではなくなったという現状もある。しかし、孤立化の一途を辿る米国が、どのような反撃に転ずるか、すでに触れたベネズエラの現政権にたいするトランプ大統領の発言に見られるように、軍事力による内政干渉の復活についても決して予断は許されません。

また、軍事的、経済的支配とは別に、一九七〇年代から、特にラテンアメリカの先住民社会で集中的に拡大しつつある、米国の保守派プロテスタント会派の影響力の拡大も無視できません。全世界のマイノリティ言語への聖書の翻訳と伝道を目的に、一九三〇年代に六つの会派により結成された夏季言語研究所（ＳＩＬ）は、言語研究と伝道を委託された文化人類学者や言語学者を活動メンバーとする集団で、世界のマイノリティ言語の研究や辞書の刊行で、言語学研究の面で多大な成果をあげました。しかし、それまでほぼ全世界に活動を展開していたＳＩＬのメンバーは、キューバ革命を境に、ラテンアメリカ各国の農村部に集中的に再投入される。ニカラグアやメキシコでは、農村部の左傾化やゲリラ対策を目的とするＣＩＡとの関係が明るみに出て国外追放されますが、彼らによるプロテスタントへの改宗活動はすでに揺るぎない成果をあげ、今では「プロテスタント爆発」という現象が、ラテンアメリカのほぼ全域を支配するにいたる。

この過程で、先住民社会の伝統的な宗教や、村それ自体に分裂がもたらされることとなります。こうした米国の動きを、武力によらない現代の「精神的征服」とみなす見方も可能なのです(プロテスタント化の契機は、明らかにＣＩＡと手を組んだアメリカの保守派プロテスタント会派によるものです。ただし、後に触れる「伝統的な村」からの解放の契機という微妙な側面も持っています。この点については、拙稿「離村インディオの流入と都市エスニシティの変容」倉沢愛子編著『都市下層の生活構造と移動ネットワーク』明石書店、二〇〇七年をご参照ください)。

一方、ラテンアメリカの多くの国々で民主化への第一歩が踏み出されたとはいえ、五〇〇年にわたる植民地性、とりわけ植民地的差別構造の重圧がそう簡単に排除されるとはかぎりません。国により民主化の水準にも大きな開きがあり、たとえ民主的政治体制が確保され、政党政治が可能となっても、先住民をはじめとするマイノリティにたいする差別構造は温存したまま、民主主義や自由なるものが、市民的特権階層のみに留まる危険性も決して解消されたわけではない。また、経済格差に代表される、米国の経済支配や軍事独裁への支援のもとで進展した近代化の矛盾も、まさに、これから解決されるべき問題として山積している。そして新たに、ラテンアメリカの一部の地域では、麻薬をめぐる問題が、深刻な社会問題として浮上しています。

麻薬の広がり

一九七三年、メキシコに留学して間もない頃、下宿先の一三歳のひとり息子から「タバコ要らない？」と誘われました。彼の表情からただのタバコではないことは明らか。ディスコの地下室でマリファナを手に入れて、紙巻タバコに半分ほどマリファナをつめて売る。一部の中学生の間では、それが当たり前の小遣い稼ぎだった。メキシコの芸能人の集まる家庭パーティでは、マリファナの回しのみにも出くわしました。

一九八〇年代初めころ、サン・クリストバル市の離村インディオ・コロニーの実態調査に協力してくれたチャムーラの友人を二年ぶりに訪ねると、以前とは異なり僕の調査にはとんと関心を示してくれず、どこか様子がおかしい。彼は長老派教会からペンテコステ派に移ったばかりのプロテスタントだ。「マリファナじゃない、コカインだ。この町の外人に知り合い多いだろう。紹介してくれないか?」町の土木作業で細々と日銭を稼ぐより、麻薬の密売は彼らにとり手っ取り早い収入の道なのか、と唖然としました。

二〇〇一年、それまで離村インディオの権利要求運動の組織的指導者だった別の一人は、町にあふれかえる離村インディオの組織票を基盤に、サン・クリストバル市の市長選に出馬する予定でした。僕にとっては、離村インディオ・コロニーについて詳細な情報を提供してくれる貴重な存在でしたが、植民地支配を象徴するサン・クリストバル市の市長にチャムーラ・インディオが出馬することに、市民は戸惑いを隠せない。すでにその頃、彼がコカインの密売だけでなく自動小銃など武器の密輸入にも手を出して、莫大な資金を溜め込んでいるという噂が広がっていたからです。彼の自宅での聞き取りも以前とは雰囲気が一変し、黒革の上下に身をつつみ、ふかぶかとソファーに腰掛けた彼の両脇には、ピストルを手にした用心棒が二人。彼が経営する無線タクシーからは、パトカーの動静についての情報が逐一流れてくる。まさにマフィアの親玉然とした彼を前に、あれほど緊張を強いられた聞き取りは後にも先にもあの時だけでした。市長選の直前に逮捕された彼は、その後七年間にわたり、正規の裁判を経ることもなく獄中につながれたままでした。

一九六〇年代後半から麻薬で注目をあびつづけてきたのが、南米のコロンビアでした。一九八〇年代にはいり米国市場での麻薬消費がマリファナからコカインへ移行すると、麻薬カルテルの活動が活発化し、その最大組織メデジン・カルテルと政府との間で麻薬戦争が始まります。九〇年代はじめ、メデジン・カルテルに代わりカリ・カルテルが登場し麻薬戦争はつづきますが、九〇年代末にカルテルは壊滅状態に追い込まれる。一方、一九六四年に武装蜂起したコロンビア革命軍(FARC)は、この間ゲリラ闘争を持続しますが、八〇年代から資金源として麻薬取引に手をだし、九〇年代末カリ・カルテルが壊滅状態に陥ると、FARC自らがコカインの密造・密売に乗り出し、政治闘争と麻薬がからみあったナルコ・ゲリラへと変貌します。

しかし二〇一六年一一月、サントス(Juan Manuel Santos Calderón: 1951- 二〇一〇年大統領、一四年再選、一六年一〇月ノーベル平和賞を受賞)大統領政府とFARCとの間で和平協定が締結され、約半世紀にわたる内戦は、死者・行方不明者二二万人から三〇万人、国内難民一五〇万人という記録を残し、ようやく終結するにいたります。

コロンビアからメキシコへ

このコロンビアが米国にとり最大の麻薬供給国であったなら、メキシコは米国市場への麻薬の流通経路として重要な意味をもっていました。しかし二〇〇〇年を境に国境警備が強化され、二〇〇六年一〇月、米墨国境強化フェンス建設法にブッシュ (Jorge Walker Bush: 1946–) 大統領が署名し、国境一一〇〇キロにわたりフェンスの建設が始まる。その結果、米国への密輸は困難に直面し、代わって国内消費市場の争奪戦がカルテル間で激化します。

シナロア・カルテル、湾岸カルテル、セタス、ハリスコ新世代カルテルなどが入り乱れ、とくに二〇一〇年までに、メキシコ北部のチウァウァ州や東部のヌエボ・レオン州、タマウリパス州、太平洋岸のシナロア州、ナヤリー州、中部太平洋岸のミチョアカン州で縄張り争いが頻発する。それが今ではハリスコ州やベラクルース州へと拡大し、留まるところを知りません。これに先立って、二〇〇六年十二月には、当時のカルデロン (Felipe de Jesús Calderón Hinojosa: 1962- 任期二〇〇六―一二年) 大統領が「麻薬戦争」を宣言し、掃討作戦を開始しますが、今日にいたるまで目に見える成果は上がらず、現在もコロンビアの例とは程遠い状況にあります。

すでに殺人被害者は一五、六万人、不明約三万から四万人。二〇一六年だけで二万三〇〇〇人が殺害され、対抗カルテルへの見せしめのために街路にさらされた遺体の、目を覆いたくなるような凄惨な写真が、時折り新聞紙上を賑わせています。犠牲者はカルテルのメンバーに留まらない。二〇一〇年八月には、米墨の国境付近で七二人の中南米移民の遺体が発見されました。いわゆる越境を目指して国境にたどり着いた彼らは、麻薬組織への協力を拒否したため殺されたといいます。この他にも、「野獣(The Beast)」「死の列車(The Train of Death)」と呼ばれる鉄道を利用して、中米諸国からアメリカを目指して国境にたどりついた少年・少女たちも、同じ理由から犠牲者となる例が跡を絶ちません。今年にはいり、ベラクルース州の農場の片隅に埋められた二五〇人の遺体が発見され、犠牲者が一般市民にまで拡大していることも明らかとなりました。

こうした深刻な事態の背景には、地方の有力政治家、治安当局、軍隊までもが麻薬カルテルの派閥に分断され、警察も機能不全に陥っているという問題があります。さらに、麻薬問題や政治の腐敗を追究したジャーナリストも、九二年以降今年までに一〇〇人以上が暗殺され、国際ジャーナリスト組織「国境なき記者団」によれば、メキシコは報道の自由度ランキングで一八〇カ国・地域のなかで一四七位という最悪の状況にあります。

最後の「伝統派」村長

まさに現在のメキシコ社会は、民主化への第一歩を踏み出しつつあるラテンアメリカのなかで、自由や社会正義とは無縁な泥沼化の極限状況にあるといえますが、それもインディオ社会から見れば都市的秩序、支配的社会の秩序の液状化に他なりません。しかし液状化は、伝統的とされる村にも広がりつつある。その現状をチャムーラ村で見てみましょう。

「突然のことだった。長老から次の村長はお前だ、といわれ、わしは泣いて頼んだ。村の宗教を守るためサクリスタン・マヨール（教会の統括責任者）の役目は責任をもって果たしてきた。でも、村も以前とはずいぶん変わってきた。そんな時、このわしに村長など無理だ。そもそもそんな役には向いてない。そう言い張ってみたが頑として聞きいれてくれなかった。長老には借金もかなりあったし、断りようもなかった。」

長年にわたり僕の調査に協力してくれてきたロレンソの話です。一九九二年一二月末、村長の付き人の役を頼まれ、交代の儀礼の数日前から儀礼が終了するまでのすべてを観察できたのは、思いもよらない貴重な体験だった。しかしその後僕は、娘の闘病と他界を機に村通いを中断することとなり、ロレンソとも連絡が途絶えていました。

一九九九年、七年ぶりにロレンソのもとを訪ね、その後彼に降りかかった事態の展開に言葉を失う。かつてなら、村長経験者は「パサード・プレシデンテ」と呼ばれ、すれ違う村人たちは彼の前にひざまずき頭を垂れて祝福を乞う。しかしそうした時代はすでに過去のものとなっていました。村の宗教も経済も独占的に支配してきた村ボス＝長老のいわば操り人形として村長に就任させられた彼は、長老を中心とする「伝統派」に反発する新たな勢力によって、就任半年ほどでなかば村から追放される形で引きずりおろされる。その後村へ戻ることを許されはしたが、条件として教会前の広大な広場の清掃作業を命じられたのです。九四年には奥さんにも先立たれました。久しぶりに再会したロレンソは、三、四メートルもあるかと思われるヤシの葉を束ねた箒で、一人黙々と清掃作業に精をだしていた。そこには、村ボス支配の矛盾にたいして無力な、しかも伝統を信じつづける健気で純朴な村人の姿がありました。

「伝統派」の権威の崩壊

すでに触れたプロテスタント化の波がチャムーラ村に及びはじめたのは一九五〇年代。それから二〇年、七〇年代のはじめから「伝統派」によって、数百人におよぶプロテスタントが暴力的に村から追放され、着の身着のままでサン・クリストバルの町の北部一帯にスラムを形成しはじめる。その後もプロテスタントの村人の追放は九〇年代初めまで続きますが、しかし町のスラムには村ボスの圧力はなく、仕事の機会も一気に増える。女性、子どもは観光客目当ての民芸品づくりと販売に精をだし、男たちは民芸品の素材をグアテマラまで買出しにでかけ、スラムに戻れば、仕上がった民芸品を担いで、カンクンなどユカタン半島の観光リゾート地へと足をのばす。こうした噂は村人の間にも広まり、プロテスタントとは無縁な村人もぞくぞくと村を離れスラムを拡大してゆきます。今ではサン・クリストバル市の人口の三分の二以上を、チャムーラを中心とする離村インディオが占めています。

同時に、村に住みつづける村人の出稼ぎ先も、従来のフィンカや村ボスの経営するチアパス低地の農園の季節労働から、石油開発地帯、観光都市、電源開発地帯の労働へと多様化し、それまで自家消費用のトウモロコシと豆類に限られていた村の農業も、都市住民の消費を対象とする野菜栽培へと拡大します。こうして、村ボスから自立した新興勢力が徐々に勢力を拡大し、それと並行して、村内にプロテスタント教会すら出現します。村ボス一族も、それまでに蓄積した厖大な資力を元手に、村の中心に鉄筋五階建てのデパートを建設する。しかしもはや、村ボス一族の権威が復活する可能性はきわめてうすいと思われます(この経緯の詳細についても、前掲の拙稿参照)。

国境を越えるインディオ

それに追い討ちをかけたのが、村人のアメリカへの流出でした。かつては「ウエットバック」と呼ばれた越境者の主流は、都市の中流や下層のメスティソでしたが、二〇〇〇年代に入り国境警備が強化されたことにともない、「ウエットバック」は影を潜める。彼らに代わって急増したのが、命がけで砂漠越えをするインディオの群でした。チャムーラの場合、まず都市へ出た離村インディオから国境越えがはじまりますが、二〇〇四年あたりから、村から直接国境へと向かう村人が急増します。

二〇一〇年八月、ロレンソの部落の共同墓地で、はじめて僕は墓堀りの経験をしました。村人と交代しながら背丈ほどの深さの墓穴を掘るのに二時間近くを費やす。空の棺には二〇歳だったロレンソの甥が残していったTシャツが一枚。その胸のあたりには、糸状に裂いたシュロの葉で編んだ小さな十字架が置かれているだけだ。砂漠で息を引きとった遺体が戻ってくることはないのです。空の棺にすがりつき泣き叫ぶ母親の姿。恐らく結婚を約束した彼女だろう、西洋風の純白の花嫁衣裳に身を包んだ若い女性が、居たたまれず涙を拭こうともしないまま、ただ一人遠ざかってゆく。遠くから響く教会の鐘の音が、夕暮れの墓地を包みこんだ。

ロレンソの長女の息子三人は砂漠越えに成功したが、アメリカに行ったままだ。ロレンソは他界した長男の一人息子ファニートを引き取り、彼が結婚するまで面倒をみてきたが、そのファニートも二〇〇五年に奥さんのブランカと子ども三人を村に残したまま国境へと旅立つ。砂漠越えに成功しニューヨークのスタテン島で仕事にありついたが、それから一二年を経た今も戻ってはこない。ブランカの義理の弟は、アメリカからいったん村へ戻ってきたが、また砂漠越えに向かいました(清水透「砂漠を越えたマヤの民――揺らぐコロニアル・フロンティア」増谷英樹・富永智津子・清水透『オルタナティヴの歴史学』(21世紀歴史学の創造　第6巻)有志舎、二〇一三年参照)。

ロレンソ一族のこうした状況は決して例外ではありません。かつてはチアパス太平洋岸のコーヒー・プランテーションやチアパス低地への季節労働をのぞけば、彼らの日常的な移動範囲は、チアパス高地の村々の祭りへの参加や、サン・クリストバル市の朝市に出かける程度でした。それが、都市スラムへの移動、さらに米国へと彼らの生活空間は一気に拡大した。それに伴って、かつてこの地方一帯の征服の拠点だった、植民地支配の象徴的な町サン・クリストバルには離村インディオがあふれ、村と都市との植民地的秩序は崩壊する。他方、第15話で触れたように、近代化につづくメキシコ革命によって再生、強化された「伝統的な村」の植民地的秩序も液状化の一途をたどることとなります。

国際化するマイノリティ

チアパス高地という地域レベルでの植民地性の液状化は、五〇〇年の歴史のなかでは想像もできなかったことですが、こうした事態は、この地域に限られた特殊な現象では決してありません。メキシコにかぎらずラテンアメリカ各地におけるインディオや農民の運動といった社会運動面での新たな動きによって、液状化はさらに加速化します。そしてさらに、「発見」に始まる近代以降、国家という枠組みのなかで蓋をされつづけてきた「聞こえなかった声」が一気に浮上し、それらの声が、世界各地の声とともに国際的なつながりを形成しつつあります。

メキシコでは、一九七四年にはじめて全国のエスニック集団がチアパスにあつまり、インディオ自身による全国会議が開催されます。それまで分断されてきたエスニック集団の初の会議として画期的な出来事でしたが、ラテンアメリカ各地で組織される一国レベルでの連携は、さらに国際的な連携へと発展してゆきます。これに一〇年ほど先立って、アメリカの黒人運動も、それに続くアメリカ先住民「レッド・パワー」の運動も高まりを見せる。この国際的な一連の動きは、「発見」から五〇〇年を迎えた一九九二年を機にさらに盛り上がりを見せ、世界の先住民をはじめとするマイノリティの声、社会的被差別者の声が、時に国際政治にも影響を与えはじめます。

一九九三年、ノーベル平和賞を受賞した南アフリカのネルソン・マンデラ(Nelson Rolihlahla Mandela: 1918-2013)は、翌九四年選挙により大統領に就任し、長年にわたるアパルトヘイト政策に幕が閉じられる。一九九七年には日本でもようやく「北海道旧土人保護法」が廃止され、明治維新以来の単一民族国家＝日本という幻想は崩れ去る。そして二〇〇七年には、二五年間にわたる議論のすえ、ついに「先住民の権利に関する国際連合宣言」が国連で採択されるにいたります。この一連の動きも、国際的な圧力の高まりを反映した結果だといえます。

こうした動きと関連して、通信媒体の進化が果たす役割についても触れておく必要があります。一九九四年一月一日にチアパス州で、サパティスタの名で知られるインディオ集団が一斉蜂起しますが、蜂起とほぼ同時にアメリカ、ドイツ、フランス、イタリア、日本など、世界各地にその情報が伝わり、各国から国際ボランティア組織のメンバーが駆けつけます。九七年十二月には、サパティスタ運動とのからみで、同州のチェナロー村のアクテアル部落で、メキシコ政府軍の支援を受けた民兵組織による大虐殺が行われますが、その際も、ヨーロッパ各国からの支援組織がかけつけ、軍や警察の動きを監視します（清水透「メキシコ・アクテアルにおける虐殺（一九九七年）」松村高夫他編著『大量虐殺の社会史――戦慄の20世紀』ミネルヴァ書房、二〇〇七年参照）。従来なら、一国内部の事件として処理されたはずのことも、今ではそうは行かなくなってきたのです。

「ボリビア多民族国」

最後に、ラテンアメリカ五〇〇年の歴史にとって画期的ともいえる二つの事例についてご紹介し、最終章を閉じることとします。

その一つは、二〇〇六年に選挙によりボリビアに成立したエボ・モラーレス（Juan Evo Morales Ayma: 1959–）政権です。ボリビアは先住民ケチュアとアイマラが国民の半数以上を占め、それ以外に多数の少数民族集団とわずかなアフロ系住民、そしてヨーロッパ系と混血が四割程度を占める国家だといわれます。いうまでもなく、征服以来政治・経済を支配してきたのはインディオや黒人以外の人々でした。

グアテマラと同様に、長年にわたる先住民、農民による運動の成果が、アイマラ出身のモラーレスにより、具体的な政権掌握というかたちで結実します。反米、反新自由主義、反グローバリズムを標榜する一方、貧困格差の是正、先住民の権利拡大に乗り出します。〇九年には新憲法を制定しそのもとで再選を果たすと、国名もそれまでのボリビア共和国から「ボリビア多民族国」(Estado Plurinacional de Bolivia) へと改称します。多民族国という国名に象徴されるように、憲法改正の過程で、ヨーロッパ系をふくむさまざまなエスニック集団を対等な「民族」(ナシオン)として位置づけ、複数の民族を基礎に選挙区を設定し、様々な社会集団に広く政治への直接参加の道を開きます。

ボリビアが着手したこうした新たな国家再建のあり方は、国内政治の面でも対外政策の面でもすべて試行段階にあり、一部の研究者からは、安易に評価することは危険だとの意見も聞かれます。しかし、これまでのラテンアメリカの歴史には見られなかった、国家レベルでの脱植民地化の新しいモデルケースとして、また、植民地性の液状化の先に見えてくる実験的な新たな国家・社会秩序のひとつとして、僕は今後の行方に大いに注目しています。

サパティスタが問いかけるもの

一方、サパティスタの運動は、ボリビアとは異なった意味で注目に値します。一九九四年に一斉蜂起したチアパス高地のインディオを中心とするサパティスタは、植民地時代以来支配の象徴であったサン・クリストバル市をはじめチアパス州の主だった町を一時占拠しますが、国家権力を掌握したボリビアの例とは異なり、彼らが当初から現在にいたるまで一貫して主張してきたのは、国家権力を掌握することではなく、憲法を遵守すべき国家のあり方でした。

武装蜂起も、メキシコの実態を国際世論にアピールすることが目的とされ、防衛のために今も武装をつづけているとはいえ、蜂起当初の二日間以外、彼らがすすんで武力に訴えた形跡はない。そうしたサパティスタの要求と運動のあり方は、インディオだけでなく広くメキシコ市民の共感をも獲得します。二〇〇一年三月には、メキシコ市で一〇万人以上の市民を動員することに成功し、月末には副司令官マルコス(Subcomandante Insurgente Marcos 本名 Rafael Sebastián Guillén Vicente: 1957-)が国会に乗りこみ演説まで行いました。

ここ一〇年近く、こうした派手な動きは影をひそめ、二〇一四年五月にはマルコス引退の報も伝えられましたが、ラカンドン密林地帯に本拠をかまえるサパティスタは、今もチアパス高地に五つの「カラコル」と呼ばれる解放区を維持しています。国家を否定しない、国家権力を掌握しない。だから選挙権も行使しない。社会変革の方法についてのこのサパティスタのあり方とともに、解放区はもうひとつ「伝統的村」についても問題を提起しているように思います。

第15話で、チャムーラ村の村ボス支配と「伝統」に孕まれている植民地性について触れ、この章ではその権威が失墜しつつある現状について紹介しました。これまでインディオ村落といえば、植民地支配をくぐりぬけ、たくましく、あるいはしたたかに「伝統」を守ってきた集団というステレオタイプ化されたイメージが一般的でした。僕自身、はじめてチャムーラと接触した時点では、そのようなイメージに囚われていたことを、正直認めざるを得ません。

先に触れた一九七四年のインディオ会議は、歴史的に画期的な出来事であったことに変わりはないのですが、少なくともチャムーラの場合、出席した代表がいわば村ボスの代理人であったことは事実です。そして政府に対し、当然のこととはいえ土地と経済的な支援、独自の文化の保護を要求します。メキシコにかぎらず世界各地のマイノリティ運動のすくなくとも一部には、同様の傾向が見て取れます。そして要求の一部が満たされたあとに残るのは、チャムーラでは村ボスの肥大化であり、メキシコ以外では、たとえ一部とはいえ、アルコール依存症に冒されたアボリジニーや、一日中スロットマシーンと戯れるアメリカン・ネイティヴの姿でした。

彼らにすべての責任を問うことはもちろんできません。むしろ、下からの圧力に屈して多文化主義やマイノリティの権利について、やむを得ず譲歩した支配的社会の側に主たる問題があることは事実ですが、果たして問題はそれだけなのか？　僕の知るかぎり、メキシコ北部のヤキの人々は、いずれの会議でも一貫して政府に経済的な要求をすることなく、「政府に我々が求めることは、我々に対し何もしないことだ」といった主張を曲げません。

ヤキと同様、サパティスタも一貫して、政府に対し物質的な具体的要求はしていない。そして「自治地域」という概念のもとに、「伝統的な村」から解放された複数のエスニック集団が、共同して解放区の生活を維持しているのです。僕はたった一度解放区を外から眺めた経験しかなく、内部の実態を把握していません。それだけに、サパティスタも「自治地域」も理想化しては危険だということを十分自覚しています。しかし彼らがここ二〇年間に打ち出してきた理念のなかに、「伝統的な村」とは明らかに異なる、植民地性から解放された新たな共同体の姿が浮かび上がってくるのです(本書表紙カバー写真の、広場で民芸品を売るお年寄りの売り物のなかには、小さなサパティスタ人形もありました)。

ミリタリズムと独裁体制の後退、さまざまな社会変革運動の台頭と民主化への動き、マイノリティ運動の広がりと国際化、そしてボリビアやサパティスタの試み。こうしたラテンアメリカ社会に見られる現代の動きは、「発見」以来五〇〇年にわたりラテンアメリカ社会を支配してきた秩序が、ようやく根底から揺らぎはじめたことを意味しています。その揺らぎは単に支配的社会集団を中軸とする社会秩序の揺らぎにとどまらず、村ボス支配に象徴される植民地性に規定された先住民社会それ自体の揺らぎでもあります。こうした状況のもとで、この先どのような新しい社会秩序が形成されてゆくのか、予断はゆるされません。五〇〇年の歴史の重みを考えるなら、ゆり戻しの危険性も十分考えられることです。また、ラテンアメリカの人々がみずから、他者支配を基礎に成立したヨーロッパ近代を、後追いする可能性も否定できません。しかし、ボリビアやサパティスタ運動に見られるように、様々な問題を抱えながらも、わずかとはいえ新たな芽生えを感じさせる動きが見えてきたことも事実です。いずれにせよラテンアメリカは今ようやく、液状化の状況に突入したといえるのです。

おわりに

五〇〇年の歴史に何をみるか

これまでの一七話をつうじて僕は、「発見」以来現代にいたるラテンアメリカ五〇〇年の歴史を、僕なりの関心にそってまとめてみました。「発見」を起点として、植民地化の過程で見えてきた問題のひとつは、征服国、征服者、植民者にとって、「新大陸」とはまず「幻想領域」であり、それを自己の領域として確保し自由に活用できる場として認識されていたことでした。そのもとで、植民地という空間もそこに住む人々も、「文明」が必要とする限りにおいて徹底的に利用され、必要がなくなれば放置される空間であり、人間も空間も「文明」にとっての「自然」の一部でありました。アメリカ大陸はこうした「文明」による「他者」支配の格好の実験の場であり、その実験の成果がその後欧米諸国によって生かされてゆくことも、すでに述べたとおりです。

ラテンアメリカの独立と近代化は、独立した国家という新たな枠組みのもとで、そうした植民地的な構造と意識をそのまま引きつぎ、さらに強化してゆく過程でした。そして二〇世紀にはいると、かつての植民地宗主国の役割を、近代的な武力と資本の力をもってアメリカ合州国が再現する。アメリカにとってラテンアメリカは、まさに「幻想領域」の一部であり、アメリカによる「裏庭化」は、その空間を「自然空間」として利用しつくす過程であったといえます。こうした圧力にたいする反発や、軍政のもとでの民主化や人権を求める運動に、「共産主義」のレッテルが貼られ弾圧が正当化されたことは、冷戦という時代を背景とする不幸な事態だったといえます。それは、植民地時代から近代化の過程において、インディオの運動にすべて「野蛮の反乱」というレッテルが貼られ、「文明」への挑戦として弾圧が正当化された、かつての歴史を思い起こさせるものです。

このように五〇〇年にわたる歴史を改めて整理してみるなら、現代の起点が「発見」にあるということは明らかです。また逆に、近代という時代で覇権を握った欧米諸国が、ラテンアメリカはもとよりアフリカやアジアで何を、あるいはイスラム圏にたいして何をやってきたか、何をやりつつあるか、その実態に目を向けるなら、「発見」以来のラテンアメリカの歴史は、広く近代そのものを象徴する歴史過程だったともいえるのです。そうであるなら、西欧近代の導入を基礎に近代国家の建設に邁進してきた日本をはじめとする後発諸国の近代化には、どのような問題が孕まれているか。物質的な発展と目先の「豊かさ」にまなざしを閉ざされ、「知らされないこと」に慣らされてしまった「市民」という名の人々にとって、この五〇〇年の歴史から学びとることは無限にあるのではないでしょうか。

ようやく今「聞こえなかった声」が一気に浮上し、近代国民国家なるものの矛盾が露呈しはじめています。それは自由や民主主義といった西欧の概念が、実態としてはいかに独善性と排他性を帯びたものであったかが露呈されつつあることを意味します。ラテンアメリカの各国が独裁や軍政から解放され、自由や民主主義がようやく芽生え始めたことは積極的に評価すべき事態です。しかしその自由も民主主義も、西欧近代を後追いする形で展開する、その危険性も否めません。同時に、自然や大地を征服の対象とみなし、物質文明の「発展」に没頭してきた近代のあり方を考えるなら、自然や大地の声にも耳を傾けるべき時ではないでしょうか。

近代的「市民」なるものが、世代の交代をつうじて過去の記憶を消し去り、時に過去の過ちを肯定する危険すらつねに孕んでいることは、外国の事例を待つまでもないことです。ラテンアメリカが「市民社会」を後追いするなら、こうした危険を避けることも、きわめて難しい。それでは、植民地性から脱却することは、不可能に近いといえましょう。しかし、文字文化に接近できる機会にめぐまれてこなかったインディオには、過去の記憶を伝承というかたちで延々と伝え、その記憶を参照しつつ今を生きる、そのような慣習がまだまだ残っている。僕が彼らの語りにこだわり続けてきた理由のひとつは、まさにこのことにあるのです。そして、インディオ社会にかぎらず、広く普通に生きる人々の声と記憶を記録するオーラル・ヒストリーの重要性もまさにこのことにあると思っています。

皆さんは、植民地時代以来の五〇〇年にわたるラテンアメリカの歴史から、何をくみ取ってくださいましたか？　何をさらに知りたいと思いましたか？　他者の歴史に接近することの意味は、単に知らなかった知識を集積することではありません。その知識が、自分のなかに無意識のうちに刷り込まれている既成の歴史観や価値観を見直す契機となってはじめて、意味をもつように思います。過去の歴史を理解するということは、自分自身のうちにある価値観や歴史観の変化に気づくこと。理解するとは、そのようなものだと考えています。さらに、本書をつうじて日本自体の近代化の過程と今について、ひとつでも考え直すヒントを得られたなら、それ以上に嬉しいことはありません。

なお表題の「トルソー」をめぐって、ＵＣＬＡで文化人類学を担当されている長年の友人、玉野井麻利子さんから「……英語では手足なしの未完成ともとられます。それと男のそれか、女のそれか、けっこう意味深きことばですよね」とのコメントが寄せられました。トルソーとはもちろん、手足首のない胴体を意味しますが、ここでは、歴史の太い流れといった意味がこめられています。そもそも歴史叙述に完成品はありません。また逆に、手足首だけ描いてみても、トルソーの姿はなかなか浮かんでこないのも事実です。また、このトルソーが、女性史やジェンダー論を踏まえない男性史観によるものであるとするなら、「女性のそれ」の作品を是非待ち望みたいと思います。

この本は、冒頭でも触れましたが、東京外国語大学を皮切りに、獨協大学、フェリス女学院大学、慶應義塾大学を経て、最後に神奈川大学、立教大学で担当した講義の講義録を基礎に生まれたものです。とくに立教大学ラテンアメリカ研究所での講義では、現地体験豊かな社会人を中心とする受講生の真剣な姿勢を前に毎回心地よい緊張を覚え、質疑からも多くの刺激を受けました。また、非常勤を辞した後も、受講生を中心に隔週拙宅で開催してきた「清水塾」のメンバーには、つねに励まされました。ありがとうございました。博士論文の完成を目指す研究会FOKUS研では、僕の原稿が数話まとまるたびに議論していただき、その都度、貴重なご意見をいただきました。メンバーの藤田護、小原正、川上英、梅崎かほりの諸氏にこころから御礼申し上げます。また、長年にわたるフィールドワークと研究生活を蔭で支えつづけてくれたのは、いうまでもなく家族でした。この場をお借りして、妻あつ子に、息子研に、そしてどこからか見守りつづけてくれている娘真帆に、「ありがとう」の言葉をおくります。

二〇一五年に立教大学ラテンアメリカ研究所創立五〇周年記念事業の一環として、本書とほぼ同名の書籍が非売品として出版されましたが、それに大幅に手をくわえて完成したのが本書です。その際編集作業でお世話になった早坂ノゾミさんのお口添えで、岩波書店の入江仰さんが本書の出版を実現してくださいました。体調不良が重なり出版が大幅に遅れましたが、温かいご理解のおかげで、脱稿にいたりました。お二人の編集者にも心からの感謝を申し述べます。

二〇一七年九月

清水　透

本書は二〇一五年三月、立教大学ラテンアメリカ研究所より『ラテンアメリカ　歴史のトルソー』(立教ラテンアメリカ叢書　第I巻)として刊行された。本文庫収録に際し、構成を一部改め、加筆・修正を施した。

ラテンアメリカ五〇〇年——歴史のトルソー

2017 年 12 月 15 日　第 1 刷発行
2023 年 7 月 5 日　第 4 刷発行

著　者　清水《しみず》 透《とおる》

発行者　坂本政謙

発行所　株式会社 岩波書店
〒101-8002 東京都千代田区一ツ橋 2-5-5

案内 03-5210-4000　営業部 03-5210-4111
https://www.iwanami.co.jp/

印刷・精興社　製本・中永製本

ISBN 978-4-00-600372-2　Printed in Japan

岩波現代文庫創刊二〇年に際して

二一世紀が始まってからすでに二〇年が経とうとしています。この間のグローバル化の急激な進行は世界のあり方を大きく変えました。世界規模で経済や情報の結びつきが強まるとともに、国境を越えた人の移動は日常の光景となり、今やどこに住んでいても、私たちの暮らしは世界中の様々な出来事と無関係ではいられません。しかし、グローバル化の中で否応なくもたらされる「他者」との出会いや交流は、新たな文化や価値観だけではなく、摩擦や衝突、そしてしばしば憎悪までをも生み出しています。グローバル化にともなう副作用は、その恩恵を遥かにこえていると言わざるを得ません。

今私たちに求められているのは、国内、国外にかかわらず、異なる歴史や経験、文化を持つ「他者」と向き合い、よりよい関係を結び直してゆくための想像力、構想力ではないでしょうか。

新世紀の到来を目前にした二〇〇〇年一月に創刊された岩波現代文庫は、この二〇年を通して、哲学や歴史、経済、自然科学から、小説やエッセイ、ルポルタージュにいたるまで幅広いジャンルの書目を刊行してきました。一〇〇〇点を超える書目には、人類が直面してきた様々な課題と、試行錯誤の営みが刻まれています。読書を通した過去の「他者」との出会いから得られる知識や経験は、私たちがよりよい社会を作り上げてゆくために大きな示唆を与えてくれるはずです。

一冊の本が世界を変える大きな力を持つことを信じ、岩波現代文庫はこれからもさらなるラインナップの充実をめざしてゆきます。

（二〇二〇年一月）